金融科技
實務與應用

360度顧客視圖+場景金融

序

　　十分感謝讀者 20 年來，從電子商務、網路行銷到智慧商務一系列叢書的支持，自從出版國內第一本智慧商務一書後，有許多讀者來信，希望能有一本針對智慧商務中智慧金流的專書，能更深入的探討金融科技，經過一番思考，本書依照近五年金融科技就業考試內容編撰，共分為 12 章。

- 第一章　FinTech 概述
- 第二章　普惠金融：數位銀行與純網銀
- 第三章　支付科技：付款和匯款、外匯
- 第四章　理財科技：機器人理財、社群投資
- 第五章　貸款與募資科技：群募集資
- 第六章　保險科技
- 第七章　監管科技與金融監管沙盒
- 第八章　區塊鏈
- 第九章　資訊安全與風險管理
- 第十章　大數據與人工智慧
- 第十一章　雲端運算、互聯網金融、物聯網
- 第十二章　金融行銷科技與社群行銷

　　本書以「理論、實務、個案、就業」四個方向為主軸，並以「智慧商務中智慧金流」的角度深入淺出的探討 FinTech，非常適合財務金融系、企業管理系、資訊管理系、行銷管理系、電子商務系做為「金融科技」的教學用書，也非常適合準備金融科技就業考試的社會人士作為自修學習之用。**為方便教學，本書另提供教學投影片、金融科技就業考古題，採用本書授課教師可向碁峰索取。**

　　筆者才疏學淺，雖力求完善，仍難免有疏漏之處，尚祈各位先進不吝指正。聯絡 e-mail：VougeLiu@gmail.com

劉文良

國立雲林科技大學 智慧商務中心

目錄

第 8 章　區塊鏈

第 9 章　資訊安全與風險管理

第 10 章　大數據與人工智慧

第 11 章　雲端運算、互聯網金融、物聯網

第 12 章　金融行銷科技與社群行銷

下載說明

本書附錄 A 的 PDF 格式電子書（新電子支付管理條例的申請及許可、監督及管理：專營電子支付機構、監督及管理：兼營電子支付機構、電子支付公會、罰則、附則），請至 http://books.gotop.com.tw/download/AEE039700 下載。

FinTech 概述

1-1　FinTech 概述

一、FinTech 的定義

　　FinTech中文譯為「金融科技」，是英文 Financial Technology 的縮寫，其目的在運用科技提升金融服務的效率。沃頓商學院定義，「FinTech 為運用科技改進金融體系效率的經濟行業」。

　　IMF（2017）認為，金融科技（FinTech）是指將「科技」（technology）應用在「金融服務」（financial services），據以提升金融服務之效率與創新。金融科技日新月異，促成金融業務與服務逐步創新。

　　《數位銀行》（Digital Bank）作者 Chris Skinner 定義，「金融科技」是一種利用資訊科技重新創造（recreating）金融服務的新產業。

　　陳惟龍、李倩兮（2016）認為，「金融科技」是指使用科技來創新金融服務，除將原本金融業務各項功能數位化，亦將其他應用帶進金融業範疇。

　　FinTech 最重要的因素是「人」，因為 FinTech 是利用科技串聯以提供有價值的服務，服務的對象是「人」，而科技的進步也是為了滿足「人」的需求，當消費者的行為開始改變，相應的科技也就衍生而出。

二、FinTech 的演進三階段：FinTech 1.0 至 FinTech 3.0

IMF（2017）指出，長久以來金融服務深受科技的影響，從 12 世紀的票據交換，到近代的自動櫃員機（Automated Teller Machine，簡稱 ATM）、電子資金轉帳（Electronic Funds Transfer，簡稱 EFT）、網路銀行（Internet banking）、行動銀行（Mobile banking）、點對點（P2P）交易及區塊鏈等。2000 年起金融科技創新加速，以往需百年始有創新的金融服務，現在不到 10 年，即演化出新的服務型態。

Arner, D.W.; Barberis, J.N.; Buckley, RP（2016）提出，金融科技的演進可概分為 FinTech 1.0 至 FinTech 3.0 三階段：

表 1-1　金融科技演進三階段：由 FinTech 1.0 至 FinTech 3.0

FinTech 1.0	FinTech 2.0	FinTech 3.0
金融業務電腦化，改善人工作業效率	網際網路興起，虛實通路並行	金融科技創新，改變金融服務模式
• 1866 年完成鋪設跨大西洋海底電纜，促使金融業務國際化。 • 1967 年計算機及自動櫃員機（ATM）問世。 • 1970 年代初期美國聯邦準備同業資金轉帳及清算網絡（Febwire）開始採用電子化作業。 • 1980 年代初期起，金融業務逐步朝向電腦化。	• 1987 年商業網際網路服務公司 UUNET 成立，帶動網際網路興起。 • 1995 年第一家純網路銀行在美國成立。 • 多數銀行同時透過「實」（實體分行）與「虛」（網路銀行）通路提供金融服務。	• 行動應用程式（App）、雲端運算、人工智慧、區塊鏈、大數據及機器人流程自動化等先進科技，逐漸運用於金融服務。 • 金融科技公司及大型科技公司參與提供金融服務，與傳統金融機構形成競合關係。 • 商業模式創新，金融服務行動化及平台化。

資料來源：修改自 Arner, D.W.; Barberis, J.N.; Buckley, RP（2016）

（一）FinTech 1.0 時期（1866 年-1987 年）

FinTech 1.0 時期處於資訊革命時代，自 1866 年完成世界第一條跨大西洋海底電纜的鋪設，成功連接英國倫敦與美國紐約，加上之前電報的發明，透過電報與電纜，大幅縮短訊息傳輸時間，提升金融交易效率，促使金融業務發展走向全球化。

到了戰後時期，儘管這段期間金融業務發展受到阻礙，限制全球化擴張，但科技進步的腳步仍不停的革新。IBM 開始投入早期大型電腦的研發。1950 年代，美國發行塑膠貨幣「信用卡」，讓民眾在生活消費上除了實體貨幣，也多了新的支付選擇。1960 年代，英國巴克萊銀行（Barclays Bank）發明出全球第一台自動櫃員機

（ATM），改變民眾取得與使用現金的方式；德州儀器發明手持式計算機，將金融業帶入電子計算機時期。1970 年代，紐約清算所銀行同業支付系統（Clearing House of Interbank Payment System，簡稱 CHIPS）、環球同業銀行金融電訊協會（Society for Worldwide Interbank Financial Telecommunications，簡稱 SWIFT）、美國聯邦準備同業資金轉帳及清算網絡（Fedwire）等三大金融系統，陸續創立並採用電子化交易，提升銀行間的清算作業速度；同時那斯達克股票交易所（NASDAQ）成立開始使用電腦化的交易清算系統。1980 年代起，金融業務更逐步朝向電腦化，運用更高規格的資料系統處理交易，透過資通訊科技（ICT），為這個時代開創電腦化革命，提升整體金融業務的作業效率。

（二）FinTech 2.0 時期（1987 年-2008 年）

FinTech 2.0 時期進入網路資訊化時代，自 1987 年商業網際網路服務公司 UUNET 成立，帶動網際網路興起，並隨著數位技術不斷發展，金融服務逐漸轉向數位化。1995 年，第一家純網路銀行於美國成立，金融業者開始建置線上業務平台，利用網際網路的通路來進行金融業務處理與訊息溝通，取代傳統電報或電話模式，多數銀行並同時結合虛（虛擬銀行）實（實體分行）通路來提供金融服務。FinTech 2.0 時期主要由傳統金融機構來主導，利用資通訊科技與網路科技，提供不同模式的金融服務。從 2000 年代以後，網際網路的持續發展讓許多 FinTech 新創可直接透過網路，將新型態的金融服務傳遞給一般民眾，帶來具有潛力的商機。具代表性的 FinTech 新創是 1998 年於美國成立的 PayPal（第三方支付服務商），其用戶可透過電子郵件帳戶，並與其他用戶之間進行資金轉移的收付動作，取代傳統郵寄支票或匯款等收付方式。

隨著網際網路科技的發展，FinTech 2.0 時期對於不論是傳統金融機構或 FinTech 新創都帶來助長的效果，使金融交易或服務設備獲得跳躍式的改變，提升與改善整體金融交易環境、營運模式、甚至是內部資源配置、數據分析、風險管理等效率與效能。

（三）FinTech 3.0 時期（2009 年-至今）

FinTech 3.0 時期以 2008 年雷曼公司倒閉所引起的全球金融危機為開端，發生此重大轉折原因可大致分為幾個面向。第一，金融商品創新被過度濫用，例如擔保債務憑證（Collateralized Debt Obligation，簡稱 CDO）的發行，引發 2008 年次貸風暴金融危機，造成全球金融業巨大損失，促使民眾對於傳統金融機構開始產生不信任；第二，2008 年金融危機發生後，各國政府及專家察覺到傳統的金融商品及服務，已經達不到市場的多變需求，且在各國法規與制度環境趨向嚴格的環境下，傳

統金融機構對於未來的創新發展受到侷限；第三，2008 年金融危機導致將近 870 萬人失業，當中有許多資深金融領域專家，以及具有高教育程度的新世代面臨艱困的求職環境。

FinTech 3.0 時期適逢智慧型手機問世，為 FinTech 新創帶來更大發揮空間，透過行動應用程式（App）、大數據、人工智慧、雲端運算、區塊鏈、物聯網、車聯網、萬物聯網、穿戴式裝置等新興科技，將電腦化革命、資通訊革命、數位化革命與金融革命串接起來，運用至民眾支付、貸款、投資、保險、資產管理等各個領域，改變傳統金融訊息來源、投資決策過程，並為金融商業模式、業務模式、運作模式帶來全面革新，促成 FinTech 新創熱潮。

三、King（2018）銀行型態的進化：Bank 1.0 至 Bank 4.0

King（2018）提出銀行由 Bank 1.0 進化到 Bank 4.0 的型態。

表 1-2　銀行型態的進化：由 Bank 1.0 到 Bank 4.0

Bank 1.0	Bank 2.0	Bank 3.0	Bank 4.0
實體銀行	ATM／網路銀行	行動銀行	銀行服務無所不在
實體銀行為主要服務通路，客戶須臨櫃交易。	· 1980 年代的 ATM · 1990 年代起，個人電腦及網際網路蓬勃發展。 · 網路銀行業務興起，使金融服務不受時空限制。 · 虛擬的網路服務著重於「支援」實體通路。	· 智慧型手機使用人口數逐漸增加，促使行動銀行業務增加。 · 行動支付與行動錢包盛行。 · 金融服務更加多元，銀行不再是一個地方，而是一種行為。 · 消費者可隨時隨地上網使用金融服務。 · 實體分行、網路銀行、行動銀行 App 可虛實串聯。 · 金融服務不再是銀行業的專利	· 金融服務不受時間與地域限制，結合智慧裝置融入日常生活。 · 場景金融：分析消費行為及應用情境，即時提供更好的理財與消費建議，提升其對金融服務的情感依賴及黏著度。 · 未來銀行服務（banking）可能不在銀行（bank）。

資料來源：修改自 King（2018）

1. 「**銀行 1.0**」：是指完全以銀行實體分行為基礎的銀行業務形態。自銀行誕生之日起到現代，歷經數百年而沒有發生質的改變。「銀行 1.0」是歷史上最傳統的銀行模型，可以追溯到義大利一家全世界最古老的銀行，這一階段從 1472 年延續到 1980 年。銀行 1.0 著重「如何把新金融商品放到各實體分行去賣，提升各分行服務」。

2. 「**銀行 2.0**」：是指 ATM、網路銀行出現，客戶依賴銀行實體分行的行為被迅速改變。實體分行依舊十分重要，但它已不再是最主流的銀行業務通路。在 20 世紀 80 年代，出現 ATM（自助銀行），到 1994 年出現網路銀行，讓民眾不用到銀行實體分行就可以使用銀行金融服務，這是銀行 2.0 時代。銀行 2.0 時代的標誌就是自助服務，主要出現了 ATM 與網路銀行。有了 ATM 之後，民眾不再受到時間的限制，只要在你想要的時間、找到 ATM 地點，就可以領錢或轉帳，不用去銀行的實體分行。銀行 2.0 時代著重「如何把金融商品放到一系列的通路中銷售，隨著消費者行為改變，銀行與之互動的介面也有所改變」。

3. 「**銀行 3.0**」：是指行動銀行的出現，主要是智慧型手機金融服務的普及，民眾可以在移動中享受銀行的金融服務，不需要到銀行的實體分行。「銀行 3.0」講究「如何在提供金融服務與金融商品的通路上進行根本調整，來因應消費者行為改變」。銀行 3.0 的關鍵詞是「全通路」（Omni-channel）。銀行 3.0 重點已不在是實體銀行的分行據點（Bank），而是如何讓消費者感到親近、觸手可及的銀行業務（Banking）。對新一代的消費者來說，銀行將不在是一個「地方」，而是一種「行為」。

4. 「**銀行 4.0**」：是指銀行的金融服務無所不在。思科（Cisco）指出智慧聯網或「萬物聯網」（Internet of Everything）技術的成熟，讓整體金融產業正式進入「銀行 4.0」時代，互動技術與金融產品客製化服務將成為新一代數位銀行的重心。

四、去銀行化（De-Banked）

銀行是有 500 多年歷史的古老行業，隨著區塊鏈、機器人理財等金融科技興起，FinTech 顛覆近 500 年來的銀行結構，「去中心化」（Decentralization）讓銀行不再需要中央帳簿監管，「去銀行化」（De-Banked）更改變了實體銀行營運的思維。

布雷特・金恩在《BANK 3.0》書中警告銀行業者，「正在崛起的 Y 世代〈大約 1982 至 2004 年出生〉，不可能接受數位能力低落的銀行業者。舊世代也在改變，民眾愈來愈習慣在網路上進行金融業務，愈來愈不能接受無法配合的銀行。」這兩

股力量，催生了「去銀行化」。民眾愈來愈不想走進銀行，而且人數愈來愈多，正在迫使銀行業對數位化、網路化作出回應。

《銀行業新時代》一書提及，當銀行客戶可用智慧型手機搜尋金融資訊、獲取金融資訊、完成金融交易、支付帳單等服務後，傳統以「關係」經營銀行業務的形式，便逐漸被以「客戶行為資訊」驅動業務運作所取代。

2015 年以來，全球銀行業加快裁撤實體分行，將資源轉移到網路銀行，例如美國第 2 大的美國銀行，在近 2 年內關閉本土逾 500 家分行；法國第 3 大的興業銀行，2020 年前關閉本土分行達 400 家，其他跨國銀行如美國摩根大通、英國匯豐、渣打…等，也都計畫大規模關閉實體分行，促成「去銀行化」（De Banked）。雖然未來實體銀行（Bank）不見得會存在，但銀行業務（Banking）還會存在，只是以網路新的面貌存在。

面對「數位原住民」（digital natives）的年輕世代，已習慣在網路上取得生活上所需的資訊與服務。去銀行化概念代表銀行無須再固守實體分行據點。如何回應「數位原住民」的需求，配合金融科技的發展提供客製化服務，考驗著傳統金融機構的適應能力。然而金融科技的發展，卻可能使得「金融文盲」（Financial illiteracy）問題，更形惡化。

五、金融 1.0 到金融 4.0

在金融 4.0 與 FinTech 的時代，未來趨勢走向「銀行即服務」（Banking-as-a-Service）的模式，將金融服務往 API 組件化與開放化發展，生活化的場景金融將整合互聯網與金融業，透過 API 開放組件讓金融服務無所不在。

1. **金融 1.0**：90 年代之前，可稱為金融 1.0 時代，這個時代的特點是記帳、傳票等都是人工填寫，算盤是計算工具。金融 1.0 時代如果記錯一筆帳，全部人員都得過來幫忙查帳對帳，經常加班到午夜。

2. **金融 2.0**：90 年代中後期，PC 普及和初步連網，銀行進行電腦化資訊化，記帳做帳傳票基本上都能自動生成。金融 2.0 時代著重電腦化。金融 2.0 時代可以自動記帳和生成報表，雖然有所進步但便捷程度不足，存取款轉帳還是得到金融機構各分行，常出現銀行各分行排隊現象。

3. **金融 3.0 - 場景金融**：2012 年布雷特·金恩（Brett King）提出「銀行 3.0」（Bank 3.0）的概念，強調銀行必須從一個場域的概念，轉化為無處不在的

金融服務（場景的概念）。金融 3.0 時代第三方支付興起，基本上出門可以不用帶錢包，用手機就行，包括吃飯、購物、乘車，甚至根本不用出門。

4. **金融 4.0 - 智慧金融**：金融 4.0 時代是真正的金融革命，是「質變」。金融 4.0 融入人工智慧（AI）、大數據、區塊鏈等金融科技創新，為金融產業帶來了質變。

六、金融科技公司與大型科技公司崛起

近 10 年金融科技公司（FinTechs）及大型科技公司（BigTechs）崛起，填補傳統金融服務不足的缺口。《經濟學人》指出，金融科技公司針對傳統銀行服務不足領域，提出新型態金融營運模式，在網路平台提供支付、理財及借貸等網路金融服務，近年發展漸趨蓬勃，而全球大型科技公司亦擴大經營面向，競相提供整合性金融服務。

金融科技公司及大型科技公司之競爭利基及對傳統銀行產生不同程度的影響：

1. **金融科技公司（FinTechs）**：自科技行業切入金融服務領域，提供服務類型包括技術支援（例如資料探勘）、金融服務（銷售商品）以及加值服務（金融商品比價）等三類，但因資本相對不足，多專注於利基業務（例如網路借貸）與現有金融機構多呈互補或相互合作。

2. **大型科技公司（BigTechs）**：例如谷歌（Google）、蘋果（Apple）、臉書（Facebook）及亞馬遜（Amazon）等業者，因擁有雄厚科技資源及高知名度，得運用其先進科技與廣大客戶網絡，除提供客製化的服務，還能透過與其他商業用途交叉補貼（cross subsidisation）的方式，提供低價甚至免費的金融服務，進而侵蝕傳統銀行業務。例如，2019 年 6 月 18 日 Facebook 宣布將發行加密貨幣「Libra」，提供用戶支付服務。

1-2 FinTech 的六大核心功能 11 種創新應用

2015 年世界經濟論壇（World Economic Forum，簡稱 WEF），提出未來金融科技的發展輪廓，將金融科技總共分成六個項目：支付（Payments）、存款與貸款（Deposit & Lending）、保險（Insurance）、籌資（Capital Raising）、投資管理（Investment Management）和市場資訊供給（Market Provisioning），以上六大核心功能議題又分成十一種創新子集：

1. 支付（**Payments**）

   ▪ **無現金世界（Cashless World）**：實現無現金交易主要有四方面的創新：行動支付（Mobile Payment）、帳單整合（Integrated Billing）、串流支付（Streamlined Payment）、以及下一世代之安全交易機制（Next Generation Security），如生物特徵的身分驗證（Biometrics）及以所在地為基礎的身分驗證（Location-based Identification）。

   ▪ **新興支付（Emerging Payment Rails）**：新興支付大多以密碼學為基礎。主要發展有「加密貨幣」（cryptocurrency）的密碼協定（Cryptographic Protocols）、行動錢包、P2P 支付/P2P 匯兌。

2. 存款與貸款（**Deposit & Lending**）

   ▪ **替代途徑（Alternative Lending）**：新創貸款平台改變傳統的資金來源、評價機制以及貸款發放方式。主要有三大發展方向：另類仲裁、自動化流程、P2P。

   ▪ **顧客通路偏好移轉（Shifting Customer Preference）**：顧客通路偏好移轉迫使銀行重新定義自己的角色。主要有二大發方向：虛擬銀行 2.0、銀行即平台（API 應用程式界面、行動銀行進化）。

3. 保險（**Insurance**）

   ▪ **保險裂解（Insurance Disaggregation）**：保險公司的經營策略將因應網路保險交易市場的出現以及風險均值化而做出改變。主要趨勢有裂解分佈、共享經濟、第三方資本、自動駕駛車。

   ▪ **保險串接裝置（Connected Insurance）**：穿戴式裝置的普及可以使保險公司規劃出高度個人化的保單，甚至可以主動管理顧客風險。主要趨勢有高性價比感測器（Smarter cheaper sensors）、穿戴式裝置（Wearables）、物聯網（IoT）、標準化平台（Standardized Platforms）。

4. 籌資（**Capital Raising**）

   ▪ **群眾募資（crowdfunding）**：募資平台擴大一般的籌資活動，使整個募資生態圈更加豐富。主要發展有另類仲裁（Alternative Adjudication）、賦權天使投資者（Empowered Angel Investors）。

5. 投資管理（**Investment Management**）

   ▪ **賦權投資者（Empowered Investors）**：降低財務管理門檻，迫使傳統的理財顧問進化。主要發展趨勢有社群交易（Social Trading）、機器人理財顧問（RA）、零售演算法交易（Retail Algorithmic Trading）。

- **流程外部化（Process Externalization）**：流程外部化的範圍擴大，以提升其營運效率。主要發展趨勢有流程即服務（PaaS）、能力共享（Capability Sharing）、高階演算法分析（Advanced Algorithms）、Open API 串接與自然語言。

6. **市場資訊供應（Market Provisioning）**

   - **機器革命（Smarter, Faster Machine）**：由於高頻交易的熱度下滑，對於交易演算法的關注可能轉向於使真實生活更智能。主要發展趨勢有機器可存取數據、人工智慧/機器學習、大數據。

   - **新興市場平台（New Market Platforms）**：新興市場資訊平台改善了市場之間的資訊與資料連結，同時提高市場的流動性、效率。主要新興科技元素有市場資訊平台（Market Information Platforms）、自動化數據蒐集與分析（Automated Data Collection and Analysis）。

表 1-3　FinTech 六大核心功能 11 種創新應用類型

核心功能名稱	創新應用類型	發展趨勢與創新元素
支付 （Payment）	無現金世界 Cashless World	串流支付、次世代安全、帳單整合、行動支付
	新興支付 Emerging Payment Rails	密碼協定、行動錢包、P2P to Peer Foreign Exchange 貨幣交換）
存貸 （Deposit & Lending）	替代途徑 Alternative Lending	另類仲裁、自動化流程、P2P 貸款
	顧客通路偏好移轉 Shifting Customer Preferences	虛擬銀行 2.0、銀行即平台（API 應用程式界面、行動銀行進化）
保險 （Insurance）	保險裂解 Insurance Disaggregation	裂解分佈、共享經濟、第三方資本、自動駕駛車
	保險串接裝置 Connected Insurance	高性價比感測器、穿戴式裝置、物聯網、標準化平台
籌資 （Capital Raising）	群眾募資 Crowdfunding	另類仲裁、授權天使投資者
投資管理 （Investment Management）	賦權投資者 Empowered Investors	社群交易、機器推薦與財富管理、零售演算法交易
	流程外部化 Process Externalization	流程即服務、能力共享、高階演算法分析分析、Open API 串接與自然語言

核心功能名稱	創新應用類型	發展趨勢與創新元素
資訊提供 （Market Provisioning）	機器革命 Smarter, Faster Machine	機器可存取數據、人工智慧/機器學習、大數據
	新興市場平台 New Market Platforms	固定收益商品平台、基金/組合型基金平台、私募/創投平台、未公開發行股權平台、原物料商品與衍生性合約平台

資料來源：2015年世界經濟論壇（WEF）報告

WEF的2015年報告也將未來的金融創新趨勢則歸納為以下六點：

1. 金融創新的獲利來自傳統金融無法觸及的市場。

2. 平台化以網路平台為基礎（platform based）、數據密集（data intensive）、資產輕化（capital light）等創新模式，將對既有金融業產生巨大影響。

3. 銀行業將最早受到衝擊，而保險業所受的衝擊可能最大。

4. 傳統業者與新進業者將發展出各樣競合策略。

5. 監管單位與業者需合作，以了解創新金融模式如何改變產業風險。

6. 數位金融的顛覆持續帶動創新，改變消費者行為、業務模式與金融服務業的長期結構。

一、無現金世界（Cashless World）

1. **串流支付（Streamlined Payment）**：基於（全球衛星）定位（系統）的支付、機器與機器間的支付（M2M支付）。

2. **次世代安全（Next Generation Security）**：包括生物識別、與用戶所在地點聯結的身份認證、基於標記代碼化技術（tokenization）之網絡安全標準。

3. **帳單整合**：包括行動訂購及行動支付App、經整合後的行動購物帳單App。

4. **行動支付（Mobile Payments）**：包括行動錢包、基於行動裝置支付的商家解決方案。例如mPOS是刷卡設備外接於行動裝置上的行動POS系統，POS透過資通訊功能，將行動裝置化身為行動刷卡機，使刷卡消費更為行動化，此一型態即為整合式行動支付系統之應用。

二、新興支付（**Emerging Payment Rails**）

1. **密碼協定**（**Cryptographic Protocols**）：新興支付大多以密碼學為基礎。而密碼協定也是發展「加密貨幣」（cryptocurrency）的基礎。

2. **行動錢包**：是存放於行動裝置的電子錢包，可用於行動支付。

3. **P2P 支付**：是指在沒有第三方直接參與的情況下，將資金從一個人轉移到另一個人的方法。包括「個人對個人（Person-2-Person）支付」或「點對點（Peer-2-Peer）支付」。

三、替代途徑（**Alternative Lending**）

1. **另類仲裁**（**Alternative Adjudication**）：更貼近用戶需求的新金融通路產生，而借貸的徵信方式也隨著網際網路／互聯網的發展有了革命性的做法。當借貸不再一定要到銀行，那麼銀行必須重新思自己的角色。FinTech 為借貸方式與通路帶來創新革命，過去向銀行貸款，審核過程麻煩冗長，現在運用核貸專屬科技，快速縮短審核過程，最快一個工作天就能收到資金。

2. **自動化流程**：FinTech 新創，新的借貸流程藉由人工智慧（AI），逐漸自動化。

3. **P2P**：以 P2P 貸款平台為例，P2P 貸款將取代傳統金融機構貸款的中介功能，因為傳統銀行貸款業務受到法規、技術和存款準備金的限制，無法完全滿足風險偏好程度較高的存款者與高風險的借款者之需求，而 P2P 貸款導致用戶不再透過金融機構進行貸款，而出現去中介化的現象。

四、顧客通路偏好移轉（**Shifting Customer Preferences**）

1. **虛擬銀行 2.0**（**Virtual Banking 2.0**）：隨著金融科技的演進，允許虛擬銀行提供更好的價值主張，而且成本更低。

2. **銀行即平台-API**（**Banking as platform-API**）：它是互動式的，藉由 API 擴展平台功能，使第三方開發人員能夠為銀行客戶構建創新的金融商品與金融服務。而平台本身可以管理數據交換和監督客戶身份驗證，並確保合規性。

3. **行動銀行進化**（**Evolution of Mobile Banking**）：隨著感知晶片、人工智慧、物聯網、車聯網、萬物聯網的發展，行動銀行的裝置不再限於「平板」

或「智慧型手機」，更多的穿戴式裝置或嵌入式裝置，行動銀行的金融服務有更多新的應用。

五、保險裂解（Insurance Disaggregation）

保險裂解（Insurance Disaggregation）是指保險的整個價值鏈（Value-Chain）的每個環節，在 Fintech 的浪潮中，從商品開發（保單設計）、商品銷售（保單招攬）、保險核保、保險理賠，在供應／消費模式上的結構性改變，原本環環相扣的價值鏈將受到創新科技裂解，而呈現全新樣貌。傳統的保險價值鏈包含：業務分布、承保／核保、索賠及再保。

1. **裂解分佈（Disaggregation Distribution）**：網路環境下，消費者可以輕易地在網路上比較各家保險公司的商品、價格，保險業務員、保險經紀代理人若只了解自家的保險商品已不足以應付客戶的需求。

2. **共享經濟**：共享經濟型態重新定義了「擁有者」與「使用權」，但傳統保單皆為「一對一」承保。Airbnb 及 Uber 等企業體在承保／核保過程中，便遊走在保險的法律灰色地帶。

3. **第三方資本**：新興保險 FinTech 挑戰傳統再保經營模式。過去保險公司為了分散可能的鉅額賠償損失，保險業者會尋求再保險人（Reinsurer）共同承擔承保風險。受到市場低利率及保費的吸引，避險基金也開始透過再保險人的方式進入保險價值鏈。

4. **自動駕駛車**：自動駕駛車／無人駕駛車等新科技興起，也對傳統保單帶來挑戰。配備環境感測功能、科技輔助系統，自動駕駛車在行駛過程中能降低人為失誤風險，而風險因子的降低可能使得保險公司在商業保單的利潤滑落（保費跌落、需求減少）。此外，自動駕駛車也使得原本屬於個人財產保險的汽車保險，轉為屬於自動駕駛車企業的產品責任險。

六、保險串接裝置（Connected Insurance）

保險串接裝置（Connected Insurance）是指使用各種高性價比感測器（車用感測器）、穿戴式裝置（運動手環）、汽車 GPS 定位、物聯網（車聯網）、萬物聯網等串接裝置來改變保險業的經營。例如汽車保險原本是以車輛為主要保險標的，未來可能轉為以駕駛者的駕駛習慣、駕駛路線、駕駛時間等可感測資料，改依以用量核算保費的基礎。

1. **高性價比感測器（Smarter cheaper sensors）**：例如生理數據感測器（心率感測器）、運動數據感測器（追蹤使用者移動感測器）等。

2. **穿戴式裝置（Wearables）**：例如智慧頭盔、智慧眼鏡（如 Google Glasses）、智慧口罩、智慧衣、智慧手錶（如 Apple Watch、Android Wear）、智慧運動手環、智慧鞋等。

3. **物聯網（Internet-Of-Things）**：善用無所不在的物聯網裝置和即時分析，來改善保險分析與預測效能。

4. **標準化平台（Standardized Platforms）**：需要一個統一的標準化平台，讓保險相關數據可以自由流通。

七、群眾募資（Crowdfunding）

1. **另類仲裁（Alternative Adjudication）**：主要的新興科技元素是另類盡職調查（Alternative Due Diligence）。

2. **賦權天使投資者（Empowered Angel Investors）**：賦權天使投資者的主要新興科技有投資自動化建議與管理、虛擬交易所與智能合約（Virtual Exchange and Smart Contracts）。

群眾募資（Crowdfunding），資金需求者知道他所收到的錢可以永遠不需要償還；他的義務就是把集資後所生產的商品按照當初約定的價格和數量，寄送給當初的資金資助者。這種方式的募資，比較像預售。

八、金融科技賦權投資者（Empowered Investors）

金融科技賦權投資者（Empowered Investors）透過社群網絡的投資資訊分享和投資理財自動化系統服務，讓投資人更有自主權，將改變現有投資理財之經營模式。包括：

1. **社群交易**：使個人投資者更具容易獲取並分享他人的投資組合及投資策略。

2. **機器人理財顧問（Robo-Advisor，簡稱 RA）**：機器人理財顧問透過低成本及自動化技術，降低財富管理門檻，滿足更廣大的投資者。

3. **零售演算法交易（Retail Algorithmic Trading）**：使投資者更容易建置、測試及執行交易演算法，同時提供專業投資者可與他人分享交易演算法之平台。

九、金融科技流程外部化（Process externalization）

WEF（2015）提出「流程外部化」（Process Externalisation）的概念，由於自動化、標準化與智慧型機器設備的使用，將可能產生金融機構將部分業務流程，委託外部專業企業專責處理，稱為「流程外部化」，特別是小型或新創的金融機構，將從內部全包的作業模式轉變成流程外部服務需求者。流程外部化有助於金融機構增加營運靈活度並降低成本。不過，但大規模的流程委外並不容易，流程委外可能導致員工專業逐漸消失，金融機構將越來越依賴外部機構維持營運。

金融投資領域將有更多的投資流程，將交由外部專業供應商處理，以提升營運效率。也因為這些外部專業供應商的技術，降低了複雜財務管理的進入障礙，讓個人投資者有更好的能力與權力來做決策，使傳統的理財顧問面臨挑戰。

由於金融業務範圍擴大及專業分工，金融業務流程外部化的範圍正逐漸擴大，透過「流程外部化」讓金融機構達到更有效率的境界，其有下列四項創新關鍵因素：

1. **流程即服務（Process as a Service, PaaS）**：提供流程外部化的整體性服務功能，包含自動自然和手動流程，其服務型態可讓機構所需之基礎設施最小化。

2. **能力共享（Capability Sharing）**：促進機構和他人共享能力，或是透過建置法令和技術標準的傳播媒介，使金融機構容易與新的服務供應商連結。

3. **高階演算法分析（Advanced Algorithms）**：利用進階的電腦分析技術，演算法和分析模型不只可自動化現有的人工流程，更能提供精密複雜的進階運算服務。

4. **Open API 串接與自然語言**：Open API 串接讓金融機構與第三方服務提供者的金流與資訊流順暢串接，提供更多元的場景金融服務。此外，透過自然語言技術，整合多國自然語言介面，使流程服務更能貼近終端使用者需求。

十、機器革命（Smarter, Faster Machines）

「機器革命」（Smarter, Faster Machines）包括「機器易用數據」、「人工智慧 /機器學習」、「大數據」等新興應用。由於高頻金融交易的熱度下滑，對於金融交易演算法的關注可能轉向於使真實生活更智能。

1. **機器易用數據（Machine Accessible Data）**：金融機構可以透過即時新聞、社群媒體、網路，存取及更新更多廣泛且即時的資料，很容易而且很迅速的蒐集到各種有用的數據，再透過演算法或人工智慧即時處理資訊，再根據關聯性對應，發現市場的趨勢。

2. **人工智慧（AI）/ 機器學習**：人工智慧透過機器學習獲得相關知識，從而幫助解決更多問題、減少錯誤，提高解決問題的效率。應用在金融市場上，人工智慧讓金融工具自動化進行交易。

3. **大數據（Big Data）**：是指所涉及的資料量規模巨大到無法透過人工或者計算機處理，在合理的時間內達到擷取、管理、處理、並整理成為人類所能解讀形式的數據。

十一、新興市場平台（New Market Platforms）

2015 年世界經濟論壇（WEF）提出「新興市場平台」（New Market Platforms）具有市場資訊供應（Market Provisioning）功能，其功能作用包括：增加流動性、增加市場機會、提高透明度、提供價值準確度。例如：固定收益商品平台、基金/組合型基金平台、私募/創投平台、未公開發行股權平台、原物料商品與衍生性合約平台。

表 1-4 新興市場平台與傳統市場平台之比較

發展階段	傳統市場平台	新興市場平台
優勢	・基於人際關係所媒合交易，具有可信賴姓，減少品質較差交易 ・買賣資訊並非完全透明，降低曝險部位	・使用資訊媒合平台 ・提高資源使用效率 ・可提高市場流動性及交易透明度
劣勢	・高度依賴人際關係 ・由於個別造市，或經紀商規模限制，可能錯過市場最佳報價資訊 ・交易過程不透明	・須注意市場流動性提高所產生的曝險 ・若未充分徵信，交易風險提高

FinTech 因應「商業模式」、「科技創新」及「交易流程」創新而產生的新商品及新服務應用，已問世的有：第三方支付（如支付寶、paypal）、群眾募資（如 Kickstarter、flyingV）、P2P 借貸（如 Lending Club、拍拍貸）、網路保險（如眾安保險）、P2P 匯款（如 TransferWise、Azimo、CurrencyFair）、虛擬貨幣（如比

特幣、狗狗幣）、機器人理財（如 Wealthfront、Mint、Betterment）等新興市場平台。

1-3 影響金融業的新興科技

一、金融服務創新趨勢

世界經濟論壇（WEF）2015 年 6 月研究報告『The Future of Financial Service』，指出 6 大金融服務核心功能，包括支付（Payments）、保險（Insurance）、存放款（Deposit & Lending）、募資（Capital Raising）、投資管理（Investment Management）和市場資訊提供（Market Provisioning）等，並開創出 11 種創新服務樣態。該報告亦將未來的金融服務創新趨勢歸納為六大點：

1. 金融創新的獲利將來自於傳統金融無法觸及的市場。

2. 以網路平台為基礎、數據密集、小額資本的業務模式具有最大的影響力。

3. 銀行業將最早受到衝擊，而保險業所受的衝擊可能最大。

4. 傳統業者與新進業者將發展出各種競合策略。

5. 監管單位與業者需合作，以了解創新金融模式如何改變產業風險。

6. 數位金融的顛覆持續帶動創新，改變消費者行為、業務模式與金融服務業的長期結構。

基本上，「去仲介化」、「去實體化」是金融科技時代的主要特色。

二、兩波 Fintech 浪潮

2015 年「世界經濟論壇」（WEF）預測，金融科技創新立即衝擊的是「銀行業」，其次是「保險業」。

2016 年「資誠聯合會計師事務所」（PwC）認為，有 2 波 FinTech 浪潮。第一波 Fintech 浪潮已經瓦解「資金轉移」（Fund Transfer，例如借貸、消費金融）與支付（Payment），而第二波 Fintech 浪潮正朝向瓦解「資產和財富管理」（Asset and Wealth Management，例如投資）以及保險（Insurance）。

三、2016 WEF 七項新興科技

2016 年世界經濟論壇（WEF）提到影響金融業的七項新興科技：生物科技（Biometrics）、雲端運算（Cloud Computing）、感知運算（Cognitive Computing）、區塊鏈（Blockchain）、機器學習（Machine Learning）、機器人學（Robotics）、量子運算（Quantum Computing）。

1. **生物科技（Biometrics）應用**：在金融業主要應用生物辨識技術用於身份認證。

2. **雲端運算（Cloud Computing）應用**：將資訊系統放入遠端虛擬伺服器。

3. **感知運算（Cognitive Computing）應用**：感知運算具有檢測與回應使用者所處情境的能力，可以感知使用者的狀態與周遭環境，來提供洞察力並將之轉化為全方位關聯性資訊視圖形式即時資訊提供給使用者。

4. **區塊鏈（Blockchain）應用**：區塊鏈在金融業主要應用在例如虛擬貨幣、智能合約、物聯網金融等。

5. **機器學習（Machine Learning）應用**：是處理巨量資料的資料分析利器。

6. **機器人學（Robotics）應用**：在金融業主要應用在機器人理財。

7. **量子運算（Quantum Computing）應用**：在金融業主要應用在三個次領域，投資組合優化（portfolio optimization）、高頻交易（trading）以及詐欺偵測（fraud detection）。

四、金融科技發展推動計畫 10 項措施

金管會於 2016 年 9 月 9 日說明推動「金融科技發展推動計畫」的 10 項措施：

1. **擴大「行動支付」（Mobile Payment）之運用及創新**：鼓勵金融機構推展行動支付業務，金管會將滾動式檢討相關法規，營造友善發展環境，歡迎各種行動支付技術，由國人決定市場主流，並提高國內商家行動支付端末設備之普及率，推動便捷行動支付服務通路。

2. **鼓勵銀行與 P2P 網路借貸平台合作，共創雙贏**：鼓勵平台業者與銀行共同合作，強化平台之內部控管機制，適度降低風險，並兼顧國內網路借貸業務之成長及金融科技發展。合作方式包括銀行得以股權投資方式參股合作，或採取策略聯盟方式與業者合作。

3. **促進群眾募資平台健全發展**：群眾募資是以網路力量協助新創事業取得資金的重要方法之一。櫃買中心持續聯合群眾募資業者舉辦創櫃板及群眾募資平台宣導會。截至 2016 年 8 月底止，已協助 92 家微型創意企業公司籌資 12.62 億元、3 家創櫃板公司辦理公開發行，其中 2 家公司登錄興櫃、1 家上櫃。

4. **鼓勵保險業者開發 FinTech 大數據應用之創新商品**：結合駕駛人數據資料分析及創新運用，已開發多元車聯網 UBI 保險商品。也鼓勵保險業開發具外溢效果之健康管理保險商品，讓保險不僅有事後給付理賠，也可導引國人注重事前預防，如：健康管理及健康檢查等，亦能增進民眾身體健康。

5. **建置基金網路銷售平台，發展智能理財服務**：建立產品完整、交易便利之基金網路商城，未來規劃透過行動、雲端及大數據分析，推出機器人理財顧問服務，提升基金網路平台之智慧功能，提供各樣理財商品。

6. **推動金融業積極培育金融科技人才，以因應金融科技發展**：協助員工適應未來發展趨勢或轉型，研提員工金融科技能力培育計畫，開設金融科技相關課程，積極培育數位金融專業人才。

7. **打造數位化帳簿劃撥作業環境**：讓投資人上網路不用跑馬路，無需臨櫃查詢，即可透過網路或手機瞭解投資之有價證券。將積極規劃手機證券存摺，建構網路化、行動化服務介面及直通式作業平台，打造資訊不落地自動化作業環境。

8. **分散式帳冊（Distributed Ledger）技術之應用研發**：運用此技術目的係增加交易效率，降低集中式總帳的成本，目前已有多家金融機構研發在金融方面的應用。鼓勵研發的方式包括透過各周邊單位與相關金融智庫，推廣分散式帳冊技術，培育具潛力技術人才，鼓勵金融業者投入分散式帳冊技術研發，鼓勵金融業者尋求主動參與國際大型研究計畫或應用聯盟。

9. **建立金融資安資訊分享與分析中心（Financial -Information Sharing and Analysis Center, F-ISAC）**：資訊安全是金融科技發展的基本條件。預計於 2017 年起建置「金融資安資訊分享與分析中心（F-ISAC）」，藉由資安威脅事件之處理經驗分享，提升金融機構及早因應及危機應變之能力。該中心將銀行、證券期貨及保險業納入資安聯防體系，建立跨部會資安資訊分享機制，規劃於機制完備後移轉由中立之公司繼續維運。

10. **打造身分識別服務中心（Authentication and Identification Service Center）**：電子交易無法面對面確認身分，所以如何確認當事人之身分是

金融科技發展重要課題之一。為打造身分識別服務中心，短期請銀行、證券期貨及保險相關公會組成推動小組，規劃由專業之第三方機構建立身分識別服務中心；中期建立符合國際身分識別標準，訂定各類信物信賴等級之作業規範；長期拓展信物驗證類別，發展新興驗證機制。

1-4 金融機構的數位轉型

一、金融數位創新服務之 UCC 理論

網路化與行動化趨勢改變了消費者行為，可用「UCC 理論」解釋三特性：

1. **Ubiquitous**：隨時隨地的服務。客戶期待不論任何時間、地點皆能享受服務。

2. **Customized**：客製化的服務。客戶想要的個人客製化服務。

3. **Consistent**：一致性的服務。客戶不論透過任何通路或接觸點，都能享受到一致的服務。

金融數位創新服務是未來銀行必須努力的方向，但數位創新成功的前提是必須符合 UCC 條件，也就是隨時隨地的（Ubiquitous）提供客製化的（Customized），並且一致的（Consistent）金融服務。迎向「銀行 3.0」的數位金融時代，提供符合 UCC 理論三個要件的金融服務，創造出真正改變人們生活的顛覆性商業模式。

二、金融創新議題

1. **串流設施（Streamlined Infrastructure）**：是指創新科技如「平台化」及「分散式」技術，提供全新整合及分析資訊的方法。同時方便連結能力也降低取得金融資訊及參與金融服務的成本。

2. **中介減少**：創新科技讓客戶可以連結到以往受限而無法取得的資產和服務，對於產品有更多的資訊及工具可以管理各種產品選項，進而成為生產性消費者。

3. **高價值活動自動化**：許多金融創新應用先進的演算法及高效的處理能力，將過去需要專業人員判斷的應用加以自動化。進而提供更便宜、更快速、擴展性更強的替代服務及產品。

4. **專利化利基商品**：新進者專精於特定領域，並設計具有高度針對性的產品及服務，加大在這些領域的競爭。

5. **數據策略性角色**：創新科技使金融機構能夠獲得新的資料型態，如社群網路資料，進而以新的方法來理解客戶及市場。

三、打造數位化金融環境 3.0

金管會為因應行動資通訊、社群媒體、大數據、雲端運算等科技進步，金融服務勢必順應時代潮流、配合資訊發展，以提升消費者便利性，因此自 2015 年全面啟動「打造數位化金融環境 3.0」。金管會針對既有存款戶在現行網路銀行與行動銀行得辦理之金融業務外，參採銀行公會建議，新增 12 項業務可線上申辦及修正 3 項自律規範與相關消費者保護措施予以配合等，茲說明如下：

1. 新增線上申辦業務項目：

   - 存款業務 3 項：線上申請結清銷戶、約定轉入帳號，及受理客戶傳真指示扣款無須再取得客戶扣款指示正本。

   - 授信業務 1 項：線上申辦貸款，係指無涉保證人之個人信貸、房貸、車貸於原抵押權擔保範圍內之增貸；及客戶線上同意銀行查詢聯徵中心信用資料。

   - 信用卡業務 3 項：線上申辦信用卡、長期使用循環信用持卡人轉換機制中之「信用卡分期方案」及線上取得客戶同意信用卡分期產品約款。

   - 財富管理業務 4 項：線上申辦信託開戶、認識客戶作業（KYC）、客戶風險承受度測驗以及客戶線上同意信託業務之推介或終止推介。

   - 共同行銷業務 1 項：於金管會修正發布「金融控股公司子公司間共同行銷管理辦法」後，得由客戶線上同意共同行銷。

   - 銀行公會所建議線上申辦投資結構型商品乙項，因涉及相關法規及自律規範之修正，金管會已函請銀行公會俟相關法規及自律規範修正後再行函報。

2. 相關自律規範配合修正，主要修正內容如下：

   - 銀行銷戶處理程序自律規範：增訂網路辦理結清銷戶之條件：
     - 活期性存款帳戶（不含支票存款及儲值支付帳戶）餘額以不超過新台幣伍萬元（或等值外幣）。
     - 支票存款帳戶餘額應為零、剩餘空白票據劃線作廢且已無票據流通在外。

- 金融機構代客戶辦理存提款作業範本：增訂受理客戶傳真指示扣款符合下列條件之一者，可免取得客戶扣款指示正本：
  - 以電話錄音或其他管理機制確認客戶授權指定之資訊，並留存相關紀錄。
  - 依「金融機構辦理電子銀行業務安全控管作業基準」之憑證簽章或雙因素認證機制，並留存相關紀錄。
- 金融機構辦理電子銀行業務安全控管作業基準：納入上開申請業務，安全設計除現行之憑證、晶片金融卡、一次性密碼、雙因素認證及固定密碼（即「帳號＋密碼」）外，新增視訊會議及知識詢問。

3. 配合電子化申辦及交易之相關消費者保護措施：

- 以顯著之方式於網站網頁上揭露相關業務契約條款內容，供消費者審閱、點選「同意」及確認等功能。
- 參考「個人網路銀行業務服務定型化契約應記載事項」訂定相關契約條款，包括：銀行與客戶間之權利義務關係、銀行與客戶同意以電子文件作為表示方法、電子文件之合法授權與責任暨紀錄保存、契約交付方式及消費爭議處理等。
- 於線上申辦相關業務時，銀行應於網頁確認客戶是否為網銀客戶，如非既有網銀客戶，應逐次於網頁取得客戶同意網銀服務契約條款。
- 線上設定約定轉入帳戶，預設值應為「未啟用」，客戶須臨櫃申請始可開啟此功能，以兼顧客戶權益及操作便利，並避免發生類似電信業者未經客戶同意即可利用手機進行小額付款之消費爭議。

金管會要求各銀行在開辦上開各項業務項目時，須於官方網站揭露，以利客戶知悉，同時為縮短銀行開辦前揭業務時程，簡化銀行申辦電子銀行業務程序如下：銀行辦理低風險交易之電子銀行業務，由其法遵部門、稽核部門及資訊部門確認相關作業方式符合安控基準、相關定型化契約等相關法令規定後即可開辦，無須函報金管會，但涉及外匯業務部分，仍需依中央銀行規定辦理。

四、金融通路的轉型趨勢

金融機構為維持客戶在不同通路都能夠獲得一致的體驗，必需要從「多通路整合」（Multi-Channel）轉換成為「全通路整合」（Omni-Channel）。

隨著科技的演進，金融通路從傳統的臨櫃交易發展至「自動櫃員機」（ATM）、「電話銀行」、「網路銀行」、「直銷銀行」等。

1. **自動櫃員機（ATM）- 1987 年**：1967 年英國的銀行打造全球第一台自動櫃員機（ATM）；台灣最早的 ATM 在 1977 年現身，直至 1987 年才由財金公司前身「金融資訊服務中心」正式啟用 ATM 系統，提供存款、提領現金、轉帳與查詢餘額服務。

2. **電話銀行 - 1989 年**：使用電話進行銀行業務。英國密特蘭銀行（Midland Bank）於 1989 年正式開業利用拓展電話銀行服務（Phone Bank），建立無據點的銀行。1989 年在英國成立的 First Direct 銀行，運作模式是不設分行，只有一個 24 小時運作的電話服務中心。

3. **網路銀行 - 1994 年**：使用網路進行銀行業務。1994 年 4 月美國的三家銀行聯合在網際網路上創建全球第一家「網路銀行」（Internet Bank），美國第一聯合國家銀行，也稱為「安全第一網路銀行」（Security First Network Bank，簡稱 SFNB）。1995 年 10 月「安全第一網路銀行」在網際網路正式開業，是首家受美國聯邦存款保險公司保障的網路銀行，它雖然不太賺錢，但展示網路銀行的實踐概念。

4. **直銷銀行 - 1997 年**：使用網路、email、電話進行銀行業務。1997 年，由荷蘭財團 ING 在加拿大成立的 ING Direct，在加拿大首創直銷性質的「直銷銀行」（Direct Bank），早期主要透過郵件、電話和線上客服為客戶提供金融服務。在高存款利息的吸引下，成為全球首家直銷銀行。

五、FinTech 下金融業的生存之道

1. **整合或串接新興金融科技平台**：Fintech 讓消費者可透過「整合性金融科技平台」，選購多家機構金融商品，更可輕易轉換、享受於不同業者間的金融服務，整合性金融科技平台將主導金融業發展。因此金融業者若想生存就必需整合或串接新興金融科技平台。

2. **強化區域型金融服務**：全球各國監管要求不同、金融科技基礎設施環境與技術能力不同，以及客戶需求有所差異的情況下，針對各地區條件發展的「區域型金融服務」將成為主流，創造具獨特性的競爭優勢。在此趨勢下，金融科技公司將面臨三大挑戰：第一，金融科技公司得克服各國監管上的限制，建置跨區域服務；第二，科技雖可降低小型金融科技公司進入金融業的門檻，但受限資源，將難以應付各地相異的金融環境與監管法規，嚴重削弱競爭力；最後，為達到規模經濟效益，未來，金融科技公司將積極尋求與傳統金融業合作的機會，強化區域型金融服務。

3. **取得或延攬關鍵技術能量**：自行研發 FinTech 關鍵技術或延攬大型科技公司關鍵技術，是不可逆的趨勢，透過各類合作、合夥、併購等營運策略運用，吸取金融科技公司的關鍵技術能量。

4. **提升大數據應用價值**：大數據與金融業的融和，促使「金融大數據」概念的出現。金融大數據包含金融交易數據、客戶數據、運營數據、監管數據以及各類衍生數據等，其背後蘊含巨大的應用價值。「金融創新」是將現有的科技革新引入到金融領域，形成新的經濟能力，而大數據是金融創新最基本的技術支撐。大數據的採集、傳遞、處理、探勘等都在刺激著金融科技的變革。

5. **運用人工智慧（AI）拓展擬真人力**：隨著機器學習、人工智慧的能力提升，擬真的「人力資本」也將隨之改變。人工智慧（AI）等新技術的運用，將劇烈改變金融業的勞動力。已有銀行推出聊天機器人與客戶互動，補強真人客服的服務量能。「真人客服」加上「人工智慧擬真客服」的「人機協作」模式將發揮加乘效果。

六、案例：澳洲聯邦銀行（CBA）

銀行不再是一個處所，而是一種金融行為。只要按下一個 app，金流可以發生在任何地方、任何時間，以及地球上任何兩個人之間，甚至你和你的臉書好友之間。澳洲四大銀行之一的澳洲聯邦銀行（Commonwealth Bank Australia，簡稱 CBA），從 2010 年開始，就大幅進行金融科技創新：

1. **推出「房地產導購」app**：這是針對有買房或有租房需求的銀行客戶所開發的一款 app。透過這個 app，澳洲聯邦銀行與房仲業者提供房地產物件、價格、地段優缺點、附近生活機能，以及附近成交個案的房貸條件等資訊。這種建立共同生態圈的策略，讓澳洲聯邦銀行成功跨出本業，與其他行業建立異業聯盟，如汽車業、房地產業、旅館業，甚至餐飲零售業、美容美髮美甲業，從單打獨鬥，變成打群架。

2. **推出 P2P（點對點）支付「Kaching」app**：讓銀行客戶可以透過臉書、電子郵件或手機進行各式各樣的支付。結果短短兩個月，這支 app 就吸引了 11 萬客戶下載。如今澳洲聯邦銀行客戶一天用手機進行的交易金額，等於過去澳洲聯邦銀行四十家分行的總合。Kaching「社交網絡轉帳」功能。使用者可以向臉書好友或電話簿上的聯絡人轉帳，對方會收到臉書訊息或 SMS 簡訊；只要憑訊息內的一組確認碼到銀行的收款網頁填上確認碼和個人銀行帳戶號碼，就可以即時接受款項。

七、場景金融（Financial Scene）

「場景革命」一書的作者《吳聲》定義，「場景」本來是一個影視用語，是指在特定時間、空間內發生的行動，或者因人物關係建構而成的具體畫面，是透過人物行動來表現劇情的一個個特定過程。

《MBA 智庫百科》定義，「場景金融」（Financial Scene）是指人們在某一活動場景中的金融需求體驗。「場景」強化了「通路」的概念，場景金融模式的建立，強調將銀行「從一處場所變成一種行為」，讓銀行的服務無所不在（ubiquitous）。

理想化的「場景金融」是從每一位金融客戶的角度出發，從其個性及其所處人生階段，在時間軸線下，切分「年、月、日、時、分、秒」，面對各式不同生活情境時，預判該客戶將做的選擇或被誘發後的選擇，導入金融服務並長相左右。例如當金融客戶使用地圖 App，規劃從 A 地旅行到 B 地時，除可選擇出發時間、交通工具選項如步行、腳踏車、自駕汽車、計程車及大眾運輸方式外，或可考量結合兩地的天氣情況、同行人數及當地治安等，例如，三或四人搭計程車，可能比搭乘大眾運輸更划算。其次，若 B 地治安不佳，系統會自動優先推薦汽車或計程車，比起步行或腳踏車更能兼顧客戶的人身安全，必要時，客戶亦可即時加購意外保險等。若 B 地是百貨公司，可提供即時提高信用卡額度服務或專屬百貨信用貸款，端視客戶需求而定。

八、Fintech 在台灣的發展

2015/09/24： 金管會成立「金融科技辦公室」。

2016/05/12： 金管會公布「金融科技發展策略白皮書」。

2016/09/09： 金管會公布「金融科技發展十大計畫」。

2017/05/04： 行政院公告「金融科技創新實驗條例」。

2017/08/10： 開放投顧事業在一定條件下可由電腦系統自動為客戶執行再平衡交易。

2017/12/29： 立法院三讀通過「金融科技發展與創新實驗條例（監理沙盒）草案」，成為繼英國、新加坡、澳洲及香港外第五個擁有監理沙盒制度的國家，實驗期間上限為 3 年，全球最長。

2018/09/18： 金融科技創新園區（FinTechSpace Park）開幕。金融科技創新園區有兩大任務，金融新創的監理及實證應用。

2019/07/30： 開放設立三家純網銀（樂天國際銀行於 2021 年 1 月 19 日正式開業營運、LINE BANK 於 2021 年 4 月 22 日正式開業、將來銀行被視為「國家隊」迄今尚未開業）。

2021/06/24： 金管會核准全家便利商店、玉山銀行、拍付國際資訊公司共同合資成立的「全盈支付」，以及全聯百分之百出資的「全支付」，取得設立專營電子支付機構許可，得以經營電子支付機構業務，並將於半年內成立開業。

1-5　全球金融科技知名企業

一、眾安保險

中國首家網路保險公司，由螞蟻金服、騰訊、中國平安等中國知名企業，基於保障和促進整個互聯網生態發展的初衷發起設立。眾安保險將大數據技術全程運用於產品設計、自動理賠、市場定位、風險管理等全過程，為中國市場提供領先的互聯網保險服務，涉足旅行、意外、健康等領域。截止 2016 年 11 月底，服務客戶數已達 3.56 億。

二、Oscar Health

Oscar Health 成立於 2012 年，總部位於美國，是一家美國網路健康保險公司，利用遠程醫療與互聯網技術，簡化看病及醫療理賠流程。與健康保險客戶保持即時聯繫，將防病和治病結合起來，可以敦促健康保險客戶主動對自己的健康狀況進行管理，及早進行預防和治療。Oscar Health 提供許多創新服務工具（如醫師與藥局搜尋引擎、電子處方箋，以及健康追蹤等），提升客戶滿意度。

三、Wealthfront

Wealthfront 是美國機器人投顧行業的一大巨頭。Wealthfront 提供機器人網路理財服務，管理費低且進入門檻低，彌補了傳統理財行業的空缺。

Wealthfront 的前身是成立於 2008 年的一家財富管理公司 kaChing，2011 年 12 月更名為 Wealthfront。Wealthfront 的管理資產規模自 2013 年開始爆發式增長，至 2014 年年中管理資產規模突破 10 億美元。截至 2015 年 9 月，管理資產規模已經達到了 26 億美元，26,100 用戶數，而截至 2016 年 4 月底，Wealthfront 的資產管理規模超過 30 億美元。

過去，財富管理的目標客群多集中於高收入者，而且委由商業銀行、基金、資產管理等機構從事資產管理業務。Wealthfront 為了迎合收入中等但沒有達到傳統理財門檻的人群理財需求，以理財門檻低、管理費率低為特點的開始興起。Wealthfront 運用大數據分析，幫理財客戶算出最佳投資組合，提供理財客戶自動化的投資需求分析，並依據客戶需求提供高度客製化、彈性化的資產投資組合配置與管理服務。

四、趣分期

趣分期是中國一家針對大學生及年輕白領提供分期購物和現金消費等服務的金融平台。趣分期主要用戶多為在校大學生，透過註冊趣分期會員帳號，並上傳學生證與身份證即可使用趣分期平台。趣分期至 2016 年 6 月已覆蓋中國近 3000 萬大學生用戶，並於 2016 年 8 月獲得螞蟻金服約 2 億美元的融資。趣分期是以校園貸款市場起家，但 2016 年 9 月，趣分期突然宣佈退出校園貸款市場。

五、Funding Circle

Funding Circle 是英國最大的 P2P 中小企業融資借貸平台，透過互聯網為想要投資的個人提供投資機會，投資目標為有潛力的中小企業，從而為需要融資的中小企業提供借貸管道。2010 年 Funding Circle 正式上線，到 2018 年為止，已為中小型企業提供了 50 億英鎊的貸款，公司業務遍及英國、美國、德國和荷蘭。

六、Kreditech

Kreditech 成立於 2012 年 2 月，總部位於德國漢堡，是一家基於大數據分析的線上借貸新創。Kreditech 用大數據分析借貸者信用，旨在服務全球未充分獲得借貸金融服務的人群，提供短期借貸服務，透過大數據分析各種公開信息，以判斷借貸者是否存在欺詐、欠帳，以及能否即時還款可能性，判斷過程只需數秒。

七、Avant

　　Avant 成立於 2012 年，是美國一家提供消費者個人貸款的線上借貸平台，致力於降低成本和借貸門檻，透過大數據、機器學習演算法等技術簡化核貸流程，為用戶提供創新的金融借貸服務。

八、Atom Bank

　　Atom Bank 是英國第一家完全在 App 上運行的數位銀行，沒有實體分行。Atom Bank 用自拍來確認用戶身分，用聲控來進行金融業務流程，用 3D 遊戲的場景來完成傳統上認為無趣的銀行事務，全程均在專屬的智慧型手機 App 上完成，致力於打造靈活的銀行體驗。此外，Atom Bank 會根據用戶的行為及習慣，讓這個智慧型手機 App 的銀行功能、服務和介面，能完全符合用戶個人喜好，也會預估用戶的未來需求。

九、Klarna

　　Klarna 是一家來自瑞典的線上支付公司，也是 2020 年歐洲最大的金融科技獨角獸。Klarna 於 2005 年創立於瑞典斯德哥爾摩，以「現在購買，稍後付款」的模式聞名，提供消費者購物無息分期付款。當用戶使用 Klarna 的平台購物，Klarna 會先向商家付款，之後再向用戶開立分期付款發票。

　　Klarna 作法是讓用戶跳過輸入信用卡和認證的繁瑣過程，買東西後，用戶可以選擇馬上付錢，或是 14 天之後貨到付款，發票會隨貨附上，降低沒收到貨的風險。為了提醒用戶不要忘記付錢，Klarna 在貨到 2 天前通知用戶準備，並在付款後寄 email 跟用戶確認，貨到後，用戶再用市場上的主流信用卡（如 Visa 或萬事達卡）付費。

十、OurCrowd

　　OurCrowd 於 2013 年在以色列耶路撒冷成立，是一家為新創企業提供募資機會的眾籌平台。OurCrowd 是以 P2P 連結「投資人」與「新創公司」的眾籌平台。OurCrowd 希望藉由這公開透明的平台，為新創公司提供募資機會，獲取可信賴的投資者的直接資金，另一方面，投資者也可依照透明且可信的資訊，找到具有成長潛力的投資標的（新創公司），創造三方共贏的局面。

學習評量

一、問答題

1. 何謂「金融科技」（FinTech）？請簡述之。

2. 何謂「去銀行化」（De-Banked）？請簡述之。

3. 請簡述 2015 年世界經濟論壇（WEF）所提出 FinTech 的六大核心功能。

4. 請簡述 2015 年世界經濟論壇（WEF）所提出 FinTech 的 11 種創新應用。

5. 何謂「場景金融」（Financial Scene）？請簡述之。

二、選擇題

（　）1. 下列哪一項不是 FinTech 成為潮流的主要原因？

　　　A. 資訊科技蓬勃發展

　　　B. 行動通訊、電子商務與共享經濟的創新

　　　C. 1997 年亞洲金融風暴的發生

　　　D. 2008 年金融海嘯的發生

（　）2. 下列哪一項不是 FinTech 興起對傳統金融產業的衝擊？

　　　A. 去中介化

　　　B. 服務多樣化

　　　C. 使用智慧型理財系統

　　　D. 強化了客戶關係，提升客戶忠誠度

（　）3. 使用行動裝置進行金融服務完成線上支付交易，是指下列哪一個階段？

　　　A. Bank 1.0

　　　B. Bank 2.0

　　　C. Bank 3.0

　　　D. Bank 4.0

（　）4.　下列有關 2015 世界經濟論壇（WEF）報告中，對於 P2P 借貸特
色的敘述，何者錯誤？

　　A. 增加借款者成本

　　B. 更精確的核貸

　　C. 核貸量增加

　　D. 快速且友善

（　）5.　有關 2015 世界經濟論壇（WEF）報告中，對於金融科技應用於
投資管理的分析，下列哪一項業務目前發展較迅速？

　　A. 高頻交易

　　B. 社群投資

　　C. 機器人理財

　　D. 演算法交易

（　）6.　有關 2015 世界經濟論壇（WEF）報告中，所提出之 FinTech 創
新項目，下列哪一項屬於市場資訊供應（Market Provisioning）
功能？

　　A. 新興支付（Emerging Payment Rails）

　　B. 群眾募資（Crowdfunding）

　　C. 新興市場平台（New Market Platforms）

　　D. 通路偏好移轉（Shifting Customer Preferences）

（　）7.　有關 2015 世界經濟論壇（WEF）報告中，所提出有關「新興市
場平台」（New Market Platform）的功能不包括下列哪一項？

　　A. 增加流動性

　　B. 提高價格準確性

　　C. 增加交易機會

　　D. 降低透明度

（　）8. 若銀行作業過度倚賴第三方金融科技者業，當金融作業發生問題時，責任歸屬不清之風險為下列哪一種風險？

A. 委外風險

B. 資安風險

C. 作業風險

D. 法遵風險

（　）9. 銀行使用數位科技的發展歷史有：甲、網路銀行；乙、自動櫃員機（ATM）；丙、電話銀行；丁、直銷銀行，請依照時間先後順序排列？

A. 甲乙丙丁

B. 丙丁乙甲

C. 乙丙甲丁

D. 甲丙乙丁

（　）10. 2015 年世界經濟論壇（WEF），提出的金融科技 11 項創新項目中之「機器革命」、「通路偏好移轉」分別屬於下列哪二項功能？

A. 支付、存貸

B. 支付、投資管理

C. 市場資訊供應、存貸

D. 市場資訊供應、投資管理

普惠金融：
數位銀行與純網銀

2-1　普惠金融（Financial Inclusion）

一、新金融的兩大概念

1. **重視「普惠金融」**（**Financial Inclusion**）：過去的兩百年是二八理論，金融服務主要支持 20%的大企業，就能帶動中小企業的發展。但是未來的新金融是八二理論，這意謂新金融服務主要支持 80%的中小企業、微型企業，支持年輕人與一般消費者。

2. **建立以數據為基礎的信用體系**：過去的金融是以抵押為基礎的信用體系，未來的新金融是以數據為基礎的信用體系，新金融的誕生將會對原本的金融機構帶來一定的衝擊。

二、什麼是普惠金融（Financial Inclusion）

　　《MBA 百科》定義，普惠金融（Financial Inclusion）又稱「包容性金融」，強調金融服務普及性之概念，其核心是有效、全方位地為社會所有階層和群體提供金融服務，尤其是那些被傳統金融忽視的農村、城鄉貧困群體、微型企業等弱勢群體，提供與其他客戶平等享受金融服務的權利。簡單來說，普惠金融的目的就是讓社會上各階層的人都能享受到完善的金融服務。

　　《理財網 財經知識庫》定義，「普惠金融」是指一個有效地能為社會所有階層和群眾提供服務的金融體系，指一整套全方位為社會全體人員，特別是金融弱勢群體提供金融服務的思維、方案和保障措施等。

新金融最大的變革，由原來的二八變成八二。原來的金融機構只要服務好 20% 的大客戶就行了，服務好有錢的企業，服務好跨國企業，然後賺 80% 的利潤。但是普惠金融的世界是八二，也就是要服務好 80% 過去沒有被金融機構好好服務的那群人。未來的金融是「普惠金融」，每個人都有公平的金融服務機會。

根據瑞士信貸報告，最貧窮的 50% 人口僅擁有不到 1% 的全球財富，而最富有的前 10% 人口卻擁有 87% 的全球財富，前 1% 最最富有的人擁有 50% 的全球財富。金融機構向來以營利為基礎，提供有錢人較完整也較多元的服務，除了增加獲利、亦可降低風險；然而窮人卻享受較少的金融服務，這是另一種金融服務落差。

普惠金融是聯合國在 2006 年提出的概念，目的在於使每一個人都能因金融體制而受惠，尤其是那些傳統上難以享受金融服務的弱勢群體，包括農村地區、城鄉貧困群體、微型企業等，不會因欠缺擔保品、理財知識不足，而無法進行小額貸款或甚至是接受平等的理財服務，因此，普惠金融推行，有利於縮小貧富差距，並增加一般人民之財產性收入。

根據統計，全球大約有 20 億人沒有銀行帳號，占全球人口 26%。這些人沒有銀行帳號，在銀行沒存款，無法貸款，更無法辦信用卡，對銀行而言，這些人的信用狀況就像一張白紙，銀行稱這些人為「大白」。

2006 年諾貝爾和平獎得主－孟加拉的穆罕默德·尤努斯（Muhammad Yunus）創辦「鄉村銀行」（Grameen Bank），提供小額信貸，讓無數貧窮的人在無需擔保或抵押的情況下，借到小額貸款，用以創業或改善生活，進而擺脫貧窮。

在台灣一般人申辦信用卡並不難，但對全台約 70 萬名外籍移工來說，就沒那麼容易，2020 年 10 月永豐銀行開首例，針對來台的 70 萬名外籍移工，推出外籍移工專屬信用卡，同時結合悠遊卡功能，以實現「普惠金融」的目標。只要是在台灣現職年資滿一年以上，帶著護照、居留證、薪資等相關文件，就能申辦，信用額度同樣依照薪資高低來決定。此外，為讓外籍移工方便申請，永豐銀行設計外語的申請表格，並放置在永豐銀行全台各分行，及國內經營東南亞購物通路的 CLC 集團旗下品牌 INDEX（Indonesia Delivery Express）37 家門市，供索取。

三、G20 數位普惠金融原則

聯合國在 2005 年提出「普惠金融體系」（Inclusive Financial System）的概念，其含義是：以有效方式使金融服務惠及每一位個人，尤其是那些在傳統金融體系下難以獲得金融服務的弱勢群體。

2016 年 7 月 G20 通過「G20 數位普惠金融（Digital Financial Inclusion）原則」，總計有 8 大原則、66 條行動建議。其中重要方針包括「建立適當監管架構」、「保護消費者權益」、「風險與創新平衡」、「發展身份識別」。

G20 數位普惠金融八大原則如下：

1. 倡導利用數位技術推動普惠金融發展。

2. 平衡數位普惠金融發展中的創新與風險。

3. 建構適當的數位普惠金融法律監管框架。

4. 擴展數位金融相關服務的基礎設施。

5. 採取盡責的數位金融措施保護消費者。

6. 重視消費者數位技術知識和金融知識的普及。

7. 促進數位金融服務的客戶身份識別。

8. 監測數位普惠金融進展。

四、以數據為基礎的信用體系案例：芝麻信用

「芝麻信用」是全球首家透過大數據針對個人進行信用評分的商業案例。芝麻信用是透過「信用歷史」、「行為偏好」、「履約能力」、「身份特質」、「人脈關係」等五項個人訊息，評估出某個人的信用分數。如果芝麻信用分數足夠，個人便可享受免押金租車、住飯店等服務。想增加芝麻信用分數的方式有很多，例如經常購買牛奶等家庭用品可加分，但若常常參與賭博遊戲則可能被減分。

「芝麻信用」是第三方信用評估與管理機構，透過雲端運算、大數據分析、機器學習、人工智慧等技術，蒐集來自社交媒體、政府、金融機構、電商平台、支付工具的數據，呈現出某個人的信用水平高低，也就是「針對個人信用打分數」。

芝麻信用顛覆傳統金融機構繁瑣的信用評比過程，透過網路的力量，與傳統金融機構的機制相比，芝麻信用的數據來源更廣，獲取成本更低。芝麻信用的優勢在於掌握了淘寶、天貓等電商平台，以及中國主流支付工具「支付寶」，無論是與朋友、政府、金融機構之間的互動、淘寶或天貓上的買賣紀錄、支付寶的每筆消費等，以環繞個人的所有社交與交易大數據為基礎，評估某個人的「信用力」。

從 2015 年起，芝麻信用評分普遍應用在中國的消費金融信用、飯店旅店租房信用等各式各樣的生活信用評分服務，為個人提供更為方便的即時徵信服務。

五、以數據為基礎的信用體系案例：騰訊信用

「騰訊信用」是獨立第三方個人徵信平台。「芝麻信用」著重電商平台的消費數據；「騰訊信用」著重社交網絡的社交數據，主要透過微信、QQ、財付通、QQ空間、騰訊網、QQ郵箱等社交網絡上的大量數據，進行信用評分。在中國，微信的活躍用戶將近9億左右，QQ的活躍用戶將近8.6億左右。

「騰訊信用」評分主要基於騰訊平台的網際網路數據，透過「履約、安全、財富、消費、社交」等五項個人數據，運用大數據與人工智慧技術綜合評估得出，分數值在 300-850 分。在用途方面，「騰訊信用」主要提供金融信用服務和生活信用服務，主要包括借貸信用評分、消費購物分期信用評分、高速 ETC（先通行，後付費）信用評分、以及租房信用評分等應用「場景」。

2-2　數位銀行與純網銀

一、數位銀行（Digital Bank）

所謂「數位銀行」（Digital Bank）是指透過數位通路來提供金融服務與金融商品的銀行。

「數位銀行」與傳統銀行在台灣拿的都是同一種牌照類別，提供的金融服務範圍跟一般銀行沒有太大區別，所有金融服務皆透過網路進行。但數位銀行的特點是沒有實體存摺、所有的服務都在數位網路完成。數位銀行能在線上直接提供金融服務，像是辦定存、買基金、申請貸款等，但缺點在於網路交易金額會有上限。數位帳戶是指在數位銀行開立帳戶，通常會以高利活存、跨行跨提免手續費等優惠，來吸引用戶加入。例如王道 O-Bank、台新 Richart、永豐大戶 DAWHO 都屬數位銀行。

二、數位銀行發展的三大階段

克里斯·斯金納（Christ Skinner）在《數位銀行（Digital Bank）》一書的觀點，數位銀行不同於傳統銀行的關鍵在於，無論是否設立分行，都不再依賴於實體分行網絡，而是以數位網路作為銀行的核心，借助金融科技技術為客戶提供線上金融服務，服務趨向互動化和客製化，銀行組織結構趨向扁平化。數位銀行的發展主要經歷三大階段：

1. **第一階段**：銀行自動化。1970 年代花旗銀行開始使用 ATM 解決客戶一部分日常金融事務。它利用磁性條碼卡或智慧晶片卡實現金融交易的自助服務，一定程度代替銀行櫃台人員的工作，減少人力成本，提高金融交易效率。

2. **第二階段**：銀行電子化。隨著網際網路和行動裝置的興起，銀行開始展開線上銀行業務，電子銀行被廣泛使用。無論是網頁版的電子銀行，還是行動手機開展的 App 銀行業務，從最初的線上轉帳、查看結算單和電子帳單支付，到日漸豐富的功能，例如線上理財、線上貸款等。此階段主要參與者還是以傳統銀行為主。

3. **第三階段**：銀行數位化。此階段的主要參與者從傳統銀行，擴大到金融科技新創。金融科技開始影響銀行業的發展，愈來愈多的金融業務開始依託大數據、人工智能、區塊鏈、雲端運算、生物識別等關鍵技術。隨著金融科技新創催生新的金融服務，大型銀行也紛紛加快在金融科技領域的佈局。

三、數位銀行的類型

1. **純數位銀行**：例如德國 Fidor Bank 為純數位銀行，具有德國的銀行執照，其資源集中在社群金融，其口號為「Banking with Friends」，該銀行將儲蓄與信貸年利率結合該銀行 FB 粉絲團按讚數連動，以達社群行銷的目的。

2. **數位子銀行**：具備獨立的商品銷售與行銷、服務通路、營運中後台，但不具有銀行執照，例如法國巴黎私人銀行（Paribas Private Bank，簡稱 BNP）的數位子銀行 Hello Bank。

3. **數位分行**：共用母銀行的營運中後台。建置數位分行需要考慮三因素：
   - 所在地理位置的目標客群特性、使用數位科技的意願及熟悉度。
   - 數位分行所提供的功能，以及其他數位通路所提供的功能的互補性。
   - 所建置數位科技的可用性，以及對客戶體驗的影響。

4. **數位次品牌銀行**：共用母銀行的營運中後台，例如 Frank 是新加坡華僑銀行（OCBC）的數位次品牌銀行。

🔲 案例：台灣原生數位銀行 - 王道銀行（O-Bank）

　　王道銀行是台灣第一家數位銀行，免臨櫃、手機上網就能開戶，提供 2 倍高利活儲、刷卡現金回饋無上限，還有信貸、房貸、基金投資與保險等服務，並提供 24 小時服務。

　　王道銀行為台灣第一家原生的數位銀行，沒有傳統銀行所背負眾多實體分行的包袱，可積極提供創新的數位金融服務與傳統銀行做出區隔。

🔲 案例：越南首家數位銀行 - Timo Bank

　　2020 年調查發現，越南民眾願意將存款轉至數位銀行比率為東南亞之冠。Timo Bank 成立時間於 2016 年，是越南首家數位銀行。Timo 是一種全新的數位銀行，不收取用戶任何費用，讓用戶可以專注於生活中的其他事情。這意味著用戶可以在 15,700 台自動櫃員機上取款，並在自身的存款中享受利息的同時，轉帳給越南任何人。

　　2020 年受新冠肺炎疫情影響，讓越南民眾在家透過線上進行金融交易的意願提高。如此氛圍也讓越南首家數位銀行 Timo 選擇此時再度出發，與 Viet 資本銀行合夥，向當地民眾提供全面性的數位金融服務。在過去的合作架構，Timo 只是 VP 銀行的外部合作方。但這次疫情出現翻轉，兩家銀行將緊密合作，共同推出新的金融產品。Viet 資本銀行的前身是 VP 銀行。Timo 希望能在越南金融業當中成為創新銀行的典範。除了提供基本的金融服務，像是儲蓄產品、信貸產品與保險等，還將尋求機會向外擴展新的業務版圖。

四、網路銀行

　　網路銀行又稱網上銀行、線上銀行、虛擬銀行等，是利用網際網路提供客戶進行開戶、銷戶、查詢、對帳、轉帳、信貸、證券、投資理財等服務，客戶可以不需到銀行，即可管理活期和定期存款、支票、信用卡、投資等。

　　網路銀行除可降低成本、提高服務效率外，不會受到地區限制，有助於擴大客戶群，擁有三項特點（3A）：任何時間（Anytime）、任何地方（Anywhere）、以任何方式（Anyhow）為客戶提供金融服務。

　　1995 年 10 月，「安全第一網路銀行」（Security First Network Bank，簡稱 SFNB）在美國亞特蘭大市正市開業營運，是全球首家以網路銀行冠名的金融組織，線上提供多種銀行服務的第一家網路銀行，其前台業務在網路上進行，其後台處理只集中在一個地點進行。

五、純網銀

　　一般傳統銀行能做的業務，純網銀也通通都能做，但最大差異在於，純網銀幾乎所有業務，都經由網路進行，特點是不受時間、空間限制。在台灣，除了總行及

客服中心外，純網銀依規定不得設立實體分行，沒有任何分支機構、營業據點，提供的金融業務範圍，與一般傳統銀行無異。

傳統銀行擁有實體分行、分行員工，有營業時間限制，部分服務無法隨時辦理，且尖峰時段有可能需要排隊。隨著網路普及，台灣從 2000 年開始，陸續有銀行業者開發網路服務，也就是所謂的「網路銀行」，簡稱「網銀」，不用到實體銀行排隊、刷存摺，就能在線上查看帳戶狀況、轉帳等簡單的服務；智慧型手機普及後，多數傳統銀行也都提供 App 網銀服務，讓用戶可以在智慧型手機上操作部分金融服務。基本上，傳統銀行的「網銀」，是實體分行的延伸，只是傳統銀行眾多金融服務的一環，能降低銀行服務成本、提升營業效率，本質上仍是傳統銀行。

表 2-1 網路銀行、數位銀行、純網銀之比較

發展	網路銀行	數位銀行	純網銀
特色	能執行轉帳、查詢餘額等簡單金融服務，部分服務受到銀行營業時間限制	數位帳戶沒有實體存摺、可以設立實體分行，不過多為線下體驗性質；金融服務範圍跟一般銀行沒有區別，所有服務皆透過網路進行	沒有實體分行、能進行所有傳統銀行業務，透過異業結盟打造生態系，刺激金融服務創新
代表業者	各家傳統銀行	王道 O-Bank、台新 Richart、永豐大戶 DAWHO	將來銀行、LINE Bank、樂天國際商業銀行

為促進金融創新，金管會於 2019 年 7 月 30 日核准三張「純網銀」（Neo Bank）執照給樂天國際商業銀行、LINE Bank、將來銀行，台灣金融業進入純網銀時代。

🔲 案例：台灣首家純網銀 - 樂天銀行

樂天國際商業銀行（簡稱：樂天銀行）是台灣首家取得「銀行營業執照」的純網銀業者。樂天銀行是台灣三家獲准設立的純網銀中，唯一引進外資直接投資的純網銀業者，股東結構單純，由日本樂天銀行、國票金控及樂天信用卡三方組成，相對其他二家同業，樂天銀行在日本已經有 20 年的純網銀經驗，非常熟悉系統、資安等相關規範。

樂天銀行開幕初期，將提供線上開戶、線上申辦定存、APP 轉帳、國際金融卡、貸款即時評估、小額信貸等線上服務，為了滿足顧客提領現鈔的需求，樂天銀行會跟其他銀行業者合作，讓顧客使用他行 ATM 領錢，且不收手續費。此外，以開戶為例，用戶只要準備雙證件，經由智慧型手機上樂天銀行官網，只要幾分鐘就能完

成線上開戶申請，完成開卡後，可以在國內外 ATM 提款，也可以在日本 ATM 提領日幣。

樂天銀行的「快樂會員制度」，會依據客戶存款，以及交易數據區分五個會員等級，由低至高分別為「基礎、進階、尊榮、VIP 及 Super VIP」，客戶依據不同會員等級可享有專屬金融手續費減免及樂天生態圈優惠。

樂天銀行的會員經營理念，是「用的越多，回饋越多」，就算只是轉帳、提款，這類經常會使用到的銀行基本功能，也能累積紅利點數。樂天銀行以「樂天超級點數」為核心，串起樂天生態系。此外，會員累積的「樂天超級點數」，也可以兌換至日本使用，打破金融生態圈地理上的限制。

樂天銀行在 2021 年 1 月 19 日開業至今，據金管會銀行局最新統計資料顯示，截至 2021 年 2 月底止，樂天商銀的存款數達 5.7 億元、放款 100 萬元、淨值 97.21 億元。

🗄 案例：台灣第二家純網銀 - 連線商業銀行（LINE Bank）

連線商業銀行（LINE Bank）於 2019 年 8 月 2 日獲金管會許可設立，並在 2021 年 2 月 4 日獲發營業執照，成為 2020 年 12 月樂天商業銀行以後，第 2 家獲金管會核發執照的純網銀。LINE Bank 於 2021 年 3 月 24 日開始試營運，於 2021 年 4 月 22 日正式開業。

連線商業銀行開幕初期，將提供線上開戶、線上申辦定存、APP 轉帳、簽帳金融卡（Debit 卡）、個人信用貸款、國際金融卡海外刷卡消費及提款等金融服務，跟樂天銀行差不多。LINE 在台灣擁有 2,100 萬名使用者，在海外已有發展純網銀經驗，其龐大的社群網絡，提供未來在台灣發展純網銀業務的良好基礎。

🗄 案例：英國純網銀 Revolut

純網銀 Revolut 成立 4 年於英國倫敦，以歐洲及澳洲為主要營運地區，逐漸擴張到新加坡、美國、日本、加拿大。至 2019 年底，Revolut 已在全球累積超過 800 多萬個人用戶與 20 萬企業用戶，而且以每月至少 1 萬個人用戶的速度增長，已處理超過 3.5 億筆交易，總價值超過 400 億英鎊。

Revolut 提供線上開戶流程，用戶只要輸入電話、地址，再拍好 180 度的大頭照與身分證件上傳即可，透過 AI 進行人臉辨識，整個線上開戶流程只需花約 5 分鐘，1 天內即可審核完畢。

Revolut 帳戶是一個「多幣別電子錢包」，用戶只要開立一個 Revolut 帳戶，可同時擁有 28 種外幣的帳戶，可在同一帳戶內自由進行多幣別貨幣匯兌，中間無須支付額外匯差，Revolut 也不會再向用戶收取額外的換匯手續費。Revolut 提供自動換匯功能，用戶可自行設定匯率到達某特定價格，立即兌換，方便那些沒有時間隨時看盤的用戶。

Revolut 帳戶的實體簽帳金融卡（Debit），與線上帳戶連動，可在國際間刷卡、轉帳、到 ATM 提款，而且不收手續費。

此外，Revolut 會偵測用戶消費當下，卡片與手機的距離，假設系統偵測到用戶卡片消費的交易地點與手機距離過遠，代表可能盜刷的狀況發生。利用機器學習與 AI 自動化偵測詐欺、盜刷，透過即時交易監測模型，根據即時用戶的消費行為、消費地點，判斷交易是否有問題，一旦偵測到異常交易，就會立即阻斷交易，凍結用戶卡片，傳訊通知用戶是否為本人的消費。

Revolut 還提供手機版上發行一次性的虛擬卡片，用戶使用此張虛擬卡片一次性消費後，其卡號就會翻新，減少用戶網購被盜刷的風險。

Revolut 的最終目標是要提供一站式的金融服務。Revolut 透過用戶行為調查，從用戶角度了解真正的客戶需求，進而開發額外的金融科技功能。

六、行動銀行服務（**Mobile Banking Service**）

《MBA 智庫百科》定義，「行動銀行服務」（Mobile Banking Service）是利用行動通訊網路及終端設備，提供銀行相關金融業務服務。其逐漸普及的主要原因是智慧型手機與無所不在之網路。

七、影子銀行（**Shadow Banking**）

《維基百科》定義，「影子銀行」（Shadow Banking）是指一些提供和傳統商業銀行類似的金融服務的非銀行中介機構。投資銀行和商業銀行的業務要受到中央銀行等機構的監管。但他們如果把一些業務以影子銀行的方式操作，做成財務報表以外業務，這些資產在銀行的損益表上是看不到的，就可以逃脫監管。「影子銀行」有三種最主要存在形式：銀行理財產品、非銀行金融機構貸款產品和民間借貸。

以美國為例，影子銀行可以包括投資銀行、對沖基金、貨幣市場基金、債券、保險公司等等。這些金融機構透過證券化，進而達到信貸擴張的效果，這些金融機構並不是真正的銀行，但它們進行了一些銀行的功能，因此被稱為「影子銀行」。

影子銀行的出現，和銀行的金融中介功能褪色有關。上世紀六、七十年代美國開始了金融去中介化，即借貸雙方已越來越不需要金融中介，而是傾向發行金融產品來作融資，金融機構面對存款流失和貸款生意下滑，傳統的金融中介模式已需要改變，金融機構也轉向其他方面發展，金融創新已日漸流行，各式各樣的金融產品也活躍於市場。影子銀行的壞影響，在於其金融創新的特質，尤其是在衍生工具上的發展，更是常為人詬病的一環，金融衍生工具是引起美國金融海嘯的原因之一。

2-3　開放銀行和 Open API

一、開放銀行（Open Banking）

開放銀行（Open Banking）是指在取得用戶同意後，透過「應用程式介面」（Application Programming Interface，簡稱 API）與其他銀行或是「第三方服務提供者」（Third-party Service Providers，簡稱 TSP）的合作，藉由取得用戶資料，提供更加個人化、更多元的金融服務。

「開放銀行」的核心概念，就是將原本就屬於用戶的個人資料與交易資料「還歸於用戶」，用戶自己作主是否同意將自己的資料，分享給任何一家金融機構或「第三方服務提供者」（TSP）；後二者可以運用這些資料，為用戶提供更加客製化、個人化的金融服務。

英國早在 2015 年就開始規劃、制定，並推出開放銀行的標準。英國競爭與市場管理局（Competition and Market Authority，簡稱 CMA）宣布開放銀行計畫，找來匯豐銀行等 9 家大型銀行，共同成立「開放銀行組織」（OBIE），制定通用的「應用程式介面」（API）標準、管理規範、架構、安全機制等。並從 2018 年 1 月開始，依規定必須透過 Open API，將顧客資料授權給非銀行的第三方服務提供者使用。

2015 年，歐盟通過並執行「第 2 號支付服務指令」（Payment Service Directive 2，簡稱 PSD2），將銀行的客戶資料解放出來，分享給第三方服務提供者存取，包括客戶的帳戶資料、歷史交易資料，及銀行產品、服務等資訊。歐盟要求各銀行在 2018 年 1 月前，將 PSD2 納入法規中，成為歐盟開放銀行的立法基礎，讓歐盟居民對於個人數據，享有更大的自主權。

台灣在 2019 年 6 月金管會拍板定案，由財金資訊股份有限公司主導銀行與第三方服務提供者合作推動，並將開放銀行的進程分成三大階段。

二、Open Banking 採三階段開放措施

金管會銀行局表示，Open Banking 將採三階段開放措施，第一階段「開放商品資訊」（開放公開資訊查詢），包括房貸利率、信用卡等金融商品，2019 年 7 月先開放；第二階段「開放客戶資訊」（開放帳戶資訊），包括房貸、存款、基金投資等，但前提是需客戶同意；第三階段「開放交易資訊」。

三、Open API

「開放式應用程式介面」（Open API）是指一個可公開取得的應用程式介面，提供開發人員透過程式化存取另一套程式數據的軟體應用程式。簡單的說，API 允許一個軟體跟另一套軟體交互作用，因此，可以讓組織內部的開發人員與外部開發人員註冊使用。

Open API 促成生態圈的建立，有二步驟：① 以開放標準制定 API；② 公開 Open API 的規格。Open API 的重點是「開放」，不是「公開」，因此「認證」、「授權」、「威脅偵測」、「資料保密」與「訊息正確性」，缺一不可。

四、Open API 市場破壞

銀行與科技業者合作展開的金融服務創新，顛覆傳統金融思維，這嶄新的金融生態圈，帶來三大新轉變：

1. **「新」的基礎設施**：包括完善的雲＋網＋端，可跨境即時串接，讓金融服務透過行動裝置而無所不在。

2. **「新」的跨業合作商業模式**：也就是場景金融，包括跨業相互導客、無縫接軌，讓買賣交易、收款付款及金融服務三環節，在異業間更即時、更緊密地融合在一起，發展出各種新的跨業商業模式。

3. **「新」的生產要素-「大數據」**：大數據結合 AI 分析與應用，透過科技做為加速器，大數據成為創造營收與價值的關鍵要素。

銀行＋非銀行跨業合作的 3 大場景金融模式：

1. **模式 1**：銀行即服務（Banking-as-a-Service，簡稱 BaaS）。以客戶在電商平台消費為生活場景，銀行是金融商品的提供者，銀行透過 Open API 串接電商平台，將金融商品置入電商平台，進而銷售給客戶。此模式對銀行的挑戰是做好 Open API 串接服務，而銀行內部金融商品與內部金融業務流程

要進行優化，才能將金融商品無縫上架到電商平台，再提供給客戶。「銀行即服務」是以「場景金融」為概念，銀行是金融商品的提供者，將金融商品或金融服務融入合作夥伴的各項場景之中。這種以發展生態圈為目標的策略，是金融業者最常採用的模式，也是較容易成功的模式。

2. **模式 2**：銀行即平台（Banking-as-a-Platform，簡稱 BaaP）。是指銀行將自己發展成服務平台，將銀行的網站平台轉變成客戶所需的各種交易平台，提供客戶日常生活所需各種交易的市集（Marketplace），其概念正好與「銀行即服務」相反。銀行轉型為平台提供者，透過 Open API 讓其他業者可快速將商品上架至銀行的服務平台，進而整合至銀行自己的金融服務中。例如新加坡的星展銀行（DBS Bank），在其銀行服務平台將不動產買賣、汽車買賣、訂機票、訂旅館等各種交易，整合進其銀行即有的金融服務中。

3. **模式 3**：開放銀行（Open Banking）。其概念主要是讓金融科技業者與銀行直接透過 Open API 進行連線，在客戶同意下，銀行將資料提供給第三方服務提供者，以便創造出客製化、個人化的服務。換句話說，銀行將客戶資料的所有權交還給客戶，在客戶同意（並且合於法律規範）的前提下，使用 Open API 將資料開放給金融科技業者（第三方服務提供者）為客戶開發金融商品，提供客製化、個人化的金融服務。

2-4　全通路轉型

一、體驗為王！金融業全通路（Omni-Channel）轉型

IBM 定義，「全通路」（Omni-Channel）是以多通路策略為建立基礎，讓客戶可隨時隨地使用任何裝置存取，在通路之間享有一致性的體驗。

「全通路整合」是指以客戶體驗為中心，除整合運用各種數位技術外，更記錄客戶在不同通路的回饋與反應，分析客戶需求，預測客戶的需要與偏好，並據以規劃客戶所需的產品並適時提供。

在線上線下融合（OMO）的全通路金融環境中，金融業可經由流程自動化，提供全方位的服務機制，讓金融客戶擁有全新的優質體驗，享受服務的全面性與便利性。

例如：中國信託銀行推出「智能客服」服務，提供即時回應的 AI 客服服務，以客戶需求出發，從虛實整合的角度創造最佳的金融體驗。過去，金融業在用戶體

驗上的一大痛點是，當用戶出現問題，若非上班時間，很難有人即時回應處理。因此，中國信託銀行開發「智能客服」，讓 AI 聊天機器人透過文字，24 小時解決用戶問題。此系統不但反應快速與精準度高，同時經過設計的具有溫度對話內容，也讓體驗更溫暖。

二、多通路與全通路

「多通路」以「銀行」為為中心，著重「交易」過程，以客戶交易記錄為基礎進行分析，以滿足客戶需求；而「全通路」以「客戶」為中心，著重「互動」過程，以客戶互動系統為基礎，預測客戶需要與偏好。

表 2-2　多通路與全通路之比較

發展階段	多通路	全通路
觀點	以「銀行」為中心	以「客戶」為中心
焦點	著重「交易」過程	著重「互動」過程
數據來源	以客戶交易記錄為基礎	以客戶互動系統為基礎
客戶系統	滿足需求	預測需要與偏好

資料來源：修改自《IBM 銷售與經銷》

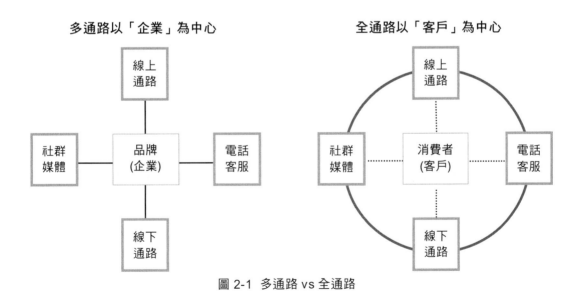

圖 2-1　多通路 vs 全通路

三、UX 是王道：金融科技的使用者體驗（UX）

對金融業來說，好的金融科技使用者體驗已經是一項重要的數位化策略，也能藉由在金融服務過程中提供更佳的「使用者體驗」（User Experience，簡稱 UX），

提高既有客戶黏著度、或甚至是進一步獲取新客戶。金融科技的使用者體驗，是指終端使用者（End-User）跟金融科技之間的體驗互動及信任關係。使用者體驗（UX）最高境界是就是要做到讓使用者「無感」（讓使用者無需學習與無需思考），才是最好的服務！

四、通路之分行類型

1. **店鋪型分行（Branch-shops）**：是指金融機構透過非金融機構異業結盟，一起經營類似店鋪場域，吸引過去金融機構接觸不易的客群。

2. **快閃分行（Pop-up Branch）**：是指金融機構為了推廣新金融服務或接觸新客群，短期間在某一特定地點提供金融服務。

3. **自助式分行（Self-service Branch）**：是指該分行內所有的金融服務都是由客戶自行操作，而非由行員服務客戶。

4. **第三方分行（Third-party Branch）**：是指在開放銀行下，由第三方服務提供者整合提供新金融服務。

2-5 供應鏈金融（Supply Chain Finance）

一、供應鏈金融的定義

《MBA 智庫百科》定義，簡單來說，「供應鏈金融」（Supply Chain Finance）就是銀行將核心企業和上下游企業聯繫在一起，提供靈活運用金融商品和服務的一種融資模式。即把資金作為供應鏈的一個溶劑，增加其流動性。

自 2008 年全球金融危機以來，許多中小企業宣告破產，「供應鏈金融」是為解決供應鏈中資金等問題，其以產業為基礎，整合上中下游廠商，透過供應鏈金融運作中的資訊，有助金融業者開發金融商品服務，例如：融資、租賃、代收、代付等。金融科技對風險的控制、授信的靈活度，與傳統供應鏈金融有所差異。

在供應鏈體系中，核心企業是主體，核心企業發出訂單，代工廠商接單後，代工廠商可能會需要一筆資金來購買原料、零組件或聘僱臨時人力，而且在交付訂單之後，還要等待核心企業的票期，短則 1 個月，長則 6 個月。在這段期間代工廠商如果要繼續接單，可能又需要另一筆資金來週轉，這時就需要供應鏈金融的協助。「供應鏈金融」或稱為「應收帳款融資」，是風險相對低的放款業務，代工廠商已

經有訂單了，只是在等待訂購原物料、生產、交貨，以及最後的款項入帳，屬於較穩當的短期借款。

二、供應鏈金融 1.0 到 3.0

供應鏈金融是隨供應鏈管理而發展。供應鏈管理的發展階可分為四個段：1990年前是物流管理階段；1990-2000 年是價值增值階段；2000 年-2010 年是網路鏈節階段，2010 年之後是智慧化階段。

《AMT 諮詢》認為，供應鏈金融發展的三個階段：

1. **供應鏈金融 1.0 時代**：1990 年前，1.0 階段，銀行模式，即企業直接向銀行借款。

2. **供應鏈金融 2.0 時代**：1990-2010 年左右，2.0 階段，線上 1＋N 模式，核心企業具有一些擔保作用。供應鏈金融 2.0 和 1.0 最大差異點，在於供應鏈金融 2.0 的資金提供者不再局限於銀行，而是供應鏈上的核心企業、物流企業、資訊服務業者、線上交易平台、網際網路金融平台等，這讓供應鏈借貸市場的資金來源更加豐富，也使不同風險偏好的資金提供者加入市場。供應鏈金融 2.0 初步實現了商流、金流、物流、資訊流等數據的蒐集與整合。然而這些數據各自掌握在核心企業、物流商、平台商等各方手中，尚未形成一個綜合性的大數據平台。

3. **供應鏈金融 3.0 時代**：2010 年以後，伴隨著產業網際網路的發展，進入 3.0 階段，即 N＋1＋N 模式，亦稱為平台模式，以平台作為信用的擔保，銀行、類銀行、類金融機構提供融資，服務平台上所有的企業。而其中的「1」不再是核心企業，而是服務供應鏈的綜合服務平台。兩端的 N 則代表上下游企業漸漸走向「去中心化」，不同於過去皆須透過「核心企業」來為供應鏈企業提供信用支持，而是彼此間也能作為彼此的信用支持，打破了單一供應鏈的限制。

供應鏈金融 1.0、2.0、3.0 各個階段發展過程中，由於地區差異、產業差異等，並不是完全替代，雖然已進入供應鏈金融 3.0 階段，但傳統的供應鏈金融 1.0 的銀行模式、2.0 的核心企業擔保模式仍然占有重要的比例。

未來，依靠網際網路、物聯網、大數據、區塊鏈以及人工智慧（AI）技術相結合的智慧供應鏈將成為主流。在智慧供應鏈中，直接提供資金的「融資」放款主體，已不僅是銀行，而是包括產業龍頭企業、金融資訊服務平台、非銀行類金

融機構、金融科技公司、綜合服務平台以及物流公司等。這些機構透過網際網路技術，可以掌握融資需求方的交易信用，可以有效評估產業鏈客戶交易的風險，為客戶提供供應鏈金融的相關服務。

三、供應鏈金融的主要業務種類

湯曙光與任建標（2010），從核心企業與上游供應商和下游經銷商角度，將供應鏈金融的融資分為下列幾種融資方式：

1. **預付帳款融資模式**：核心企業的下游經銷商在將核心企業的產品成功銷售出去前，需事先支付核心企業貨款，這樣的模式使得下游經銷商在付款的時間點與銷售後拿回資金的時間點之間出現缺口，金融機構便是藉由此「未來提貨權」作為擔保，提供企業融資服務。

2. **存貨融資模式**：存貨融資是企業以原物料、半成品和完成品等存貨作為質押物，向金融機構申請貸款。此模式是以存貨為依據作為質押保證。在此模式中，融資企業可使用同一存貨向其他金融機構申請借貸，故在這個模式下，容易發生重複存貨質押的行為。若是日後融資企業經營狀況不佳，容易發生債權人搶貨的情形，對於金融機構形成潛在風險。

3. **應收帳款融資模式**：從出貨到收到貨款的這一段時間，利用未到期的應收帳款來作為籌措資金的依據。

4. **訂單融資模式**：訂單融資模式是以接到訂單到收到銷售貨款的整個過程中，所存在的融資空間。訂單融資模式與應收帳款融資模式相比較，風險較高，因只以訂單作為融資基礎，提供融資企業較為寬鬆的借款標準。訂單融資模式與應收帳款融資模式相比，雖然承擔較高的風險，但相對可收取較高的手續費與利息。

四、工業 4.0：工業物聯網時代來臨

德國「工業 4.0」、美國「第三次工業革命」、中國「製造業 2025」，世界各國紛紛提出新一代的製造理念，在網路化、數據化、智能化的全球大環境下，拉動傳統製造往智慧製造方向升級，從而滿足未來市場更快速、更個人化的需求回應，並實現更低的製造成本。

智慧製造對於採購和供應鏈管理帶來深遠影響。它將原本按照計劃管理的工廠生產，切割為更小的單元，既可以動態規劃從而平順生產波動，也能更快地跟隨市場的回應進行產能的調整，甚至還能實現最低的原材料和成品庫存，大幅提高生產的周轉效率。因此，供應鏈金融就需要高度的靈活性並且要更加智慧化。此外，未來的供應鏈與行銷鏈將完成全流程的資訊與數據共享，這也意味著供應鏈金融和消費金融之間的界限將被打破。

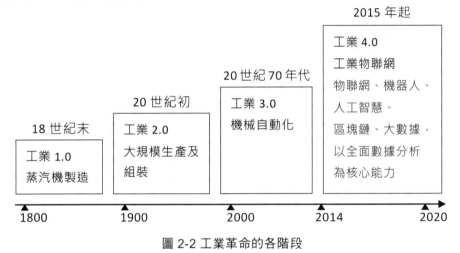

圖 2-2 工業革命的各階段

五、供應鏈金融 4.0：從「中心化」向「智慧化」轉型

供應鏈金融 1.0 時代是傳統的中心化模式，銀行以企業的信用作為支持，為企業的上下游企業提供融資服務，在技術層面以不動產抵押，信用評等為基礎。

伴隨著資訊化技術的突飛猛進，供應鏈金融逐步邁入 2.0 線上化時代，透過電子化等技術對接供應鏈的上下游及各參與者的 ERP 連接埠，銀行與供應鏈參與者共同合作提供融資服務，主要突破在於網際網路以及動產質押。

供應鏈金融 3.0 時代平台化。銀行、供應鏈參與者以及平台的構建者以網際網路技術相連，打造雲端平台，透過商流、金流、資訊流、物流四維數據風險控管建模，建構供應鏈金融服務平台。

產業互聯網＋的浪潮促使供應鏈金融走向智慧化 4.0 時代，業務模式趨向去中心化、即時、訂製、小額，產品則以數據質押為主，藉由物聯網、人工智慧、大數據、區塊鏈等技術，實現供應鏈與行銷鏈全流程的資訊與數據共享，同時提升服務效率和效能。

表 2-3 供應鏈金融 1.0 到 4.0

	供應鏈金融 1.0	供應鏈金融 2.0	供應鏈金融 3.0	供應鏈金融 4.0
關鍵詞	中心化	線上化	平台化	智慧化
商業模式	・傳統供應鏈金融線下模式 ・以企業的信用作為支持	・供應鏈金融線上化 ・供應鏈參與者的 ERP 連接埠對接	・以網際網路技術為基礎的綜合性大服務平台	・行業細分 ・去中心化、即時、訂製、小額 ・滲透到整個管理營運環節
主體	・銀行	・銀行 ・供應鏈參與者	・銀行 ・供應鏈參與者 ・平台建構者	・銀行 ・供應鏈參與者 ・互聯網金融
技術突破點	・不動產抵押、信用評等	・網際網路 ・動產抵押	・雲端運算 ・商流、金流、資訊流、物流四維數據風控建模	・數據抵押 ・物聯網、大數據、人工智慧

六、供應鏈金融 4.0 生態圈模式逐步成型

「供應鏈金融 4.0 生態圈」依主導的主體不同，可劃分為三種主要模式：銀行主導平台模式、電商主導平台模式、產業主導模式。

🔲 銀行主導平台模式：「商業銀行＋供應鏈金融」

該模式是以商業銀行為主導，升級自身平台，連通中小企業與大企業，打造完善的供應鏈金融 4.0 生態圈。以 N＋1＋N 為發展模式，以中小企業為敲門磚，逐步滲透至大企業，再從大企業為軸向上下游拓展，大力發展線上供應鏈金融。

🔲 電商主導平台模式：「電商平台＋供應鏈金融」

互聯網公司（例如淘寶）依託其電商平台的龐大供應商資源和大數據優勢，開展供應鏈金融業務。根據上下游的交易商流、資訊流、物流、金流等相關數據作出信用評等，透過系統演算法給出融資額度。

🔲 產業主導平台模式：「產業集團＋供應鏈金融」

擁有完整供應鏈資源的集團級企業，自建供應鏈金融平台，依託線上平台進行供應鏈金融，透過綜合運用各種金融工具，滿足供應鏈夥伴的多種融資需求。一些大型產業集團透過自身的金融平台，藉助集團多行業布局的優勢開展供應鏈金融業務。

學習評量

一、問答題

1. 何謂「普惠金融」（Financial Inclusion）？請簡述之。

2. 何謂「數位銀行」（Digital Bank）？請簡述之。

3. 何謂「行動銀行服務」（Mobile Banking Service）？請簡述之。

4. 何謂「開放銀行」（Open Banking）？請簡述之。

5. 何謂「供應鏈金融」（Supply Chain Finance）？請簡述之。

二、選擇題

（　　）1. 全球首家以網路銀行冠名的金融組織，於下列哪一年正式在美國亞特蘭大市營運？

　　A. 1993　　B. 1995　　C. 1997　　D. 1999

（　　）2. 金管會於 2019 年 7 月 30 日核准幾家純網路銀行業者之設立，希望其發揮鯰魚效應？

　　A. 1 家　　B. 2 家　　C. 3 家　　D. 5 家

（　　）3. 下列何者是行動銀行（Mobile Banking）逐漸普及的主要原因？

　　A. 5G 問世
　　B. POS 系統進化
　　C. 線上信用卡問世
　　D. 智慧型手機與無所不在之網路

（　　）4. 下列那一種工具，方便金融機構與第三方業者的系統進行溝通、整合及資料拋轉？

　　A. CRM　　B. GUI　　C. CGI　　D. API

（　　）5. FinTech 中「純網銀」對於傳統銀行業影響最大的是下列哪一項業務？

　　A. 企業金融業務　　　　　B. 保險業務
　　C. 支付、借貸業務　　　　D. 理財業務

（　）6. 下列有關全通路（Omni-Channel）銀行業務的敘述，何者正確？

    A. 全通路業務是用來取代多通路業務的

    B. 全通路業務是以銀行為中心的，多通路業務是客戶為中心的

    C. 全通路業務是建立在交易紀錄的基礎上，多通路業務是建立在系統互動的基礎上

    D. 全通路業務是建立在大數據分析的基礎上，多通路業務是建立在服務導向架構基礎上

（　）7. 下列有關「開放銀行」的敘述，何者錯誤？

    A. 金融機構將帳戶資訊主控權還給消費者

    B. 消費者有權決定讓金融機構與第三方服務提供者（TSP）異業合作

    C. 金融機構與非金融服務提供商透過數據有效利用與人工智慧的應用，能更有效覆蓋客戶群

    D. 消費者同意資訊分享後，對帳戶資料雖難掌握，但有更大接受金融服務與受益普惠金融之機會

（　）8. 傳統貸款信用評分模型，可能會歧視貧窮人獲得貸款，這對下列何者將產生不良影響？

    A. 金融兌換　　B. 金融融通　　C. 金融發行　　D. 金融普惠

（　）9. 下列有關「開放銀行」的敘述，何者正確？

    A. 公開數據的開放分享，需要取得消費者的同意

    B. 帳戶者資訊是銀行資產，由銀行決定是否開放分享

    C. 帳戶資訊主控權是消費者的，由消費者決定是否開放分享

    D. 只要是對消費者有利，不須消費者同意，銀行就可以開放共享

（　）10. 下列有關「開放銀行」的敘述，何者正確？

    A. 開放銀行將資訊主要控制權還給消費者

    B. 開放銀行對客戶、金融科技公司、金融業都是無益的

    C. 第三方服務提供者（TSP）可在未經客戶同意下，使用客戶資料

    D. 預計開放的資料，僅有「公開數據」，不包括「帳戶及交易數據」

支付科技：
付款和匯款、外匯

3-1 支付科技

一、第三方支付（**Third-Party Payment**）

　　《維基百科》定義，第三方支付（Third-Party Payment）是指由第三方業者居中於買賣家之間進行收付款作業的交易方式。廣義來說，在買賣交易過程中，除了買賣雙方外，透過第三方來代收、代付，就可稱為第三方支付。美國以 PayPal 為代表；中國以支付寶、微信支付為代表；台灣則以俗稱「紅、綠、藍」的三家業者紅陽、綠界、藍新為代表。在台灣第三方支付的主管機關為「經濟部」。

圖 3-1　第三方支付買賣雙方交易流程

　　第三方支付是具有實力及信用保障的獨立機構，與銀行間簽署合作契約，建立一個中立的支付清算平台，提供與銀行系統串接清算介面，為線上購物者提供網路支付服務，但第三方支付並不等於「行動支付」、也不一定是銀行。

　　第三方支付的問世，主要是為了解決「買賣雙方契約無法同時履行」且「缺乏信任基礎」的買賣，因而透過具一定信用保障、公開且可信任的第三方中介機構，由第三方支付業者負責買賣家之間的收款及付款作業，突破傳統買賣交易的模式。

二、行動支付（Mobile Payment）

國際清算銀行（Bank for International Settlements，簡稱 BIS）定義，不論是傳統手機、平板或其他設備，任何可藉由語音、簡訊或近距離無線通訊技術（Near Field Communication，簡稱 NFC）等行動通訊網路來進行支付行為皆屬行動支付（Mobile Payment）。

行動支付所帶來的消費金融便利性，使其成為表現最為搶眼也最快普及的 FinTech 項目。

行動支付是「用手機付錢」的一種廣泛代稱。實際上，「用手機付錢」這件事，依照支付方式分成四大類：

1. **以簡訊為基礎的轉帳方式**：是指消費者透過簡訊發送支付請求至一個號碼，款項就可以從電子錢包中扣除。2007 年，肯亞的行動網路公司 Safaricom 推出以簡訊就能付款的 M-PESA，只要傳一封簡訊給收款人，對方就能領到錢，且整個行動支付過程使用傳統手機（不用智慧型手機）就能達成。M-PESA 的運作方式是，當用戶註冊完 M-PESA 帳戶後，就可以到村莊裡的雜貨店存錢。之後，M-PESA 用戶就能在全國所有 Safaricom 代理商店（村莊裡可繳電信費的雜貨店幾乎都是 Safaricom 代理商店）領錢，或發送簡訊給親友，對方就能拿著這封簡訊到 Safaricom 代理商店領到錢。

2. **以行動帳單付款方式**：是指透過密碼授權後，消費款項將會轉嫁到行動服務帳單中。簡單來說，就是每月併行動電話帳單一起收。屬於行動支付中的「遠端支付」的一種。

3. **以 NFC 感應支付方式**：用 NFC 智慧型手機感應刷卡機進行非接觸支付，主要以國際三大 pay 為代表：Apple Pay、Google Pay、Samsung Pay；此外，中華電信推出的 Hami Wallet（Hami Pay）也支援 NFC 感應支付。屬於行動支付中的「近端支付」的一種。近場通訊 NFC 是 Near-Field Communication 的縮寫，是一種可以讓兩台行動裝置在近距離下無線通訊的通訊技術，若將智慧型手機 SIM 卡結合 NFC 近場通訊功能，就可以透過手機來感應支付。

4. **以 QR Code 掃碼支付方式**：用戶用智慧型手機掃描店家的 QR Code 二維條碼進行付款，或用戶顯示 QR Code 二維條碼給店家掃描支付，主要以 LINE Pay、街口支付、支付寶、微信支付為代表。

中國行動支付與數位金融服務應用處於高度發展階段，超過 9 億的人口使用支付寶、微信支付等服務，並從「現金經濟」逐漸轉變成為「數位經濟」的階段，甚至中國央行有意發行國家數位貨幣（DCEP）。

印度行動支付領導品牌 Paytm（為印度版的支付寶）成立於 2010 年，在印度政府廢鈔政策下，加上智慧型手機與網絡的普及，於 2016 年後帶動印度走向行動支付之路，在 2019 年趨於成熟，Paytm 也從行動支付開始轉型，逐漸跨足金融理財等業務。

NFC 的「安全元件」（Secure Element，簡稱 SE），是儲存資料的地方。基本上，安全元件為存放資料的空間，包含信用卡資料、用戶資訊等，而 NFC 應用的安全元件有下列幾種形式：① 特殊 SIM 卡，例如 SWP-SIM 卡將資訊儲存在 SIM 卡；② 額外的晶片 Embedded SE，需要額外找空間插入手機；③ Micro SD 卡，也是可以儲存資料的地方。

三、電子票證

電子票證是一種先儲值後消費的電子錢包。電子票證採用非接觸式的智慧晶片，只要有相對應的讀卡裝機或裝置，就能夠以嗶卡感應的方式，進行電子扣款。

《電子票證發行管理條例》定義，電子票證是指「以電子、磁力或光學形式儲存金錢價值，並含有資料儲存或計算功能之晶片、卡片、憑證或其他形式之債據，作為多用途支付使用之工具。」

台北捷運公司於 2008 年起積極向立法院爭取悠遊卡取得小額消費及電子錢包的功能，促使《電子票證發行管理條例》於 2009 年 1 月施行，規定經營電子票證須經金管會核准，且遵守將所收款項交付信託專戶，取得銀行的履約保證等規定。

2009 年 1 月 23 日台灣針對「電子票證」制定《電子票證發行管理條例》，主要適用於小額消費及一般公眾運輸費用，其立法目的在節省通貨使用、避免攜帶零錢之不便，降低交易成本，減少人工數幣的弊端，以利大眾運輸系統的整合。台灣主要通行的四大電子票證，包含悠遊卡（easy card）、一卡通（iPASS）、愛金卡（icash）、有錢卡（Happy cash）。

1. **悠遊卡（easy card）**：悠遊卡由悠遊卡公司所發行。

2. **一卡通（iPASS）**：一卡通由一卡通票證公司所發行。

3. **愛金卡（icash）**：icash 原為統一超商所發行的電子錢包，於 2013 年 9 月 5 日獲核可發行電子票證，11 月 19 日成立愛金卡公司，2014 年將所有業務由統一超商轉移至愛金卡公司。

4. **有錢卡（Happy cash）**：Happy Cash 為遠鑫電子票證公司所發行，主要用於遠東集團旗下 7 大通路及超商、交通、加油站等消費支付；有快樂購累兌點功能的有錢卡在消費同時可以刷讀 Happy Go 條碼累積和兌點 Happy Go。

2015 年 6 月 9 日立法院三讀通過《電子票證發行管理條例》部分條文修正案。條文中增訂，未來電子票證業者，可以申請「兼營」第三方支付業務，進一步擴大電子票證的使用範圍，以利推廣電子商務。

四、電子支付（Electronic Payment）

電子支付（Electronic Payment）的每位用戶會擁有一個虛擬帳戶，可以儲值，並透過這個帳戶支付各種款項。因此，電子支付的最大特色，就是支援「儲值」與「轉帳」。常見的電子支付代表：LINE Pay、街口支付、台灣 Pay。「電子支付」由「金管會」管轄，屬於「行動支付」的範疇，但兩者間並不能畫上等號。此外，「第三方支付」只能進行代收代付服務，但無「電子支付」儲值與轉帳功能。

台灣政府為促進電子支付機構健全經營及發展，以提供安全便利之資金移轉服務，並保障消費者權益，特制定《電子支付機構管理條例》。本條例之主管機關為「金融監督管理委員會」（簡稱金管會）。

2020 年 12 月 25 日，台灣立法院三讀通過修正《電子支付機構管理條例》，將「電子支付」、「電子票證」整合管理，未來不同電支平台，也能相互轉帳，並可進行外幣買賣、紅利整合折抵等多項新業務，以打造完整支付生態圈。

五、跨境支付（Cross-Border Payment）

《維基百科》定義，「跨境支付」（Cross-Border Payment）是指兩個或者兩個以上關稅邊境或地區之間因國際貿易、國際投資以及其他方面經濟活動藉助一定的結算工具和支付系統，實現資金跨國境和跨地區轉移的行為。國際貨幣金融體系是全球化經濟的命脈，而跨境支付是其重要組成部分。

目前就跨境金融服務而言，跨境支付存在至少三大問題：

1. 跨境轉帳匯款既昂貴又麻煩。

2. 跨境轉帳匯款服務不透明，在大多數情況下，跨境轉帳匯款交易時通常不知道需要為跨境轉帳匯款支付多少交易手續費。

3. 跨境轉帳匯款無法保證時效性，也就是不知道那時候會到款，通常至少要1~5個工作天。

玉山銀行的「兩岸支付通」，首開兩岸通匯新模式。「兩岸支付通」為串接中國「支付寶」（阿里巴巴集團）＋「財付通」（騰訊集團），可讓中國消費者用最習慣的方式支付，並將貨款入帳到台灣廠商於玉山銀行的台幣帳戶。中國消費者只要透過「兩岸支付通」平台，就能以「支付寶」或「財付通」扣款與台灣賣家進行線上交易。

2019年12月3日LINE Pay成立行動支付的跨境支付聯盟，與日本「LINE Pay」（日本註冊用戶數第一的行動支付品牌）、台灣「一卡通」（是台灣電子支付用戶數最多的品牌）、南韓「Naver Pay」（是南韓最多人用來網購的行動支付品牌）、南韓NHN「PAYCO」（是南韓實體店家覆蓋率最高的行動支付品牌）、泰國「Rabbit」（是泰國市占率第一的行動支付品牌）合作。「LINE Pay行動支付跨境聯盟」大致分為兩個階段，第一階段主要是讓外國旅客來台可直接使用自己原本的行動支付APP，讓來台旅客至 LINE Pay 的合作店家進行掃碼付款，體驗無現金跨境支付的便利性。第二階段則是讓台灣用戶前往日本、韓國及泰國旅遊時可直接使用 LINE Pay 行動支付消費，並且還可查詢合作店家的專屬優惠。

六、Square 解決小型店家刷信用卡的難題

傳統上，中小企業或小型店家不使用信用卡主要有二大考量：

1. **成本效益考量**：過去中小企業或小型店家申請銀行刷卡機有其困難，因為銀行對店家的規模及行業多少有所限制，若刷卡金額未到達一定數額，還會加收費用。因此中小企業或小型店家往往不提供刷卡服務。

2. **收到錢的時間點考量**：對中小企業或小型店家來說，每日維持相當的現金流非常重要，自然希望現金越快到手越好，但若消費者使用刷卡作為支付工具，店家除了被抽成外，還必須等一週到一個月左右才能拿到錢。

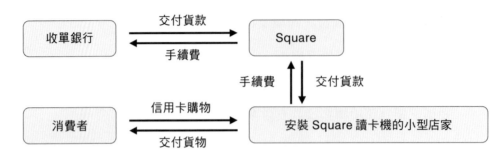

圖 3-2　Square（SQ）解決中小企業刷信用卡難題的應用架構

　　Square 為解決小型店家刷信用卡的難題，小型店家只要安裝 Square App，並完成相關註冊動作，相對於昂貴的刷卡機，Square 免費將 Square 讀卡機寄到該店家地址，而該讀卡機只要插在智慧型手機上即可使用，十分方便。

　　此外，Square 還提供讓小型店家在消費者刷完卡後，可在 1～2 日內取款，若急需用錢，只需多付交易金額的 1%作為手續費，就可享有當日取款的服務。

　　直接刷卡 Square 抽成比例約為交易金額的 2.75%、手動輸入卡號刷卡 Square 抽成比例約為 3.5%，並加上固定費用，雖然較一般刷卡的銀行抽成費用高，但卻解決小型店家刷信用卡的兩大難題。

七、Apply Pay 與 Apple Card

　　Apple 數位支付業務，主要包括「Apple Pay」、「Apple Card」與「Apple Cash」。Apple 將數位支付業務定位為自家硬體事業的配套服務。

　　2019 年 3 月 25 日 Apple 宣佈推出與高盛、萬事達卡合作的「Apple Card」。高盛負責發卡業務及風險管理及。萬事達卡則提供跨國清算，收單以及匯兌的平台。Apple Card 的核心設計，還是一張先消費後付款的信用卡。Apple Card 強調無隱藏手續費，並且每筆消費即時現金回饋。

　　Apple 已在美國、香港、台灣、日本等地申請註冊 Apple Card 與 Apple Cash 等服務名稱。

八、Web-ATM

　　「Web ATM」係由實體銀行所提供之網路理財服務。只要透過個人電腦，結合「晶片金融卡」及「晶片卡讀卡機」連結至銀行網站，即可隨時隨地在網際網路上享有銀行所提供之 ATM 金融服務（除提領現金外，功能上與實體 ATM 無異）。

　　「Web ATM」為一晶片金融卡網路收單服務，不論是網路商家或實體店家皆可申請使用。透過電腦及晶片金融卡讀卡機，持有任何一家銀行所發行之晶片金融卡的消費者，均可立即轉帳支付消費款項。兼具安全、流暢、方便、即時的特性，成為重要的線上付款工具，也是消費者網路購物的不錯選擇。

3-2　支付科技應用

一、電子資金轉帳（EFT）

　　《維基百科》定義，「電子資金轉帳」（Electronic Funds Transfer，簡稱 EFT）是指使用電子資料交換作業，進行資金的轉移與調撥。

　　《電商微分享》定義，「電子資金轉帳」是一個把資金從一個銀行帳戶直接轉到另一個銀行帳戶而不需要任何紙幣轉換手續的系統。

二、遠端支付與近端支付

🔲 遠端支付（Remote Payment）

　　《維基百科》定義，「遠端支付」（Remote Payment）是透過向遠端發送支付或轉帳指令（例如 ATM 轉帳、網銀轉帳、行動支付等）進行的支付方式。用戶使用行動裝置、近距離傳感技術或者網際網路，向銀行等金融機構發送支付指令，金融機構在接收到指令之後就會產生貨幣支付和資金轉移的行為，遠端完成整個支付流程。

　　遠端支付不需將手機或行動裝置靠近任何感應器、讀卡機，就可以完成支付作業。簡單來說，遠端支付就是用筆電（電子商務）或智慧型手機（行動商務）完成購物程序，在網路上刷信用卡、金融卡或是以電子優惠券支付費用，即可算是遠端支付。

遠端支付多半需要事先或是當下輸入信用卡或金融卡的資料，搭配消費授權碼的安全措施進行扣款，對於許多用戶來說，掏錢包、拿出信用卡輸入資料，是一件十分麻煩的事，但現在已經出現許多服務，讓你只需輸入一次資料，之後就能直接進行扣款，程序簡化後相當方便，典型案例如高鐵訂票 App。

■ 近端支付（Proximity Payment）

《MBA 智庫百科》定義，「近端支付」（Proximity Payment）是透過行動終端，利用近距離通訊技術實現訊息交互，完成非接觸式支付的支付方式。

近端支付是指需要進行感應的支付方式，以行動載具靠近資料讀取設備，完成交易程序，諸如 NFC 手機信用卡、Apple Pay 都是近端支付。

「近端支付」利用行動裝置為支付工具，透過實體店家端末網路，以連線或離線方式完成交易款項支付，主要採 NFC 感應技術，傳送支付指令，例如以行動裝置取代實體卡片等傳統支付工具，於實體通路以感應方式進行刷卡消費。

相較於遠端支付，近端支付多用於實體商店的小額交易、或是交通運輸系統，因為台灣仍有交易金額的限制，所以可應用的範圍並不大，如果主管機關鬆綁法規，以後只要消費者持有 NFC 功能的手機，又取得安全元件的服務，近端的行動支付會深入生活的每個角落，就如同信用卡及悠遊卡一樣普及。

三、近端支付技術

近端支付技術有五種：NFC、mPOS、HCE、Token 代碼化技術、QR Code。

1. **近距離無線通訊（Near-field communication，簡稱 NFC）**：又稱為「近距離通訊」或「近場通訊」，是一套通訊協定，讓兩個電子裝置（其中一個通常是行動裝置，例如智慧型手機）在相距幾公分之內進行通訊。NFC 如同過去的電子票券智慧卡一般，將允許行動支付取代或支援這類系統。具備 NFC 功能的裝置可以充當電子身分證和鑰匙卡。NFC 支付通常靠三個主要的組成元素：手機的 NFC 天線、手機裡防干擾的安全元件（一個智慧晶片，根據 EMV 標準，使用者的卡片資料在晶片裡受到保護）、和放在特約商店內收銀台的非接觸式 NFC 讀卡機。

2. **行動收單（Mobile Point of Sale，簡稱 mPOS）**：行動收單主要是將智慧型手機或平板電腦，變成收單裝置，再經由刷卡或晶片插卡方式，讓特約商店端可以隨時接受信用卡付款。mPOS 突破傳統專用刷卡機（EDC）設

備的操作模式，改用智慧型手機或平板電腦做為收單系統平台，搭配隨時連網的 3G／4G 或 WiFi 通訊網路，就能建構出一個成本低廉的行動收單系統，讓用戶完成信用卡交易。

3. **主機卡模擬（Host Card Emulation，簡稱 HCE）**：2013 年由 Google 所發表，是將安全元件置放在雲端，交易時由手機發出一組虛擬卡號與金鑰，經過確認、解碼、交易、製碼等一系列動作，完成感應交易。亦即，利用雲端虛擬技術，讓手機上的應用程式模擬安全儲存元件（SE）。OTA 下載模擬的信用卡資料至手機，讓持卡人持手機進行交易，真實之卡片個人化資料則儲存於伺服器上。優點：供應商可自主開發 app 直接由 App 取得控制權，節省介接費用，進而降低成本，簡化行動業者與支付業者間的合作模式。

4. **Token 代碼化技術**：2013 年 10 月 Visa、MasterCard 及 American Express 共同為支付產業建立 Token 代碼化技術，並於 2014 年公開發表。Token 代碼化技術將真實卡號轉換成代碼 Token，Token 儲存於消費者手機，消費者以手機所儲存之 Token 進行行動支付。每個 Token 已限定供特定裝置或應用程式使用，任何人試圖於其他環境使用所盜用之 Token，將被拒絕並視為偽冒交易，增加消費者交易安全性，改善卡片資訊被盜用的問題。

四、EMV 與 EMVCo

EMV 是由三家發卡機構（Europay、MasterCard、VISA）所組成，原始的 EMV 依循 ISO 14443 標準（近端卡片感應），制定 EMV 感應卡的相關規範，全面展開將信用卡片升級成 NFC 感應卡，也就是常聽到的 Visa payWave，在 2018 年後所有發卡機構發行的信用卡面也都必須具備「磁條」、「晶片」、「NFC」三種功能，晶片與 NFC 的功能也都是將磁條安全性不足之處在做提升，但也由於感應付款的近端交易，近距離內即能感應，避免刷卡遭盜刷。

因應支付業務發展，EMV 業務範疇納入 EMVCo 管理，EMVCo 目前由 Visa、Mastercard、中國銀聯 Unionpay、日本 JCB、美國運通、及 Discover 組成，負責制定交易的安全規範，除傳統的近端交易（Face to Face）刷卡機交易之外，因應行動支付與非面對面交易（Remote Commerce）發展，提出包括「Token 技術框架」、「3D 驗證」及「QR Code」規範，以實現全球通用的安全支付規範。

1. **Token 技術框架**：為 NFC 卡號代碼化的技術，如 Apple Pay、Google Pay 的支付應用。

2. **3D 驗證**：針對遠程交易（Remote）的安全驗證，初期透過靜態密碼，用戶在發卡銀行啟用網路消費時設置的密碼，由於常忘記密碼問題使用體驗不佳衍伸後來的「一次性密碼」（One-Time Password，簡稱 OTP），透過使用者在發卡銀行綁定的手機號接受密碼於特定時間輸入，確保消費網上消費為持卡人授權。

3. **QR Code 掃碼支付**：在中國的第三方支付——「支付寶」與「微信支付」得到商家與消費者廣大使用，第三方支付的業務越區延伸至信用卡機構的銀行業務範疇，讓銀聯在加入 EMVCo 組織後，EMV QR Code 也特別為 QR Code 制定規範，以利全球性支付業務，而 QR Code 掃碼支付包含主動掃碼模式與被動掃碼模式兩種流程。

五、信託服務管理平台（TSM）

「信託服務管理平台」（Trusted Service Manager，簡稱 TSM）是將交易的安全元件設置在手機 SIM 卡中，透過公正第三方平台做安全控管，並整合中間的資料或是資訊交流來完成付款。使用 TSM 必須更換特殊的 TSM-SIM 卡才能順利交易，台灣 TSM 陣營由 3 大結算機構合資的「台灣行動支付公司」、5 大電信共同成立的「群信公司」、中華電信與聯合國際支付，推出 TSM-SIM 卡服務的電信業者有中華電信「Easy Hami 手機錢包」及台灣大哥大「Wali 智慧錢包」，TSM 手機信用卡有 22 家金融機構參與。但由於使用 TSM 信用卡除了必須要向電信公司申請更換 SIM 卡，還要另外和銀行申請綁定新的信用卡，若攜碼換電信公司則要重新申辦作業相當麻煩，造成用戶申辦意願不高。

六、NFC 行動支付的 HEC 解決方案

HCE（Host Card Emulation）是 Google 於 2013 年底發表的行動支付方案。HCE 功能允許 Android KitKat 版本以上的裝置上透過內建的 NFC 服務與應用程式模擬晶片卡，讓使用者以智慧型手機進行感應支付，同時讓發卡機構將支付帳戶存放在安全與虛擬雲端中管理。相較於 TSM，HCE 方案無須在手機加入安全元件，因此無須行動網路業者（還是要提供網路，但無涉安全機制）與安全元件供應商介入，整體生態鏈較為單純。但 HCE 對於網路的依賴度較高，是這項解決方案的小缺點。

　　《電腦王阿達》敘述，「HCE」是透過「代碼化（Token）」技術，將安全元件置放在雲端，交易時由手機發出一組虛擬卡號與金鑰，經過確認、解碼、交易、製碼等一系列動作，完成感應交易。使用者不須更換 SIM 卡、不受限於電信公司，透過雲端下載（OTA）載入卡片。相較於「TSM」，「HCE」方案無須在手機加入安全元件，因此可以搭配的手機與裝置比較多元，而且比較開放。只要 Android 5.0（含）以上版本的裝置，且內建 NFC 功能，就能支援「HCE」。

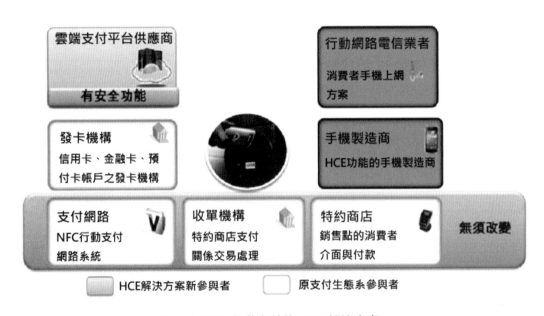

圖 3-3　NFC 行動支付的 HEC 解決方案

　　在 NFC 行動支付的 HCE 解決方案中，傳統支付流程不變。新加入手機供應商、行動網路業者，分別生產具備 NFC 功能並內建 Android KitKat 版本以上的裝置，以及提供消費者手機行動網路。消費者的卡片資訊則存放在具有安全功能的雲端支付平台供應商，因此不需要在手機內部安裝額外的安全元件晶片。電信業者在這個架構中依然存在，但只是扮演網路服務提供者的角色，並不像 TSM 方案中那麼複雜。

　　HCE 解決方案之下，雲端支付平台會透過網路傳送一次性的加密金鑰，消費者必須通過金鑰驗證才能進行付款，付款完畢或是金鑰過期（金鑰的保存期限約為一小時），就必須連接網路更新金鑰。在某些服務中，HCE 也允許用戶一次取得多組金鑰。不過，由於金鑰為一次性且有使用時間限制，因此若長期處於無網路的環境（例如出國），HCE 行動支付的使用會相當受限。

七、NFC 支付解決方案：Apple Pay、Samsung Pay、Google Play

Apple Pay、Google Pay（原 Android Pay）、Samsung Pay 都是利用 NFC 行動裝置所設計的行動支付方式，都是將手邊既有信用卡進行線上註冊，銀行核卡後，持卡人即能在接受感應式刷卡的特約商店內，以「手機中的信用卡」消費。這三種 NFC Pay 都是透過手機綁定信用卡後，使用「近距離無線通訊」（NFC）技術來傳輸卡片訊息，並使用 Tokenization（信用卡號代碼化）及透過「指紋」來確保使用信用卡的安全，從而簡化零售商的資金轉移過程。使用這「三種 Pay」，就可利用隨身的手機不再需要帶實體信用卡（與零錢包），交易時不會記錄信用卡號碼（信用卡資訊不會保存在特約商店與設備內），不需要簽名只透過指紋或其他認證就可以立即支付。

3-3　Token 代碼支付

2014 年 3 月 EMVCo 國際組織發行 Payment Tokenization Specification 技術規範文件，對「Token 代碼支付」的生態、身分驗證及使用案例等作業方式，提供完整的說明。

一、Token 代碼支付作業生態

以信用卡支付作業為例，其體系中包含持卡人（Cardholder）、商店（Merchant）、收單行（Acquirer）、支付網路（Payment Network）及發卡行（Issuer），持卡人持發卡行提供之支付卡片至特約商店刷卡購物，授權交易送至收單行後，經由支付網路繞送給發卡行進行授權，交易過程中皆以真實卡號（Primary Account Number，簡稱 PAN）傳遞，交易流程如圖 3-4 所示。

圖 3-4　真實卡號信用卡支付作業

以信用卡支付作業為例，「Token 代碼」支付作業與「真實卡號」支付作業相較，新增「代碼服務供應商」（Token Service Provider）及「代碼申請者」（Token Requestor）兩種角色，「代碼服務供應商」提供代碼予各發卡單位，並同時擔負代碼轉換之責任，交易處理型態則可分為代碼開通及代碼支付兩項流程，而既有支付角色如收單行、發卡行及支付網路則維持原提供服務，各角色功能及交易處理如圖 3-5 所示。

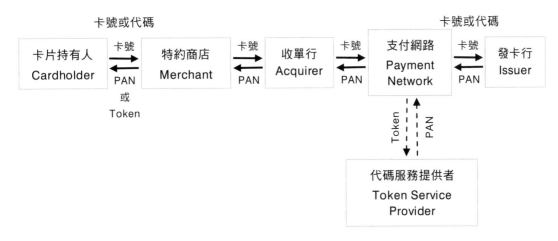

圖 3-5 真實卡號信用卡支付作業

　　EMV 是指 Europay、MasterCard 與 Visa 三家公司，透過使用 Token，消費者在交易時不使用信用卡卡號，店家不會直接得到消費者的信用卡資料，而是一組隨機對應的 Token 代碼，因此最大的優點是解決個資外洩的疑慮，以確保交易的安全性。

　　EMV 組織成立於 1999 年 2 月，目前由 MasterCard、Visa、JCB、美國運通、中國銀聯和 Discover 共同負責。主要任務係發展制定與主管維護 EMV 支付晶片卡的規格、標準與認證，監督並確保該標準於全球的安全互通性與其付款環境的可用性。

二、Token 代碼服務提供者（Token Service Provider）

1. **提供「支付代碼儲存庫」**：在儲存庫建立及維護代碼與原卡號之對應關係，以提供後續交易驗證、授權、請款、清算及例外處理之有效性驗證及卡號轉換之功能。

2. **產生支付代碼**：「代碼服務提供者」負責產生支付代碼，該代碼須在 Token BINs（Bank Identification Numbers）範圍內，並確保 Token BINs 或 Token BIN ranges 與原信用卡所使用之 BINs 或 BIN ranges 有所區隔，以免與現有卡號衝突。

3. **申請支付代碼**：「代碼申請者」在申請代碼時，代碼開通指令會送至「代碼服務提供者」，由其將相關代碼資訊送交發卡行進行身分驗證，於代碼經驗證核准後，再將代碼及其效期回覆予「代碼申請者」。

4. **確保支付代碼安全**：由於代碼儲存庫存有代碼對應資訊，因此「代碼服務提供者」須建置實體及邏輯性安全保護機制，並提供支付代碼之生命週期狀態更新介面，以支援支付代碼之管理需求。支付代碼註冊時，「代碼服務提供者」須記錄「代碼申請者」所要求的代碼保證等級（Token Assurance Level）及代碼限定使用範圍（Token Domain Restriction），以確保該「代碼申請者」相關的代碼支付交易，須在其受限定範圍內進行，例如限於國內交易、限定金額等。

5. **「代碼申請者」註冊服務**：「代碼申請者」得向不同「代碼服務提供者」依其規定程序申請註冊，「代碼服務提供者」並於「代碼申請者」註冊時，界定及建立該申請者的相關資訊，例如代碼限定使用範圍及其他交易控制規範。

6. **代碼確認功能**：「代碼服務提供者」須具備定義代碼要求的代碼保證等級（Token Assurance Level）及身分驗證（Identification and Verification，簡稱 ID&V）方式。初始的代碼保證等級是由代碼要求及身分驗證結果決定，後續仍可更新。代碼保證等級較低可能面臨代碼要求被拒絕、需要發卡行進行額外認證機制以驗證身分、須支付較高額之手續費。

7. **限制代碼使用範圍**：為確保代碼即使遭暴露，也不致造成嚴重偽冒交易損失，「代碼服務提供者」須負責控制 Token 代碼支付使用範圍，例如特約商店資訊、POS 輸入方式，若特約商店本身也同時是代碼申請者時，就可能設定特約商店資訊代碼的適用範圍，即限定其代碼只能在該特約商店使用。

8. **代碼彙整報告**：「代碼服務提供者」須有能力提供包括交易成功、失敗等報告給「代碼申請者」。

3-4　P2P 支付與 P2P 匯兌

一、P2P 支付

P2P 支付（點對點支付 Peer to Peer Payment／個人對個人支付 Person to Person Payment）是指不透過中介的方式，個人與個人之間直接透過傳遞訊息的方式，將錢轉帳給一個人。P2P 支付的代表業者是「PayPal」。

PayPal 總部位於美國加州聖荷西市,是一家網際網路第三方支付服務商,主要使用 email 帳號進行用戶間資金轉移,避免傳統匯款或者郵寄支票的方式。PayPal 提供的服務內容包括:

1. 以 Email 號帳取代難以記憶的銀行帳號,進行用戶間資金移轉。

2. PayPal Here 的 mPOS 機制提供個人或中小企業可接受信用卡付款。

3. PayPal 的 One Touch 行動支付,簡化行動支付服務機制。

4. 用戶也能在實體商店透過 PayPal 推出的智慧型手機 app 進行付款。

二、跨境 P2P 匯兌

傳統銀行進行跨國匯款,要經過「匯款銀行」、「中轉銀行」、「解匯銀行」才能抵達收款方帳戶,中間必須經過至少三層手續費剝削,還要考量各家銀行作業時間,需要一段時間才能到款。

圖 3-6 傳統銀行進行跨國匯款流程

跨境 P2P 匯兌(Peer-to-Peer Money Transfers)過網路平台媒合兩地有匯款需求的人,讓跨國匯款如同本地匯款一般,解決傳統跨境匯款的所有繁瑣程序,即能節省手續費,又能快速到款。

2010 年來自英國的 TransferWise 推出跨境 P2P 匯兌服務,提供至少 26 種外幣匯款,透過網際網路媒合有跨境匯兌需求的民眾,藉由民眾互助,進而完成跳過銀

行中介機構之實質跨境匯兌。當前跨國匯款需要被抽取高額手續費，入帳時間更需要數天甚至一週。但 TransferWise 跨國 P2P 匯兌公司，利用區塊鏈的技術，90％以上的匯款時間被縮短到一天以內，而手續費甚至可能低到只有 1％。

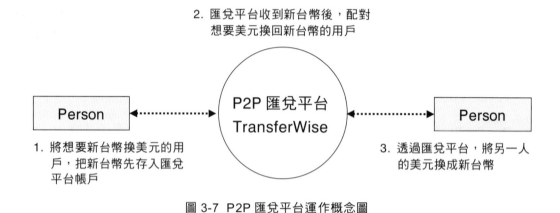

圖 3-7 P2P 匯兌平台運作概念圖

3-5　無現金社會

一、什麼是無現金社會

《百度百科》定義，「無現金社會」（Cashless Society）是指以非現金支付方式取代現金支付，使刷卡支付、行動支付這類「無現金」支付方式成為主流支付方式的社會。無現金支付具有高效、便捷的特點，是未來社會發展的方向。

「瑞典」堪稱無現金社會的典範。在瑞典，85%的交易是以非現金方式支付，甚至有瑞典商店掛著「不收現金」（No cash）的牌子，有些銀行也不再受理現金。約 2/3 的瑞典人使用 Swish 行動支付系統，透過智慧型手機綁定銀行帳號後，即可進行支付。

2020 年 2 月，瑞典央行宣布一項為期一年的新型數位貨幣「瑞典克朗」（e-krona）的試點計劃。瑞典央行希望，借用這套獨立於 Visa、萬事達等全球支付體系的數位貨幣 e-krona，擁有更強的抵禦金融科技風險能力。

二、中央銀行數位貨幣（CBDC）

「中央銀行數位貨幣」（Central Bank Digital Currency，簡稱 CBDC），是中央銀行發行的數位形式法定貨幣，與一般紙鈔（法幣）沒有什麼不同，主要差別在於以數位方式呈現，同樣必須遵守反洗錢、反恐融資等規範。中央銀行數位貨幣

（CBDC）除了具有一般虛擬數位貨幣的特點外，因其有國家信用背書，無疑具有更加穩定的幣值和可靠性。

2019 年 6 月，Facebook 引入全球穩定幣（Global Stable Coins，簡稱 GSC）概念，提出數位貨幣「Libra」白皮書後，引發各國監管機構關注，許多國家的中央銀行，紛紛投入數位貨幣研究。與第一代虛擬數位貨幣（比特幣）相比，因其有底層穩定資產支持，因此在一定程度上能夠維持幣值的相對穩定。

三、數位人民幣

中國是全球最早推動貨幣數位化的國家，自 2014 年啟動計畫至今，中國已於成都、深圳等一線城市發放數位人民幣的法定數位貨幣，隨著官方數位人民幣的投入，加劇中國電子支付市場的競爭。

中國推動數位化貨幣（數位人民幣）是因為實體貨幣的生產與儲存的成本很高，而且容易被偽造，或用於非法目的。中國人民銀行（PBOC）認為，推動數位人民幣有很多好處，中國人民銀行可透過「可控制的匿名性」系統來幫助穩定金融，即某種程度上具有匿名支付功能，但大數據分析工具可幫助中國人民銀行巡緝非法活動。

此外，中國電子支付領域主要由阿里巴巴旗下的「螞蟻金服」（支付寶），以及騰訊的「微信支付」，中國人民銀行無法直接獲取金融交易訊息，若出現問題，中國會有很高的系統風險，而中國人民銀行認為發行數位人民幣後，可以提高中國境內電子支付領域的競爭，並降低系統風險。

2021 年數位人民幣機制已在深圳、成都和蘇州等城市進行試點，數位人民幣初期主要針對小額零售和網路購物交易，用戶必須下載特定軟體才能使用。中國推行數位人民幣主要有三大目的：

1. **保護人民幣的貨幣主權和法幣地位**：以比特幣為代表的加密貨幣，與 Facebook 推出 Libra 加密貨幣（全球穩定幣），這類加密貨幣以去中心化的方式來處理交易，對中國人民幣的貨幣主權形成挑戰。數位人民幣實行中心化管理，可以抵禦全球私人加密貨幣的侵蝕，防止貨幣發行權旁落，維護國家貨幣主權地位。

2. **穩定金融秩序，打擊洗錢、逃稅**：數位人民幣具有「可控制的匿名性」在一定程度上識別和打擊洗錢、逃漏稅和其他犯罪行為，穩定金融秩序。

3. **發展跨境支付，打破美元壟斷**：法定數位貨幣正在成為主權國家間競爭的「新戰場」，中國人民銀行將「數位人民幣」定位為國際通用貨幣，且不受國際金融體系的束縛。跨境支付才是數位人民幣想要發揮最大效能的領域，並有機會幫助中國建立一套新的多元化國際支付清算服務體系，打破美元壟斷地位，助推人民幣國際化。

四、無卡提款

現代人通常不只有一個金融帳戶，若要將所有提款卡都隨身帶在身上，總是不太方便。「無卡提款」顧名思義，使用 ATM 提款機時不再需要使用實體卡片，客戶藉由智慧型手機 App 或生物特徵身份識別就能夠到 ATM 進行款項提領，解決忘記帶提款卡的困擾，也更加方便小額提領。不過，通常無卡提款都有提款上限的限制。

例如可使用智慧型手機作為載具，以 App 認證功能取代金融卡的認證功能，客戶可以用行動銀行 App 預先設定密碼及金額，至 ATM 輸入相關資料即可進行無卡提款。亦有金融機構利用一次性密碼 OTP（One Time Password）發送至智慧型手機，並在 ATM 上輸入此密碼完成提款。

五、零利率信用卡

2021 年 4 月 30 日，澳洲聯邦銀行（Commonwealth Bank of Australia，簡稱 CBA）宣布將向小企業提供零利率信用卡，額度可達 3,000 澳幣。零利率信用卡的推出是為了迎合年輕消費者越來越多地使用「先買後付」等支付方式。

六、案例：丹麥 MobilePay

丹麥最大銀行「丹斯克銀行」（Danske）2013 年首先推出行動支付服務「MobilePay」，提供消費者綁定銀行帳戶或信用卡，以手機進行資金移轉、於實體商店購買商品、服務、購買火車票或慈善捐贈等。丹麥超過 37,000 家店接受 MobilePay 支付，丹麥 90% 的手機用戶安裝 MobilePay 應用程式，丹麥全國人口約 560 萬人，有超過 330 萬丹麥消費者使用 MobilePay 行動支付服務，其中 70% 的用戶來自於丹斯克銀行以外的銀行客戶。

2015 年調查，近 40% 丹麥人不用紙幣和硬幣，而使用電子貨幣付款，例如：MobilePay 等。丹麥自 2016 年推動無現金交易。2016 年起，丹麥基本服務如郵局、醫院、藥房等大多改以電子貨幣取代現金付款。2017 年 1 月 1 日起，丹麥央行停止

印鈔，不再印刷和製作包括紙幣和硬幣在內的丹麥克朗現金，並計劃廢除商店接受現金的法律，連教會收取奉獻也改用電子支付，無現金生活得到進一步的深化。

3-6 電子票證與電子支付機構二合一的新電子支付管理條例

2020 年 12 月 25 日立法院三讀通過「電子支付機構管理條例」修正草案，將原本「電子票證」、「電子支付機構」二元化管理的法制統合為一，增加民眾支付的便利性，可為台灣電子化支付及行動支付營造良好發展環境，加速普惠金融的推動，是台灣儲值支付工具發展的重大里程碑。電子票證與電子支付機構二合一的新《電子支付機構管理條例》於 2021 年 7 月 1 日正式上路，本條例修正主要有下列四大目標及預期效益：

1. 整合儲值支付工具之法令規範，符合支付工具虛實整合之發展趨勢。

2. 擴大電子支付機構之業務範圍，創造以電子支付機構為核心之支付生態圈。

3. 開放跨機構間互通之金流服務，滿足跨機構資金移轉及通路共享之便利支付需求。

4. 營造友善產業發展之法規環境，提升業者經營競爭力及保留主管機關管理彈性。

本條例修法的三大主軸：

1. **大整併**：把「電子票證」與「電子支付」兩大業務機構進行大合併，合力擴大無現金交易市場版圖。

2. **大串聯**：修法後各機構將可以合法進行串聯，比如說街口支付可以轉帳到 LINE PAY，民眾在使用上更為便利。

3. **大擴充**：過去「電子支付」只能代收代理、儲值及轉帳三大類，未來不僅開放可買賣外幣，讓民眾在匯率便宜時，買進外幣儲值；還可進行國內外小額匯兌；不同機構紅利點數也可累積。

一、電子支付機構管理條例

🔲 立法目的

第 1 條：為促進電子支付機構健全經營及發展，以提供安全便利之資金移轉服務，並保障消費者權益，特制定本條例。

第 2 條：本條例之主管機關為「金融監督管理委員會」。

🔲 定義

第 3 條：本條例用詞，定義如下：

1. **電子支付機構**：指依本條例經主管機關許可，經營第四條第一項及第二項各款業務之機構。

2. **特約機構**：指與電子支付機構簽訂契約，約定使用者得以電子支付帳戶或儲值卡支付實質交易款項者。

3. **使用者**：指與電子支付機構簽訂契約，利用電子支付帳戶或儲值卡，移轉支付款項或進行儲值者。

4. **電子支付帳戶**：指以網路或電子支付平臺為中介，接受使用者註冊與開立記錄支付款項移轉及儲值情形，並利用電子設備以連線方式傳遞收付訊息之支付工具。

5. **儲值卡**：指具有資料儲存或計算功能之晶片、卡片、憑證等實體或非實體形式發行，並以電子、磁力或光學等技術儲存金錢價值之支付工具。

6. **代理收付實質交易款項**：指接受付款方基於實質交易所移轉之款項，並經一定條件成就、一定期間屆至或付款方指示後，將該實質交易之款項移轉予收款方之業務。

7. **收受儲值款項**：指接受付款方預先存放款項，並利用電子支付帳戶或儲值卡進行多用途支付使用之業務。

8. **辦理國內外小額匯兌**：指依付款方非基於實質交易之支付指示，利用電子支付帳戶或儲值卡進行一定金額以下款項移轉之業務。

9. **支付款項，指下列範圍之款項**：①代理收付款項：經營代理收付實質交易款項及辦理國內外小額匯兌業務所收取之款項。②儲值款項：經營收受儲值款項業務所收取之款項。

10. **多用途支付使用**：指電子支付帳戶或儲值卡內之儲值款項，得用於支付電子支付機構以外之人所提供之商品或服務對價、政府部門各種款項及其他經主管機關核准之款項。但不包括下列情形：

- 僅用於支付交通運輸使用，並經交通目的事業主管機關核准。
- 僅得向發行人所指定之人請求交付或提供商品或服務之商品（服務）禮券。
- 各級政府機關（構）發行之儲值卡或受理開立之電子支付帳戶，其儲值款項由該政府機關為付款方預先存放。

第4條：電子支付機構經營之業務項目，由主管機關依下列所定範圍分別許可：

1. 代理收付實質交易款項。

2. 收受儲值款項。

3. 辦理國內外小額匯兌。

4. 辦理與前三款業務有關之買賣外國貨幣及中國地區、香港或澳門發行之貨幣（以下合稱外幣）。

電子支付機構經主管機關許可得經營之附隨及衍生業務項目如下：

1. 提供特約機構收付訊息整合傳遞。

2. 提供特約機構端末設備共用。

3. 提供使用者間及使用者與特約機構間訊息傳遞。

4. 提供電子發票系統及相關加值服務。

5. 提供商品（服務）禮券或票券價金保管及協助發行、販售、核銷相關服務。

6. 提供紅利積點整合及折抵代理收付實質交易款項服務。

7. 提供儲值卡儲存區塊或應用程式供他人運用。

8. 提供前項與第一款至第七款業務有關之資訊系統及設備之規劃、建置、維運或顧問服務。

9. 其他經主管機關許可之業務。

電子支付機構所經營之業務項目，須經其他目的事業主管機關許可者，於取得許可後，始得向主管機關申請許可。

非電子支付機構得經主管機關許可，經營從事就業服務法第四十六條第一項第八款至第十一款所定工作之外國人國外小額匯兌及有關之買賣外幣業務；其申請許可之條件與程序、廢止許可事由、負責人資格條件、匯兌限額、業務管理、業務檢查與費用負擔及其他應遵行事項之辦法，由主管機關會商中央銀行及勞動部定之。

第 5 條：非電子支付機構不得經營前條第一項業務。但符合下列情形之一者，不在此限：

1.　本條例或其他法律另有規定。

2.　經營前條第一項第一款業務，所保管代理收付款項總餘額未逾一定金額，且未經營前條第一項第二款或第三款業務。

前項第二款所定代理收付款項總餘額之計算方式及一定金額，由主管機關定之。

屬第一項第二款之情形者，應於所保管代理收付款項總餘額逾主管機關規定一定金額之日起算六個月內，向主管機關申請電子支付機構之許可。

主管機關為查明前項或第三條第十款但書所定情形，得要求特定之自然人、法人、團體於限期內提供相關資料或通知其至主管機關辦公處所備詢；必要時，亦得要求銀行、其他金融機構提供其存款及其他有關資料。

第 6 條：電子支付機構經營業務，應符合下列規定：

1.　涉及外匯部分，應依中央銀行規定辦理。

2.　第四條第一項第一款之實質交易，不得涉有其他法規禁止之交易。

3.　經營第四條第一項第二款或第三款業務，以有經營同條項第一款業務為限。

4.　經營電子支付機構業務，其跨機構間款項清算應透過第八條第一項經營跨機構間支付款項帳務清算業務者為之。但涉及跨境款項清算者，　得以報經主管機關會商中央銀行核准之方式為之。

第 7 條：電子支付機構以股份有限公司組織為限；除經主管機關許可兼營者外，應專營第四條第一項及第二項各款業務。

第 8 條：經營跨機構間支付款項帳務清算業務者，除第六條第四款但書規定之情形外，應由依銀行法第四十七條之三第一項所定經營金融機構間資金移轉帳務清算之金融資訊服務事業為之。

前項金融資訊服務事業應維持其資訊系統之正常運作。如有障礙，應儘速排除及維護其系統與相關設備；必要時，並應採取妥善之備援措施，使系統障礙所生影響減少至最低程度。

第一項金融資訊服務事業於資訊系統障礙須停止傳輸、交換或處理作業時，除有正當理由者外，應事先通知其連線機構與主管機關及中央銀行。

註：　相關的「申請及許可」、「監督及管理：專營電子支付機構」、「監督及管理：兼營電子支付機構」、「電子支付公會」、「罰則」、「附則」條例，請見附錄 A（PDF 電子書，請線上下載）。

二、第三方支付 vs 電子支付

顧名思義，第三方支付就是買方跟賣方的交易時，先透過公正的第三方支付業者，買方先把錢付給第三方支付業者，等到真正收到商品後，賣方再跟第三方支付業者請款，最後由第三方支付業者統一處理款項發放。台灣早期電商發展階段，最常見的第三方支付業者，綠界、紅陽（PayNow）、藍新金流（原智付通），主要提供電商交易時的代收代付金流服務機制，讓賣家不用一家一家跟銀行簽刷卡收單合約。

因此，「第三方支付」其實只做到代收付服務，無法做到帳戶的直接即時轉帳，也無儲值的功能，而「電子支付」可儲值、可轉帳，並可從事代收、代付業務。

表 3-1　第三方支付 vs 電子支付

	第三方支付	電子支付
主管機關	經濟部	金管會
專法	俗稱金八條的收單行自律規範	電子支付機構管理條例
主要功能	只能從事代收代付，不可儲值、不可轉帳，以服務賣家為主	可儲值、可轉帳，並可從事代收代付業務，以服務買家為主
最低實收資本額	無	5 億元
最高儲值金額	不得儲值	5 萬元
代表業者	綠界科技（1996 年）、紅陽科技（1998 年）、藍新科技（2000 年）	五家專營電子支付（街口支付、橘子支付、簡單支付、歐付寶、國際連）；四家電子票證兼營電子支付（LINE Pay 一卡通、悠遊付、iCash Pay、遠鑫 HappyCash）

學習評量

一、問答題

1. 何謂「第三方支付」（Third-Party Payment）？請簡述之。

2. 何謂「行動支付」（Mobile Payment）？請簡述之。

3. 何謂「跨境支付」（Cross-Border Payment）？請簡述之。

4. 何謂「P2P 支付」（Peer to Peer Payment）？請簡述之。

5. 何謂「無現金社會」（Cashless Society）？請簡述之。

二、選擇題

（　）1. 全球行動支付的成功案例-非洲肯亞的 M-Pesa，其主要使用的是下列哪一項技術？

    A. 簡訊　　　　　　　　B. 生物辨識
    C. QR-Code　　　　　　D. NFC 近距離無線通訊

（　）2. 下列哪一項不是台灣主要通行的四大電子票證？

    A. 悠遊卡（easy card）　B. 一卡通（iPASS）
    C. 街口支付　　　　　　D. 有錢卡（Happy cash）

（　）3. 悠遊卡是台灣最普遍的電子票證支付工具，下列敘述何者錯誤？

    A. 使用悠遊卡消費，每日有金額上限
    B. 只要是台灣的企業都可以成為悠遊卡特約商店
    C. 與信用卡結合的悠遊聯名卡會自動加值
    D. 悠遊卡可記名，也可不記名

（　）4. 一卡通與 iCASH 是屬於下列哪一種支付工具？

    A. 信用卡　　　　　　　B. 虛擬貨幣
    C. 儲值卡　　　　　　　D. 無實體支付工具

（　）5. 下列哪一種工具不屬於電子錢包應用領域？

    A. 儲值卡　　　　　　　B. 預付卡
    C. iCASH　　　　　　　D. 電子支票

( ) 6. 下列哪一項不屬於 internet 興起後的支付模式？

    A. 加密貨幣支付　　　　B. 電子資金轉帳

    C. 純網路銀行支付　　　D. 第三方支付

( ) 7. 銀行提供「電子資金轉帳」的機制，其英文縮寫是下列哪一項？

    A. EFT　　　　　　　　B. EET

    C. ETC　　　　　　　　D. eTag

( ) 8. 下列哪一項不屬於 NFC 支付的三大主要元素之一？

    A. NFC 天線　　　　　　B. NFC TAG

    C. 防干擾安全元件　　　D. 非接觸式 NFC 讀卡機

( ) 9. 銀行特約商店可透過新型信用卡行動收單裝置，進行移動式之刷卡交易，該裝置稱為下列何者？

    A. nPOS　　　　　　　　B. wPOS

    C. iPOS　　　　　　　　D. mPOS

( ) 10. EMV 支付代碼服務框架是為了解決下列哪一種問題？

    A. 為了讓消費者不需記憶冗長的卡號資訊

    B. 為了讓支付的過程中，用戶信用卡資料不外洩

    C. 為了讓店家請款時對帳方便

    D. 為了加速完成支付交易

理財科技：機器人理財、社群投資

4-1 金融科技投資管理

　　傳統財富管理針對的是有錢人（高淨值資產人士），金融科技財富管理針對的是一般民眾。金融科技財富管理主要引進 AI 演算法與機器人理財顧問，減少人為介入，旨在透過提供過去缺乏的透明度與投資管道並降低投資門檻，使投資更大眾化，以服務過去未能被服務的一般投資人。

一、金融科技投資管理的趨勢

1. 金融科技投資管理強調「投資者賦權」。

2. 金融科技投資管理的創新在降低財富管理的門檻。更低的資金門檻，小資族也能靠金融科技平台，投資過去只有富人才能投資的投資標的。

3. 金融科技投資管理的主要參與者為一般投資人。

4. 更多元更低風險的投資標的：金融科技能輕易提供更多元且更低風險的金融商品，避免雞蛋都放在同一個籃子。

5. 更透明且即時的投資資訊，而且可能免費。

6. 更低的手續費、更高的投資收益。

二、投資者賦權（Empowered Investors）

　　「賦權」是指個人藉由參與、合作、學習等過程，使獲得「掌握自己本身相關事務的力量」。

　　過去，投資者若有投資需求，通常都是透過自己研究，高淨值投資者則透過金融機構的理財專員推薦。理財專員要先深度了解高淨值客戶的需求與喜好，精準地提供客製化與貼近客戶需求的產品，通常會以良好的投資報酬率為誘因，更提供稅務、退休金規劃及房地產多面向的整體規劃。然而，以理財專員進行投資管理其所需資金門檻較高、理解不易、執行效率較差，以及失誤率較高。因此，傳統理財專員的服務大多集中於高淨值客戶。

　　然而，2008 年全球金融危機後，客戶對理財專員逐漸產生不信任，加上金融科技業者以科技進軍金融市場，利用大數據，透過交易演算法或機器人理財，賦權投資者，降低客戶進入的資金門檻，並提高執行效率與降低失誤率，讓客戶以更低的交易成本進行投資，促使傳統的理財顧問面臨挑戰。

三、投資管理金融科技之技術發展趨勢

1. **資訊安全**：資訊安全是投資管理金融科技之技術發展的重要趨勢。由於投資者對於投資管理金融科技仍有擔憂，因此，唯有在投資者身分驗證以及文件／資料管理等安全領域不斷創新且改善的情況之下，金融科技才有被廣泛運用的機會。

2. **個人化建模**：透過金融科技，將更能根據客戶的個人需求，制定出量身訂作的投資方案服務，進而改善客戶體驗。金融科技可透過人口統計數據與心理數據，進一步了解客戶的特質與角色，依此為客戶設計個人化的投資體驗。此外，藉由大數據分析的運用也可提高風險識別與評估的能力，也能開發出更複雜、更多元的服務模型。

3. **機器人理財顧問 24 小時貼心服務**：機器人理財顧問能提供全天候 24 小時服務、透過 AI 演算法給予理財投資建議，甚至能直接代表客戶進行金融交易。

4. **全通路體驗**：隨著各式各樣智慧化個人設備的興起，許多客戶也開始使用手持式電腦、筆記型電腦、平板、智慧型手機、穿戴式設備、車用數位控制面板，連接網路進行理財投資。這也意味著，各設備介面之間的串連必須更為簡化、更易於使用。

5. **自動化資產配置服務**：客戶可以透過網路進行資產（例如股票、基金、債券、黃金、期貨等）配置流程，透過 AI 自動化解決方案，設定自動化執行條件，能隨時隨地監控投資組合相關變動以及自動執行交易，這將減少因辦公時間和時區差異所帶來的限制。

四、去偏見訓練（De-biasing training）

所謂「去偏見訓練」（De-biasing training）是因根據調查顯示過去因主觀意識而做出錯誤的偏見決策，因此希望透過去偏見訓練來降低決策偏見，與設定衡量方法及目標值，避免創新失敗及負投資回報率。

4-2 演算法交易（Algorithmic Trading）

一、什麼是演算法交易

《MBA 智庫百科》定義，「演算法交易」（Algorithmic Trading）又稱為「黑盒交易」、「自動交易」（Automated Trading），是指事先設計好交易策略，然後將其編製成電腦程式。利用電腦程式的演算法來決定交易下單的時機、價格和數量等。程式化下單能避免人的非理性因素干擾，能更精確的下單，並能同時管理大量的操作，自動判斷將大單分拆為小單，減小衝擊成本。「演算法交易」有時也被用來泛指所有使用量化技術和電腦程式來進行投資和下單的行為。

二、演算法交易的優勢

《MBA 智庫百科》認為，相較於手動下單而言，「演算法交易」具有如下優勢：演算法交易可減少衝擊成本、自動監控交易機會、避免人的非理性因素造成的干擾、隱蔽交易意圖、還可尋求最佳的成交執行路徑，得到市場最好的報價。此外，演算法交易還能快速量化分析多種技術指標，更精確地下單；更可同時追蹤多個交易市場價格的最新狀況，不會錯失任何一個演算法所定義的交易機會。

三、演算法交易軟體的主要功能

演算法交易軟體通常提供以下四大功能：市場資料（market data）、交易策略（trading strategies）、回溯測試（back test）、下單（order execution）。

四、高頻交易（high frequency trading）

「高頻交易」（High Frequency Trading，簡稱 HFT）也是演算法交易的一種。通常使用在市場急劇變化時，以幫助交易員在人所能夠反應的時間之外，及早完成交易行為。

　　《維基百科》定義，「高頻交易」是指從那些人無法利用的、極為短暫的市場變化中尋求獲利的自動交易系統，比如某種證券買入價和賣出價差價的微小變化，或者某支股票在不同交易所之間的微小價差。這種交易的速度非常快，以至於有些交易機構將自己的「伺服器群組」安置離交易所的伺服器很近的地方，以縮短交易指令通過光纜以光速傳送的時間。一般是以電腦買賣盤程式進行非常高速的證券交易，從中賺取證券買賣價格的差價。

　　《MBA智庫百科》定義，「高頻交易」是指利用大型電腦快速押註買賣股票、期貨等，從那些人無法利用的極為短暫的市場變化中尋求獲利的電腦化交易。高頻交易主要倚靠股價在一、兩秒內的微小變動，然後迅速進行大批量交易，交易速度有時需用零點幾秒來計算，極度頻繁的交易和很小的股價變化是高頻交易得以賺錢的途徑。由於交易速度奇快，人力無法完全勝任，只能依靠大型電腦以及預先設定的電腦程式來承擔重任。過去大型投資機構為了控制風險，也會設定各種電腦程式進行自動交易，這種交易一般是在股價或股市突然劇烈波動時，為了把損失控制在一定程度而強行平倉（賣掉手中持有的證券）。

　　不過，「高頻交易」也帶來衝擊，就是交易量的大幅提升。高頻交易往往只為了比別人快那0.003秒的速度完成交易。在這極短暫的時間內，買入或賣出持有的大量股票或期貨，賺取可能差價只有1分美元的極小變動。

4-3　機器人理財

　　投資理財邁向人機協作金融生態系。人機協作投資理財的優點是能幫助缺乏投資經驗的菜鳥新手，尤其是年輕族群提早進行投資理財規劃。

一、智能理財

　　《數位時代》定義，「智能理財」的意思是指盡可能降低人為參與、干預，由人工智慧（AI）演算法提供投資人理財建議。智能理財的目標是實現「普惠金融」，讓人人都能輕鬆省力投資理財，尤其是年輕人與小資族，不用大筆金額，也可小額理財。

　　智能理財例如金融市場的理財機器人，顛覆以往透過理財顧問對客戶面對面進行風險評估、擬定投資計畫、金融商品推薦等傳統理財方式，智能理財藉由大數據分析與機器學習等電腦程式的演算，提供自動化的資產配置及投資追蹤服務，結合線上理財諮詢，讓客戶能隨時監控管理帳戶狀況，對自身理財規劃更具主導權，形成新形態高效率、低成本的理財顧問服務。

智能理財擁有幾大特點，① 客製化投資需求：了解每位客戶不同的財務狀況、投資需求、風險偏好、心理情境模擬等，推薦客製化的最適當資產配置方案；② 分散風險的組合投資：分析市場各類的金融商品，挑選出不同風險程度、相關性較低的資產形成產品組合，以達分散風險目的；③ 自動追蹤調整：隨時監控投資組合變化，一旦發生市場波動造成投資策略偏離時，將會調整客戶的投資組合，以避免造成損失；④ 長期投資為目標：基於長期投資，為客戶推薦客製化的投資組合，賺取長期合理報酬。

國內外金融業者近年來推出多種智能理財的服務，例如美國西岸加州的 Wealthfront、東岸紐約的 Betterment，台灣的台新銀行、王道銀行、中國信託銀行、永豐銀行、富邦銀行、國泰投信、群益證券等，皆推出各式不同的智能理財，以提升整體投資理財質量。

二、機器人理財顧問（Robo Advisor）

智能理財機器人結合市場資訊大數據、投資理論，打造動態 AI 演算法模型，提供投資人更理性的投資建議。

陳惟龍、李倩兮（2016）認為，機器人理財顧問（Robo Advisor，簡稱 RA）是利用網際網路與大數據，將市場、產品、客戶行為等資料進行詳細的分析，為客戶進行專業、理性的投資組合管理，將人為干涉最小化，同時盡可能避免非必要的手續費、稅費，因此受到投資者歡迎。

賴怡伶（2017）定義，機器人理財顧問（Robo Advisor）是指一種線上投資平台，以電腦演算法為基礎，結合客戶所得、年齡、投資目標、風險承受度等資料，提供投資組合建議。投資人可據以下單，或交由該平台進行投資管理。

三、人機協作（Human-Robot Collaboration）

工業時代靠 IQ（智商），資訊時代要 EQ（情商），智慧商務時代要 AIQ（人工智慧協作商數），若想跨域轉型求生駕馭全世界的機器替你做事唯一方程式「AIQ = AI × IQ」。簡單地說，AIQ 就是對人工智慧具有人機協作能力，亦即具有善用 AI 的能力。

《數位時代》定義，「人機協作」（Human-Robot Collaboration，簡稱 HRC）是指人與機器透過經驗及工作交流，持續改善工作流程的過程；也就是說，機器可依據人類導入的資訊及流程執行作業，人類再根據機器產出的成果進行調整，形成

一種協作模式。事實上，人機協作並非意味著機器人將取代人類，而是人類扮演著「訓練機器執行任務」的角色。

人機協作的作業模式能大幅縮短工作時程、提高準確度、節省人力成本，最終產出更具個人化的商品與服務。採用人機協作模式，對企業來說，不但可以節省人員花在高重複性工作的時間，集中心力在更加複雜、靈活度高的設計或決策工作，更能大幅提升人機協作所帶來的產業價值。整體而言，人機協作可帶來下列的優勢：

1. **提高自動化程度**：人機協作補充人類的能力，以前手動執行的生產步驟走向自動化。

2. **減輕員工的負擔**：浪費時間、體力消耗大、危險和單調的工作步驟，可以由協作型機器人或人工智慧承擔，以減輕員工的負擔，讓員工有更多時間精力集中在更重要的工作。

3. **提升品質**：重複的和需要高度集中注意力的工作流程，可由協作型機器人以提高精準度，進而提高品質。

四、人機協作案例：人工智慧讓匯豐銀行盜刷偵測更快更準

匯豐銀行（HSBC）以人工智慧為基礎，開發出人機協作的解決方案，提升盜刷偵測的速度與準確度。人工智慧每天監看數百萬筆交易，將它們評分，並使用購物地點與客戶行為的資料、IP 地址和其他資訊，找出可能有盜刷跡象的隱微模式。匯豐銀行實施這套系統後，明顯降低盜刷未被偵測到與誤判為盜刷（false positive）的比率。誤判為盜刷的數目減少，讓銀行調查人員可集中精力，處理那些人工智慧認定有疑義、需要人為判定的交易。

銀行業對抗金融詐欺就像軍備競賽：偵測率提高，引發更惡劣的犯罪，然後又引發更高明的偵測，形成不斷的循環。因此，打擊詐欺的 AI 演算法與評分模型，有效期限都很短，需要持續更新。此外，不同國家與地區使用的人工智慧偵測模型也不同。由於這些原因，人機介面需要大批資料分析師、資訊科技專業人員和金融詐欺專家，才能讓人工智慧一直領先罪犯一步。

五、機器人流程自動化（RPA）

根據統計，每位上班族在每月的工作量中，平均會花費 40%~60%的時間，在處理重複性高、規則趨於一致性的例行性事務工作，而這些重複性高的例行性工

作，往往是產值較低，但卻又必須處理的工作，也讓重覆在做這些工作的員工，感到工作枯燥無趣且毫無成就感。雖然無法避免這類例行性事務工作的產生，但可以選擇透過流程自動化的方法，縮短執行這類例行性事務的工作時間。

「機器人流程自動化」（Robotic Process Automation，簡稱 RPA）是一種軟體，使用機器人自動執行重複性任務與端對端流程，以提高生產力、消除錯誤和節省成本。

「機器人流程自動化」適合進行高重複性、標準化、規格明確、大批量的例行性事務工作。

4-4 　線上社群投資平台

線上社群投資平台是顛覆過去商業模式，推出破壞式創新的商業模式，重塑金融服務的客戶體驗，帶來低投資門檻、低投資手續費、並運用社群分享或跟單，讓客戶投資交易更容易上手。例如 eToro 網路社群投資。

一、什麼是社群金融（Social Finance）

《Mr.Market 市場先生》定義，所謂「社群金融」（Social Finance）是指把社群的機制融入到金融業裡面，目前發展比較完整的有「群眾募資」、「社群借貸」、「社群投資」。

二、什麼是社群投資（Social Trading）

《維基百科》定義，「社群投資」（Social Trading）是一種投資的形式，它是指投資者觀察其他人或其他專業交易員的交易行為，並使用複製交易或鏡像交易來追隨他們的一種投資策略。社群交易只需要少量相關知識甚至根本不必了解金融市場，因此被世界經濟論壇譽為成熟而又低成本的投資理財替代品。最早的社群投資交易平台是 2010 年的 eToro，到了 2012 年才有 Wikifolio。

三、鏡像投資交易平台

Mirror Trade 稱為「鏡像投資」，或「鏡像跟投」，是指投資者在跟投平台上選擇跟單投資策略，並執行自動跟單交易，以達到和策略提供者同時進出場的投資方式。

鏡像投資交易平台向投資客戶提供自動化複製投資交易技術，傳統上鏡像投資交易技術只有機構客戶才可使用。鏡像投資交易平台的概念很簡單：Tradency 伺服器跟蹤策略交易員（交易高手）的「買入」和「賣出」信號。透過使用鏡像投資交易平台，投資客戶可以查看、分析和評估經驗豐富的交易員發送的信號，並在自己的投資帳戶中複製執行該信號。

金融科技公司 Tradency 於 2005 年提出鏡像投資交易（Mirror Trade）的想法，推出交易平台「Mirror Trader」，並以此發展專注於外匯交易市場的 B2B 經營模式。Mirror Trade 一開始是以 Email 來做交易建議指令的傳遞，而後逐漸發展成 Trading Room（交易室）的形式，並隨著網路技術演進，用戶能在聊天室中提問及留言討論。隨著網路社群的興起，進而從 Mirror Trade 的概念延伸出 Social Trade 的概念。

四、鏡像投資交易（Mirrior Trading）與社群投資交易（Social Trading）

從 Mirror Trade（鏡像跟投）的概念延伸出了 Social Trade（社群跟投），「鏡像投資交易」（Mirrior Trading）與「社群投資交易」（Social Trading）最大差異在於交易時的同步性。通常「社群投資交易」（Social Trading）在進行訂閱的動作上，是當你所訂閱的交易員進行投資完成後，你才跟著交易員的交易足跡進行模仿跟進。鏡像投資交易（Mirror Trading）能達到的是，在您選擇投資策略後，當交易員開始進行投資交易時，您的交易行為與交易員的交易行為是幾乎同步進行。

五、為什麼要使用跟投交易？

1. **減少交易學習時間**：透過觀察並跟隨他人的交易活動，能夠使新手較快從中抓到交易的時機及手法。

2. **降低情緒影響**：跟著交易高手投資，能增加新手的信心，並幫助新手建立初期的投資情緒觀念。再者，因策略的進行都是由策略提供者所決定，排除了大部分新手的易恐慌情緒因素。

3. **分散投資組合**：投資者可以選擇同時跟投數個交易專家，讓風險分散，擁有多樣化的投資組合。

4. **簡單省時投資法**：投資人無須花時間研究市場及看盤，透過系統即可自動化跟單。

雖然使用跟投交易可大幅減少投資人的心力及花費時間，但這並不代表能讓投資人穩賺不賠，投資人可以撒手不管。

案例：Darwinex

Darwinex 線上社群投資平台成立於 2012 年，總部位於英國倫敦，是一家受英國 FCA 全授權並監管的全球領先的金融產品在線交易經紀商，可交易產品包含外匯、貴金屬、股票指數，商品期貨等。

案例：eToro（e 投睿）

根據《維基百科》資料，eToro（e 投睿）是來自以色列的社群投資平台，成立於 2007 年，是提供金融投資跟單交易服務的社群交易經紀公司，提供超過一千種的金融資產交易。eToro 在賽普勒斯利馬索爾、以色列特拉維夫、英國倫敦、美國新澤西州的霍博肯、以及澳大利亞雪梨設有註冊辦事處。eToro 歐洲分公司在歐洲賽普勒斯註冊，受到歐洲賽普勒斯證券交易委員會監管；英國分公司受到英國金融行為監管局監管；澳大利亞分公司受到澳洲證券投資委員會監管。2018 年，eToro 公司估值為 8 億美元。

eToro（e 投睿）有一項很特別的功能，叫做「複製跟單」（或複製交易）。eToro 與過去基金或投顧的最大差異在於：它創造足夠的交易「透明度」。eToro 對明星投資者，公開其投資部位，成為資金管理者。eToro 對追蹤者，可挑選喜歡的明星投資者、追蹤複製其投資績效，而且不用任何費用。簡單來說，追蹤者可觀察明星投資者的績效數據，挑出你認可的明星投資者，然後投入資金（有上限）就可以追蹤，在對方進出時，你的部位也會即時的做買賣。

eToro 平台的設計是追蹤明星投資者不用任何費用，eToro 平台額外支付給明星投資者額外報酬。因為 eToro 認為，如果大家喜歡明星投資者，這樣更有機會把用戶留在 eToro 平台，因此額外給付給明星投資者的費用就像是廣告費的支出。明星投資者看起來點像是基金經理人的概念，差別在於不是明星投資者幫你操作，而是你自己要跟單操作。

理論上來說，一位明星投資者要能夠長期持續表現出好的績效，而且面臨來自全球的競爭，在投資部位都必須公開的情況下，短期可能是運氣，但長期來說運氣的成分就會少很多，要有一定程度的實力。eToro 於 2019 年有 900 多萬用戶，到了 2020 年超過 1300 萬用戶。

《東森財經新聞》認為，eToro 能同時滿足資產配置多元、資金安全監管、操作介面簡單及跟著高手輕鬆下單等四大優勢，一站就能投資全世界，吸引許多投資人青睞。

學習評量

一、問答題

1. 何謂「去偏見訓練」（De-biasing training）？請簡述之。

2. 何謂「演算法交易」（Algorithmic Trading）？請簡述之。

3. 何謂「高頻交易」（High Frequency Trading）？請簡述之。

4. 何謂「社群金融」（Social Finance）？請簡述之。

5. 何謂「社群投資」（Social Trading）？請簡述之。

二、選擇題

( ) 1. 下列哪一項是線上社群投資平台？

    A. Darwinex   B. Kickstarter

    C. Amazon   D. Transferwise

( ) 2. 下列哪一項是機器人理財（RA）服務流程的第一步驟？

    A. 風險監控   B. 執行交易

    C. 提供投資組合建議   D. 瞭解客戶

( ) 3. 下列有關演算法交易的敘述，何者錯誤？

    A. 為獲取稍縱即逝的套利機會，高頻交易者傾向將伺服器設於交易所的伺服器附近

    B. 相較於程式交易，演算法交易強調下單這指令本身的形成

    C. 演算法交易屬於程式交易的一種，高頻交易被視為演算法交易的一種

    D. 高頻交易與程式交易的最大差異，在於利用高速電腦運算獲取稍縱即逝的套利機會

( ) 4. 下列有關演算法交易、程式交易、高頻交易的敘述，何者錯誤？

    A. 程式交易重視下單指示的過程

    B. 演算法交易重視下單執行過程的高效率

    C. 高頻交易重視獲取稍縱即逝的套利機會

    D. 演算法交易不會追漲追跌，平衡市場波動

（　）5. 下列有關金融科技投資管理的特色敘述，何者錯誤？

    A. 不再侷限富裕階層，一般客戶也能獲得財富管理服務

    B. 可隨時提供客戶財務狀況分析，更容易掌握投資損益

    C. 獲取金融資訊的管道增加，更容易創造及執行投資策略

    D. 比較不擅長客製化的服務，無法滿足不同族群的需求

（　）6. 2015 年世界經濟論壇（WEF）指出，常見的金融科技投資管理業務包括？

    A. 機器人理財、演算法交易、社群投資

    B. 演算法交易、社群投資、個人理專

    C. 機器人理財、社群投資、個人理專

    D. 機器人理財、演算法交易、個人理專

（　）7. 下列有關金融科技投資管理業務之類型及特性敘述，何者錯誤？

    A. Darwinex 是成立於英國的社群投資平台

    B. Wealthfront 是成立於美國的機器人理財平台

    C. Betterment 是在美國專門從事演算法交易的公司

    D. 顧客不侷限於富裕階層，大眾市場顧客亦可輕易獲得低成本之財富管理服

（　）8. 下列有關金融科技應用於投資管理之「投資者賦權」敘述，何者錯誤？

    A. 使一般投資者有更好能力做決策

    B. 促使傳統理財專員需進化以為因應

    C. 一般投資者需學習專業投資策略，增加財務管理門檻

    D. 一般投資者藉由學習參與、合作等過程，獲得掌握自己本身相關事務的力量

（　）9. 把社群的機制融入到金融業裡面，目前發展比較完整的有「群眾募資」、「社群借貸」、「社群投資」是指下列何者？

    A. 共享經濟   B. 社群金融

    C. 鏡像投資   D. 跟投交易

（　）10. 最早的社群投資交易平台是 2010 年的下列哪一個平台？

    A. Wikifolio   B. Mitrade

    C. eToro   D. MT5

貸款與募資科技：群募集資

5-1 群眾外包（Crowdsourcing）

一、何謂 Crowdsourcing

Crowdsourcing 中文譯成「群眾外包」，又稱「眾包」這個詞是 2006 年由作家、記者 Jeff Howe 所提出，其認為「群眾外包」是指，將過去由指定員工完成的工作，公開地交由不固定的一大群人完成。「群眾外包」是企業利用網際網路將工作分包出去，由志願者來投標，賺取小額報酬，集體發揮創意。

《MBA 智庫百科》定義，「群眾外包」（Crowdsourcing），是指企業或組織透過網路向大眾取得企業所需的創新點子或是解決方案。群眾外包和外包是不一樣的，群眾外包是由一群非特定人士所組成的志願者或是兼職人員一同完成工作，而外包則是將企業內部某部份工作流程委任給外部其他的供應商。維基百科即是典型的群眾外包案例，任何人都能上網編寫維基百科，是一本集合大眾所完成的線上百科全書。

二、資訊委外

「群眾外包」不同於「資訊委外」（IT Outsourcing）。現代金融機構的運作幾乎完全仰賴資訊系統，因此有些銀行業者為能專注於核心業務，而將資訊中心設施資源的建置與維護管理，交由專業的資訊夥伴處理，稱為「資訊委外」。

5-2 群眾募資（Crowdfunding）

一、何謂 Crowdfunding

群眾募資（Crowdfunding）又稱群眾集資、公眾集資、群募、公眾籌款或眾籌，是指個人或中小企業透過網際網路向大眾籌集資金的一種集資方式。群眾募資是指透過網際網路展示，宣傳計畫內容、創意作品，讓有興趣者可出資贊助。

群眾募資也是群眾外包（Crowdsourcing）和替代金融（Alternative finance）的一種形式。群眾募資主要透過網際網路展示宣傳公司募資企劃（Project）內容、原生設計與創意作品，並與大眾解釋透過募集資金讓此作品量產或實現的計劃。

群眾募資平台的出現主要目的在鼓勵創新，協助提案者驗證商品、服務市場化可能性。不少人心中都有一個自創品牌的夢想，但最大困擾點是「創業基金」，過去若想創業，大多必須向家人借錢或者先工作一段時間存錢、累積資金與經驗之後再出來創業。「群眾募資」平台的出現，透過群眾募資的平台，新創業者提出創業企劃，由認同的人投入資金協助創業。因此，群眾募資有下列優點：

1. 創業者財務壓力較小。

2. 創業計畫執行前就能獲得市場反饋。

3. 提供商品預售的機會。

知名的群眾募資平台，例如美國 Kickstarter、法國 Meet My Designer、英國 Wowcracy。

二、群眾募資方式

1. **股權型群眾募資方式**：獲得股利。支持者可透過對新創團隊的資金贊助，取得一定數額的股權。股權型群眾募資總共有三種投資模式：聯合投資模式、新創自己發起的自發合投模式、以及基金模式。

   - 聯合投資模式是投資方以一人領投、多人跟投的方式（「領投＋跟投」）進行。

   - 自發合投模式是新創企業自行在平台上募資股東。

   - 基金模式是投資人根據募資平台現有的基金種類進行投資。

2. **債權型群眾募資方式**：獲得利息。債權型群眾募資是類似借貸關係的群眾募資，投資者透過網路借款給籌資公司，而籌資公司則需要按照約定給出

利息、歸還本金。債權型群眾募資可分為 P2P（Peer-to-Peer）和 P2C（Peer-to-Company）兩種募資方式，美國知名債權型群眾募資平台 Lending Club 即為 P2P 型服務。

3. **回饋型群眾募資方式**：新產品上市後，直接回報給資金提供者（第一批使用者），類似團購或預購（預定商品）。群眾募資與消費者相關的是「預購商品」，會預購的消費者主要分為兩大類消費心態，一類是著重市場上同類商品的性價比；另一類是著重預購商品在市場的創新性與稀有性。

4. **捐贈型群眾募資方式**：不求回報。捐贈群眾募資是支持者以捐贈的方式向一家新創投資，但不求回報。

表 5-1 群眾募資的類型

類型	定義	可能發起人	募資對象
股權型 （Equity）	民眾提供金錢給組織或專案，以換取股權。	企業家、新創事業、企業所有人	投資人、股東
債權型 （Lending）	民眾提供金錢給組織或專案，以換取財務報酬或未來的利益。	創業者、發明者、新創事業、企業所有人	投資人、企業家
回饋型 （Reward）	民眾贊助提案人的專案，以換取有價值非財務的報酬。（如：週邊商品、紀念品等）	發明者、電影製作人、音樂工作者、藝術家、作家、非營利組織等	粉絲、特定愛好者、慈善家
捐贈式 （Donation）	民眾捐贈金錢給組織或專案，但不講求實質上的回報。	非營利組織、特殊事件（天災、人禍等）組織	慈善家、重視社會議題者、相關團體或個人（如受助者家屬等）

資料來源：修改自公益交流站

三、群眾募資的主要風險

群眾募資有五大主要風險：較高的投資損失、較少的法律保障、稀釋風險、資訊不對稱風險、以及流動性風險等。隨著新創企業成長，新創企業可能增資，當發行新股份時，原股東的持股比率會減少，因此有稀釋風險。募資者與資助者間存在資訊不對稱，所以會有資訊不對稱風險。群眾募資的股權或債權，不易變現、流動性風險相對較高。

四、證券商經營股權性質群眾募資管理辦法

「證券商經營股權性質群眾募資管理辦法」的主管機關為「金融監督管理委員會」。其中，所謂「股權性質群眾募資業務」是指證券商利用網際網路設立網站，為募資公司向不特定人辦理公開募集資金之行為，並使投資人透過網站認購募資公司股票之業務，及為經營上開業務所為之附加服務。所謂「募資平台」，是指證券商利用網際網路設立網站，為公司辦理股權募資，使投資人得以透過該網站認購公司股票。所謂「資訊揭露系統」，是指證券商利用網際網路設立網站，用於揭示辦理股權募資公司之基本資料、募資額度及重大訊息等相關資訊，以利投資人進行查詢參考。

五、群眾募資運作流程

群眾募資運作流程，如下圖所示：

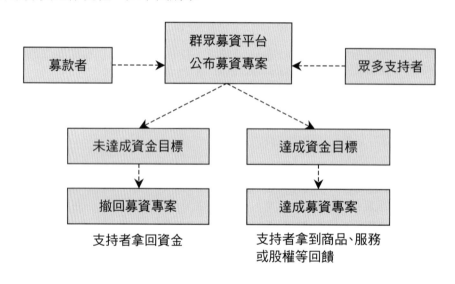

圖 5-1 群眾募資運作流程

📦 案例：嘖嘖（zeczec.com）

台灣群眾募資平台業者，包括嘖嘖（zeczec）、flyingV、貝殼放大。其中，「嘖嘖」（zeczec）成立於 2011 年，是台灣第一家群眾募資平台，用以支持藝術創作者。嘖嘖是針對創意商品提供募資的平台，有商品、音樂、電影、設計、出版、關懷計畫等等，不只關懷台灣的藝術創作，還關心台灣本土的小農事務，讓台灣的風土文化能透過創意的形式得以延續。嘖嘖網址 https://www.zeczec.com/。

5-3 P2P 借貸

一、什麼是 P2P 借貸

P2P 借貸是 peer to peer lending 縮寫，是一種「個人對個人」（C2C）的信貸模式，P2P 借貸模式跳過中介者（存款者將錢存入銀行，再透過銀行把錢貸放給借貸者，銀行就是中介者），讓出借人與借款人直接業務往來。不同於銀行以仲介資金直接賺取利差，P2P 借貸平台主要獲利來自於向出借人及借款人收取的服務費。

《CouldMile》定義，所謂「Peer-to-Peer」是指點對點，也就是透過個人對個人的方式來進行，而 P2P 借貸意指在網路平台上的借貸行為，P2P 的金錢流動不需要透過傳統的金融機構，網路就能成為交易的仲介。

P2P 借貸平台提供中介和信用評價平台，讓出借人與借款人，利用網路平台的核貸流程與更靈活的核貸方式，在 P2P 借貸平台上直接完成借貸交易，出借人透過平台評估借款人的社交、行為等數據即可決定是否貸放，借貸交易快速又有效率，經由 P2P 借貸平台可將核貸時間縮短。P2P 借貸在整體借貸過程中，資訊流、金流、契約、條款、手續費等全部透過網路完成。

2005 年，英國 Zopa 是世界上第一家 P2P 借貸平台，也是歐洲最大的網貸平台，採用「傳統模式」經營。「傳統模式」提供訊息及相關服務為主不涉入撥貸。

美國 P2P 貸款公司 Lending Club，媒合個人借款者和放款者，在幾小時內完成放款。利用大數據演算法，得出每個人的信用分數，有效控制壞帳風險，到 2015年底，已經媒合將近 160 億美元的貸款，壞帳率僅有 5%，同時，放貸者的利息收入卻遠高於 5%。

銀行以利差為獲利來源

圖 5-2　傳統金融機構（銀行）借貸運作模式

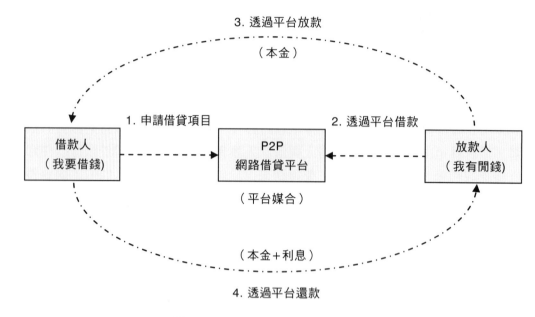

圖 5-3 P2P 網路借貸平台運作流程

二、P2P 借貸模式

1. **傳統模式**：僅提供借款與放款的資訊中介服務，不涉入撥貸。

2. **公證模式**：銀行參與合作撥款。

3. **保證收益模式**：向出借人承諾一定收益。

4. **資產負債表模式**：以自由資金撥貸。

P2P 借貸有其效益，但若管理不當，將帶來多項風險，例如違約風險、平台倒閉風險、詐欺風險、流動性風險、資訊不對稱風險、投資人保護風險及網路攻擊風險等，應適當監管及採取相應措施以降低風險。

三、第一代 P2P 網路借貸的失敗

《數位時代》敘述，「P2P 網路借貸」（Peer to Peer Online Lending）：是指個人透過中介網路平台借錢給需要的其他個人（Peer to Peer），主打借款利率低於銀行、用大數據分析作為審查標準、全程線上處理；起源於美國與中國，但近年因中介平台信用不足、競爭者眾而鋌而走險，危限超貨等問題，爆發泡沫化的疑慮。《MBA智庫百科》敘述，「Peer」是個人的意思，「P2P 網路借貸」是一種個人對個人的C2C 信貸模式，中文翻譯為「人人貸」。

從 2016 年 5 月開始，美國 P2P 網路借貸龍頭 Lending Club 執行長因違約貸款的風波辭職、二三線平台 Prosper 和 Avant Financial 經歷了大波裁員潮，美國名校大學生借貸平台 SoFi 也因為資金短缺而開始考慮和銀行合作，第一代 P2P 網路借貸的失敗，顯示 Fintech 想要完全取代傳統金融，還有很長的一段路要走。

現今的銀行業已大量採用線上作業，客戶的帳戶、貸款及投資基本上就是大量儲存在伺服器中的數據。儘管銀行業將許多業務轉移到線上，核心的商業模式仍然維持舊有形態，低成本收取存款，接著以較高的放款利息將資金借貸出去以獲得利益。隨著金融科技的出現，傳統銀行也跟上腳步，紛紛增設網路銀行。

此外，第一代 Fintech 的 P2P 網路借貸業者由於無法找到更好的風險分散方式，且競爭者增加，為了讓規模擴大，轉而貸款給沒有資金擔保的客戶，雖然有較高的投資報酬率，但也伴隨著較高的風險，核貸率的放寬，壞帳率隨之上升，加上出現許多造假貸款，導致許多新創投資者失去信心而抽身，造成 P2P 網路借貸之 Fintech 新創業者陷入資金短缺的狀況。

四、銀行公會會員銀行與網路借貸平台業者間之業務合作自律規範

受到金融科技發展及 P2P 網路借貸平台興起之影響，國內外陸續出現提供撮合金錢借貸契約相關服務之平台。2017 年 12 月，金管會採取「鼓勵銀行與網路借貸平台業者合作」模式，並督導銀行公會於尊重市場機制前提下，訂定「中華民國銀行公會會員銀行與網路借貸平台業者間之業務合作自律規範」，摘述如下：

1. 經銀行與 P2P 業者討論之合作項目，共計六項，包括：銀行提供資金保管服務、銀行提供金流服務、銀行提供徵審與信用評分服務、銀行透過 Peer-to-Bank（簡稱 P2B）模式提供貸款、廣告合作及銀行提供債權文件保管。

2. 本自律規範六項合作模式內容摘述如下：

   - **銀行提供資金保管服務**：銀行接受 P2P 業者委託提供資金保管服務時，應於合作契約約定，P2P 業者應開立專用存款帳戶，並以信託或十足履約保證方式承作。

   - **銀行提供金流服務**：銀行接受 P2P 業者委託提供金流服務時，應依其與 P2P 業者、出借人及借款人約定之款項移轉方式，依出借人及借款人同意之款項移轉指示辦理款項移轉作業。

- 　■　**銀行提供徵審與信用評分服務**：銀行接受 P2P 業者委託提供徵審與信用評分服務時，應於合作契約約定，P2P 業者應事先取得 P2P 客戶之書面同意並履行告知義務後，依 P2P 業者提供之借款人資料提供服務，銀行不得提供是否核貸之具體建議。另 P2P 業者擬查詢借款人於聯徵中心之信用資料，P2P 業者得請借款人自行向聯徵中心查詢其信用資料後提供 P2P 業者。

- 　■　**銀行透過 P2B 模式提供貸款**：銀行擬委託 P2P 業者將銀行貸款之相關申請書提供予 P2P 客戶、對其說明貸款條件相關權利義務及代收轉貸款申請案件等作業，使銀行得提供貸款予 P2P 客戶時，依作業委外相關規定向主管機關申請核准。俟未來雙方合作模式日趨成熟廣泛，本會將參酌合作模式研訂辦理方式後，則可依主管機關認可之方式辦理。

- 　■　**廣告合作**：銀行與 P2P 業者進行廣告合作時，應遵循個人資料保護法及其他法令之規定。

- 　■　**銀行提供債權文件保管服務**：銀行接受 P2P 業者委託保管其 P2P 客戶相關文件前，應要求 P2P 業者事先取得客戶同意。

　　金管會提醒 P2P 業者，提供撮合借貸契約相關服務，不得涉及發行有價證券、受益證券或資產基礎證券；提供收付借貸本息款項金流中介服務，不得涉及收受存款或收受儲值款項；提供資訊蒐集、資訊揭露、信用評等、資訊交換等服務，應符合個人資料保護法相關法令規定；提供債權催收服務，不得有不當催收情事；亦不得違反公平交易法、多層次傳銷管理法等法令規定。

5-4　信用與信貸科技

一、無卡分期付款

　　合法的無卡分期付款是指在交易中，第三方機構會先幫消費者墊付金額給賣家，因此債權就會由賣家移轉到第三方機構，第三方機構需要承擔消費者可能不會還款的風險，對於買方而言，就是在一定的時間內按照合約內規則，分期向第三方機構繳納分期款項。簡單來說，若採用無卡分期服務，拿到商品後，消費者其實是向「第三方機構」還款。

二、信用卡分期付款

　　信用卡分期付款是由消費者遞交許多個人信用資料給銀行，銀行仔細審核過消費者自身的負擔能力過後，核發一定的額度，只要購買的場域與發卡的企業有提供分期付款的選項，消費者就可以採用信用卡分期付款的方式購買。但信用卡的審核比較嚴格，會需要有穩定正常的收入，並提出有效的財力證明才能申辦。但是像是學生、自由業與主婦等等小白人士，就會遇到較不容易取得信用卡，或是信用卡額度不高的窘境。

三、微型貸款（Microcredit）

　　《微型貸款高峰會》（Microcredit Summit Campaign）的定義：「微型貸款」（Microcredit）是一種透過小額借款等金融服務給低收入、貧困的民眾，讓他們能夠自我雇用、產生收入，以幫助其個人及家庭的方法。

　　《維基百科》定義，微型貸款又稱為小額貸款，泛指所有小額個人信用貸款，包括民間借貸、非法高利貸、或合作貸款。微型貸款一般金額較小，借款人一般是沒有什麼抵押物，沒有穩定的工作，或者沒有信貸歷史的窮人。微型貸款的設計是為了支持創業和扶貧。

　　在過去，由於考慮到利潤空間、借款人士有限的還款能力及高風險，傳統銀行對這類貸款業務並不感興趣。微型貸款的流行，是從孟加拉銀行家穆罕默德·尤納斯（Muhammad Yunus）其創建的「格拉明鄉村銀行」（Grameen Bank）在 1976 年開始所針對窮人推行的微型貸款。自此之後，愈來愈多微型貸款機構出現，微型貸款成了近年來頗具認同的脫貧方法。

　　鄉村大多缺乏基本抵押品與正常融資的管道，正是微型貸款機構出現的原因，穆罕默德·尤納斯堅持窮人一樣有貸款的權利，唯有讓窮人也有正常的貸款管道，窮人才能靠自己的力量跳脫貧窮，免除高利貸的剝削。

　　露天拍賣 2021 年 1 月 14 日宣布，針對露天賣家推出賣家專屬的「賣家發財金」微型貸款，當露天賣家有小額資金需求時，無須準備紙本財力證明，隨借隨還，前 60 天超低利率 1.111%，最高貸款金額為 100 萬元新台幣。若無動用則免利息，免開辦費、無須綁約。

　　台新銀行 2021 年 4 月 5 日推出「一口貸」，針對網路賣家提供數位微型貸款。有興趣的賣家可透過 Richart App 申辦，只要檢附營運資料（例如對帳單總表、訂單管理或已取貨紀錄），即可作為借款的財力證明。貸款額度約新台幣 1 萬元~3 萬

元，只要 20 分鐘貸款資金就會匯入。採取一段式（本利攤還型）計息，以貸款金額 3 萬元、貸款期間一年、貸款年利率固定 13.99%、各項相關費用總金額 299 元計算，總費用年百分率約為 15.87%（20%以上就屬高利貸）。

四、澳洲先買後付（BNPL）新創 Afterpay

澳洲「先買後付」（Buy Now, Pay Later，簡稱 BNPL）新創 Afterpay 指出，澳洲消費者越來越傾向使用「先買後付」來取代信用卡，不只因小額消費也能零利率分期付款，比起使用信用卡，無力還款陷入負債的風險也更低。

以 Afterpay 提供的分期付款服務來說，可將一筆訂單的應付金額，拆成四次支付，採零利率分期的方式，讓用戶只需在首次支付 25%的款項，就能先拿到購買的商品，接下來每兩週付款一次，分四次將款項付清。若客戶遲繳款項，最多也不收取超過 5%的額外費用，只會停止該用戶的使用權限。

對用戶來說，相對於信用卡市場近 20% 的高利率，使用「先買後付」Afterpay 是比較便宜的支付方式，就算加上遲繳的額外費用也是如此。此外，Afterpay 不以針對用戶收取先買後付利息為主要收益，反而轉向合作店家（特約商店）收取費用，每一筆訂單抽成 4%，亦即，每成立一筆新訂單，合作店家就需支付應收款項的 4% 給 Afterpay，但不需繳交其他月費或是合作費用。Afterpay 能向合作店家收取比信用卡（通常 2%~3%）更高費用（Afterpay 收取 4%）的原因，在於 Afterpay 官網也能作為合作店家行銷平台，有如同電商平台的服務，能向全球近 600 萬用戶進行消費推薦。

Afterpay 對於錯過首次還款期（兩周）的購物者（用戶）實施 10 澳元的罰款，並且一週後如果仍有未償餘額，則會加收 7 澳元的滯納金。錯過所有四期付款的用戶，每筆交易將收取 68 澳元的滯納金。截至 2020 年 12 月，Afterpay 虧損進一步擴大至 7920 萬澳元。在澳洲，Afterpay 擁有大約 350 萬的活躍用戶。Afterpay 最大用戶群是澳洲 18 歲至 34 歲之間的年輕人，疫情期間未償餘額超過 10 億。並且，Afterpay 的目標客戶中近一半年收入低於 4 萬澳元，大多是學生或兼職工作者。這些使用「先買後付」的人往往同時背負著其他負債。在經濟衰退期間，未償還的債務可能構成風險。美國支付新創 Square 於 2021 年 8 月 2 日宣布，將以 390 億澳幣收購澳洲先買後付巨頭 Afterpay。本次收購將促進 Afterpay 在美國的業務增長。

全球支付巨頭 Paypal 正式進軍澳洲市場，直接挑戰 Afterpay。自 2021 年 6 月開始，Paypal 在澳洲推出「四合一付款」分期服務，允許用戶在購買商品時候可透過四筆免息分期付款完成，每期付款等額，每兩周還一次，最高不超過 1500

澳元。Paypal 在全球有近 3000 萬合作商家與 3 億多用戶，在澳洲有近 900 萬用戶，遠多於 Afterpay 的 350 萬用戶。Paypal 的交易手續費為 2.6%，也遠低於 Afterpay 的 4%。

五、澳洲國民銀行（NAB）的無息信用卡 StraightUp

澳洲四大銀行之一的澳洲國民銀行（NAB）提供澳洲首張無利息信用卡，希望藉此吸引年輕客戶，因為澳洲的年輕人越來越不願使用傳統的信用卡。與澳洲多數信用卡近 20%的利率相比，澳洲國民銀行的 StraightUp 信用卡，以零利率向客戶提供最高$3,000 澳元的信用額度。沒有任何利息費用、年費、滯納金或額外費用。用戶只需每月繳納月費，包含在每月最低的還款額中。月費在$10 到$20 之間，具體取決於信用額度。如果不使用該卡，則不會產生月費。

與 Afterpay 先買後付的金融產品不同，StraightUp 信用卡為用戶提供可以在任何地方使用的連續信用額度。

5-5　房地產科技（PropTech）

一、什麼是房地產科技（PropTech）

「房地產科技」（PropTech）是「房地產」（Property）與「科技」（Technology）的結合，配以大數據、人工智慧（AI）、航拍技術、虛擬實境（VR）、區塊鏈（Blockchain）等，協助房地產與建築業不同環節的運作。英文亦稱為「Real Estate Technology」。

「房地產科技」（PropTech）是在房地產這個載體上，將永續、買賣、租賃、產權保險、金融等各方面，運用科技提升效率與價值。

《參加學院》定義，「房地產科技」是指房地產行業提供技術創新產品和新商業模式的科技。「技術創新產品」即所有基於空間、基於科技的硬技術、軟技術以及相關技術應用；「新商業模式」包括共享辦公、長租公寓等在內的所有模式創新。

PropTech 主要應用領域包括：長租公寓、房屋保險、家政服務、物業管理、施工管理、資產管理、智慧家居、設施管理、民宿短租、共享辦公、房地產仲介代理、室內地圖等。

2019 年 PropTech 最顯著的應用場域，是部分商辦租戶能直接透過智慧型手機的 App 遠端統一管理所有辦公室設備。以 VergeSense 新創為例，此 AI 系統能替業主精準計算辦公樓的實際使用率，員工運用每坪空間效益率、每間會議室的可使用模式，進而幫助業主優化辦公室擺設與辦公室設備。

2019 中國 PropTech 新創企業 50 強，主要應用領域包括：房地產交易、房地產訊息平台、數位建築、房地產大數據、房地產雲服務、房地產 VR、飯店民宿、工業地產、商辦地產、物業管理服務、長短租公寓、公寓服務商、智慧共享辦公、智慧家庭、智慧社區、家居零售、居家裝修、居家裝修 SaaS、居家裝修供應鏈，應用場域廣泛，顯示中國著眼房地產科技所帶來的商機。

二、從 PropTech 1.0 到 PropTech 3.0

牛津大學教授 AndrewBaum 在《PropTech 3.0：房地產未來》報告中，提出 PropTech 經歷三個時代，目前房地產科技正在朝向 PropTech 3.0 時代。

1. **PropTech 1.0 時代**：主要是運用資訊科技做房地產相關數據分析、或以做為建築繪圖輔助工具，讓線上與線下數據互補。

2. **PropTech 2.0 時代**：是一個破除房地產科技障礙和壁壘的時代，運用社交網絡、電子商務、開源程式碼、傳感器使用、行動設備及多平台聯動，為 PropTech 2.0 進化打開了新的天地，如交易服務、智慧建築、共享經濟等，重新定義建築空間。

3. **PropTech 3.0 時代**：房地產行業引進區塊鏈、人工智慧（AI）、機器人與大數據科技，重塑房地產行業，房地產行業著重智慧化。以智慧城市、智慧社區、智慧住宅、智慧辦公、智慧旅店、智慧停車、智慧物業管理等為代表的應用場景。

PropTech 1.0 是讓線上與線下數據互補、PropTech 2.0 是重新定義建築空間，PropTech 3.0 是智慧化。

三、真正的智慧空間 PropTech 3.0

《參加學院》認為，PropTech 3.0 是真正的智慧空間。PropTech 3.0 的角色是「房地產空間技術」與「房地產應用場景」之間的連接者。涉及物聯網、大數據、5G、人工智慧、區塊鏈等科技領域，以及生物識別、傳感器、人機介面、互動補捉、雲端運算、室內定位、AR/VR/CG、全像投影/3D 投影等底層技術；另一邊是以智慧城市、智慧社區、智慧住宅、智慧辦公、智慧旅店、智慧停車、智慧物業管理等為代表的應用場景。

仲量聯行（JLL）從產業鏈角度將 PropTech 垂直劃分為四大領域：投資與融資、項目開發、物業管理、經紀和租賃。

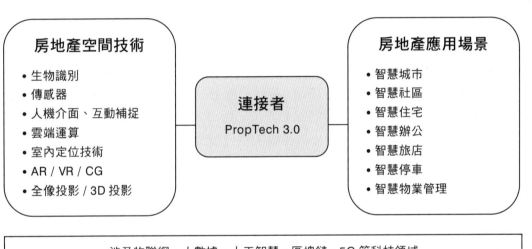

圖 5-4 真正的智慧空間 PropTech 3.0

全像投影（Holography），又稱全像攝影、全像 3D，是一種記錄被攝物體反射（或透射）光波中全部訊息（振幅、相位）的照相技術，而物體反射或者透射的光線可以透過記錄膠片完全重建，彷彿物體就在那裡一樣。透過不同的方位和角度觀察相片，可以看到被拍攝的物體的不同的角度，因此記錄得到的像可以使人產生立體視覺。

《2018 年中國獨角獸企業研究報告》與 PropTech 相關企業共有 14 家，包括：

4 家長租公寓（自如、蛋殼、魔方公寓、香港 Weave 公寓）。

2 家短租平台（途家和小豬短租）。

1 家共享辦公空間的青年創業基地（優客工場）。

2 家網際網路房地產中介平台（貝殼找房、房多多）。

2 家智慧家居企業（好享家、艾佳生活）。

1 家專注亞太區的物流地產平台（易商）。

1 家網際網路房地產裝修業（土巴兔）。

1 家智慧城市解決方案提供商（特斯聯）。

四、房產科技新創 Haus

購房者過去有二種模式，第一種是一次性付清房款，第二種是承擔房貸的壓力，分期還貸。Haus 提出第三種擁有房產的模式，用戶不再需要完成複雜的銀行申請，首付只需要交房價的 10%，每個月交給 Haus 固定的錢，而這筆月付與通常房貸月付相比也要便宜 30%左右，這樣合作大概十年後屋主可以選擇買下房子或徹底賣出去不再需要完成複雜的銀行申請，首付只需要交房價的 10%，每個月交給 Haus 固定的錢（有點像是租金與房貸的綜合體），而這筆月付與通常房貸月付相比也要便宜 30% 左右，這樣合作大概十年後屋主可以選擇買下或賣出房子，而用戶每交一筆錢，對房產的擁有權就增加了一些。Haus 取代傳統的抵押關系，與用戶建立直接的合作關系，從而創造了一種全新的住房融資模式，未來不管房子升值或貶值，Haus 都一起分擔這份風險與利益。Haus 的（公司與用戶）聯合擁有產權概念，其出發點是希望能降低購房門檻和金融負擔。

五、租房科技新創 Landing

Landing 的會員每年會支付 199 美元年費，可以在與 Landing 合作的一系列房產夥伴中選取自己心儀的公寓入住。Landing 在紐約、洛杉磯、舊金山、華盛頓等全美 30 個城市都有據點，Landing 的風格是輕奢路線、附家具家電，可直接入住。但其房租比普通租房的價格要貴上 10%~13%。

Landing 的會員若想搬家，只要提前一個月提交申請就可以，若是搬到另一個 Landing 體系內的其他房產，則只需提前三天。在居住天數限制上，一般只要求至少要租超過（含）30 天，會員租客想租就租、說走就走。

六、AI 房地產分析新創 Reonomy

Reonomy 是一家總部位於美國紐約的商業房地產分析公司。房地產是全球最大的資產類別，但房地產的產業訊息卻十分不透明，Reonomy 希望打造一個串連所有房地性訊息的平台，降低資訊不對稱。

Reonomy 的客户可以根據地點、最後出售日期、發起日期、所有權人組合、建成年份、資產類型和超過 200 個不同過濾器來揭示全美國 3,100 個市場中的商業地產。資產配置文件不僅包含房產裝修細節、銷售和稅務歷史，還包括債務歷史等內容。

學習評量

一、問答題

1. 何謂「群眾外包」（Crowdsourcing）？請簡述之。

2. 何謂「群眾募資」（Crowdfunding）？請簡述之。

3. 何謂「P2P 借貸」（Peer to Peer Lending）？請簡述之。

4. 何謂「微型貸款」（Microcredit）？請簡述之。

5. 何謂「房地產科技」（PropTech）？請簡述之。

二、選擇題

（　）1. 群眾募資（Crowdfunding）最早起源於下列哪一個國家？

　　　　A. 美國　　B. 英國　　C. 瑞士　　D. 新加坡

（　）2. 下列哪一個平台不屬於台灣的群眾募資平台？

　　　　A. Kickstarter　B. FlyingV　C. 群募貝果　D. 嘖嘖

（　）3. 下列哪一種群眾募資方式，主要是運用於公益事業上？

　　　　A. 債權型募資　　　　　　B. 回饋型募資
　　　　C. 股權型募資　　　　　　D. 捐贈型募資

（　）4. 「嘖嘖」是屬於下列哪一種群眾募資平台？

　　　A. 捐贈型群眾募資　　　　　B. 回饋型群眾募資

　　　C. 股權型群眾募資　　　　　D. 債權型群眾募資

（　）5. 下列哪一種股權型群眾募資模式，較類似於「團購+預購」模式？

　　　A. 捐贈　　　B. 回饋　　　C. 股權　　　D. 債權

（　）6. 下列哪一種股權型群眾募資模式，稱為「領投+跟投」的模式？

　　　A. 聯合投資模式　　　　　　B. 自發合投模式

　　　C. 基金模式　　　　　　　　D. 銀行模式

（　）7. 下列哪一種類的借款人，比較不易從傳統借貸中介機構取得融資？

　　　A. 公教人員　　B. 警務人員　　C. 上市公司員工　　D. 弱勢族群

（　）8. 「向群眾發起募資的活動，實現「你有想法，我來贊助」，集結群眾的力量一起達成提案者個人或團隊的目標，而能發起募資的精髓莫過於一個好想法、好創意或好故事說服大眾買單」，是指下列何者？

　　　A. 群眾募資　　B. P2P 貸款　　C. 社群投資　　D. 機器人理財

（　）9. 「是一種特定的取得資源的模式。在該模式下，透過網路向大眾取得組織所需的創新點子或是解決方案」，是指下列何者？

　　　A. 群眾募資　　B. 群眾理財　　C. 群眾投資　　D. 群眾外包

（　）10. 下列有關「機器人理財（Robo-Advisor）」的特色敘述，何者錯誤？

　　　A. 個人化

　　　B. 即時高效

　　　C. 投資門檻低，實現普惠金融

　　　D. 理財服務的內容及運作方式不公開不透明

保險科技

6

6-1　保險科技（InsurTech）

一、什麼是 InsurTech

《INSIDE》定義，保險科技（Insurance Technology，簡稱 InsurTech）從字面上理解，可以被拆分成「保險」（Insurance）與「科技」（Technology）兩個單詞，顧名思義就是讓保險跟新興科技結合，讓保險公司可以開發出更具多樣化的保險商品，觸及未知的新興市場，提供給顧客更優質的保險服務與體驗。

「保險」是一種「基於人們對於風險的厭惡而誕生的風險轉嫁解決方案」。InsurTech 的出現，讓保險公司能夠以更低廉的成本，來獲取足夠豐厚的數據資源，作為設計與規劃合適的保險商品。在 InsurTech 衝擊下，產生一種保險服務的價值鏈結構裂解的現象，稱為「保險裂解」（Insurance Disaggregation），因為共享經濟、物聯網、車聯網、自動駕駛等新興科技的應用，改變傳統保險評估風險與獲取價值的方式。

二、保險的資訊不對稱

保險科技（InsurTech）屬於金融科技（FinTech）的一個分支，透過資通訊科技、大數據、人工智慧、機器學習、區塊鏈、物聯網、車聯網、穿戴式裝置等科技應用於保險業務，切入到保險商品的規劃、招攬、核保、管理、保全、調查、理賠

的營業鏈，有助於實現整個保險流程的現代化，使消費者更方便地選購保險商品、投保及提出理賠，也可有效防制保險詐欺。

「資訊不對稱」（Information Asymmetry）是指交易雙方所擁有的資訊不同，所產生的落差。過去保險，最常碰到的問題就是「資訊不對稱」。保險須處理「資訊不對稱」所可能導致「逆選擇」（Adverse Selection）與「道德風險」（Moral Hazard）等難題。

保險「逆選擇」是因投保人與保險公司存在資訊不對稱，因此在訂定保險契約「之前」所發生的問題。例如，保險公司是就某特定風險（如人傷或車損）的共同團體提供保險，但保險公司其實難以預先了解每位投保人的風險因子，反倒是每位投保人比較了解自己的實際狀況。這種資訊不對稱的現象可能導致風險越高的人越想投保，而風險越低的人不想投保，造成劣幣逐良幣。

實務上，保險公司可透過對投保人的書面詢問、健康檢查、車輛檢驗等方式來降低逆選擇的情形，而透過銀行保險通路亦可由銀行篩選出優質客戶來轉介保單。亦可藉由保險科技的輔助讓保險公司更能預先了解投保人的資訊狀況，就各種資訊釋放的訊號加以過濾驗證，藉由大數據與演算法使保險制度更健全發展。然而，若是將投保人的基因檢測與保險結合，雖有助於保險公司取得資訊，減少資訊不對稱，卻也可能引發基因歧視的疑慮。

保險「道德風險」是因投保人與保險公司存有資訊不對稱，因此在訂定保險契約「之後」所發生的問題。投保人可能認為既然已經保險就忽略對身體或財產的維護，進而產生許多增加危險的行為，例如開快車、不重視運動養生。這就是在保險契約中自負額的規定，就是讓投保人承擔一定風險，以免產生「道德風險」，因為有保險就有恃無恐。

隨著物聯網及人工智慧等金融科技發展，保險監控科技更為普及，投保人的道德風險勢必大為減少，例如 UBI 車險保單，有助於提供投保人誘因以維持良好的開車習慣，避免道德風險並且降低風險事故的發生率。

三、保險科技的三大趨勢

2016 年以來，「Fintech」的概念衝擊傳統金融業，從「Fintech」的「InsurTech」，科技的力量也正衝擊保險這個傳統行業。InsurTech（保險科技）以即時、快速、自動化又能有效分散風險的優勢，擴大市場格局。InsurTech 撼動傳統保險市場，將有三大趨勢：

- **趨勢 1**：一人一價動態保費：隨著大數據廣泛應用，同一張保單，就能依個人風險程度不同，變成「一人一價」，保費不同。「一人一價動態保費」新概念將被運用在愈來愈多的保險商品上。

- **趨勢 2**：微型保險（隨需保險）正夯：因應投保者保險客製化的需求，愈多微型保險透過各種生活「場景」被創造出來。像是可以隨消費需求「場景」開啟或關閉，依使用量付費的「短暫型」保險商品，很適合運用在共享經濟方面。例如，Uber 司機只需為實際駕駛里程或駕駛時間支付保險費用；Airbnb 房東只需在房間出租時，為房客投保住宿險等。

- **趨勢 3**：「即時投保」場景保險含金量高：消費者愈來愈碎片化生活，新創保險商品若能針對消費者的各種碎片化生活場景設計，就有機會滿足碎片化時代的即時投保需求。

政大金融科技研究中心主任王儷玲，2019 年提出保險科技的 7 大發展趨勢：

1. 新保險通路的出現（場景保險）。社群媒體、電商平台、旅遊網站、機票訂購網站等，任何生活中可能接觸到保險服務的場景，都可能成為銷售保險的新通路。

2. 保險事後補償逐漸走向事前風險預防。過去保險公司都是在理賠事件發生之後，才開始提供服務，但保險公司跟保戶之間的關係可以更親密，藉由物聯網或互聯網，提前即時回饋資訊，降低保戶的理賠風險，這類型事前風險預防的服務正在興起。

3. 結合大數據與 AI 輔助的保險智能決策。目前大多用於精算、理賠與核保的業務中，未來也能擔任保險顧問的角色，進一步輔助保險業務員銷售保險。

4. 透過物聯網（IoT）提供加值服務，尤其外溢保單興起，保險公司也開始運用 IoT 蒐集個人健康資訊或車輛資訊，以發展諮詢服務或預警機制，甚至鼓勵投保人達成特定任務，來降低保費或換購商品。

5. 透過區塊鏈精簡保單作業流程。以區塊鏈作為事件存儲的基礎工程，不僅可以降低保險詐欺機率，也能降低核保的理賠風險，比如透過智能合約（區塊鏈 2.0）執行理賠並自動入帳，能讓業務流程更安全。

6. 新興保險商品崛起，例如無人車保險、資安保險、智慧財產保險、UBI（Usage-Based Insurance）外溢保單、寵物險等。

7. 以保戶為核心串連生態系興起。以南非保險公司 Discovery 推動的「活力健康險計劃（Vitality）」為例，保險公司結合客戶日常生活中的運動、飲食、睡眠習慣等資料推出任務，客戶再藉由完成任務累績健康點數，來換取有機商品、健康食品、運動器材，甚至旅遊的機會。其計劃成果，不僅醫療成本下降 10-35%，保戶的住院成本、慢性病成本也較非保戶下降，健康指數也有所提升。該服務與零售、運動、食品、娛樂、航空、信用卡異業結合，正是以保戶為核心串連生態系。

《經濟日報》賴苡安（2021）認為，保險業的保險科技創新有四大趨勢：

1. **大數據驅動個人化保單**：大數據分析是保險產未來發展的核心競爭能力，持續驅動個人化保單設計與定價。例如「物聯網裝置保單」包括智慧居家保險、UBI 車險、健康外溢保單等都借重大數據分析與物聯網裝置的應用，彈性調整投保人保費的概念。

2. **資安防護需求增加**：2020 年疫情席捲全球，促使「零接觸」、「遠距」等應用崛起，促進產業數位化大幅躍進，疫情重創全球經濟的同時，也驅動去中心化金融應用，新興應用伴隨著新興風險，出現新興的資安保險市場。

3. **場景保險大行其道**：星展銀行攜手 IBM 進行 Open API 建置，陸續開放不同產業夥伴加入「嵌入式場景金融」生態圈。「場景保險」的應用，例如「華泰保險」與「淘寶」合作，推出「嵌入式場景保險」的退貨運費險；瑞典微型保險公司 Bima 與非洲迦納電信公司 Tigo 合作，將保險與手機電信服務綑綁販售，於迦納當地推出免費壽險服務，只要每月付 Tigo 大約 5 塞地（迦納貨幣）或 2 美元的手機費用，手機用戶就能擁有最高 200 塞地（迦納貨幣）的壽險保障，只要投保人或其一位家庭成員在保險期間去世，都可以獲得理賠。

4. **善用科技優化客戶體驗**：在保險科技驅動下，保險業的金融服務已從過往的「產品導向」轉為「服務導向」。對保險業而言，服務核心不外乎「核保」與「理賠」兩大營運環節。大數據、AI、區塊鏈等技術持續以人機協作的模式，優化保險產業的內部營運與外部保戶體驗。例如，AXA 保險公司以區塊鏈技術驅動「航班延誤險」的自動理賠機制、降低保戶申請理賠的繁冗流程。

四、保險場景化與場景即保險

汪芳國（2021）定義，「碎片式保險」相較於常見的主附約商品，碎片式保險的保障範圍及時間都較小，針對的不是某種風險，而是某種「場景」。例如，旅行平安險就是針對「旅遊」這個場景，而從「意外險」範疇中特別劃出來的保險商品，廣義來說也算是一種碎片式保險。保險的場景化應用給保險公司更大的想象空間。

「碎片式保險」商品的特點在於，保障範圍小，保額不大，適合網路銷售。又因為保費少、保額低的緣故，其審核或者理賠都能夠交由電腦系統自行判斷，但是要做到這點，保險公司的 AI 系統必須先建置起來。

《金融之家》定義，「場景保險」是指針對基於特定場景可能存在的特定風險，提供保障的保險商品。場景保險商品並非網際網路保險產生之後才出現的新類型，傳統保險商品中就有不少屬於場景保險，例如，旅行社代銷的旅遊意外險就是典型的場景保險。

《百度百科》定義，「場景」是人們日常生活的立體空間，「場景保險」是根據人們在特定活動場景（如網路購物、旅行）中，針對其活動可能面臨的風險，而推出的特定保險商品（如退貨保險、航空延誤險、航空意外險）。

網際網路上賣保險是保險科技 1.0 時代；場景化保險是保險科技 2.0 時代；保險業的全通路再造是保險科技 3.0 時代；保險科技生態系的建立是保險科技 4.0 階段。

五、未來保險科技商品的三個模式

因應消費者碎片化生活型態，未來保險商品模式將朝三個特性方向發展。因此，微型保險（micro-insurance）、個人客製化（taylor-made）的保單需求將日趨增加，也考驗精算部門的風險評估與定價能力。

1. **依使用狀況（Usage-based）**：例如泰安產險推出的車聯網保單，是依據車輛的「駕駛時段」及「駕駛行為」（例如超速、緊急煞車）、「行駛里程」等車輛使用狀況來計算保費，讓費用更能反應實際的駕駛風險，更加公平合理。

2. **依需要時間 / 按需（On-demand）**：因應消費者碎片化生活型態，未來消費購買保險的保障期限，將趨於彈性且時間區間縮小，可能以小時計，而非傳統以年為保障期限。

3. **依特定使用目的（Object-specific）**：未來客戶投保的項目將趨於多元，且以特定事件或目的為保障標的，例如針對某個戶外活動投保雨天險，針對出遊投保旅行不便險。

6-2　以使用率為基礎保險（UBI）

當車輛的使用狀況都可以被記錄下來，並且上傳到雲端進行數據收集與分析，將會逐漸取代傳統的車險。

一、何謂 UBI

台灣現行的車險產品，在相同的險種下（如甲式、乙式、丙式），保費會依車型、年份、引擎排氣量、預估車價等因素計算，並不考慮車輛的使用狀況或安全配備，是一種傳統車險商品。

傳統車險服務，僅評估駕駛的靜態資料（如性別、年齡），而忽略駕駛行為其實才是風險的重要因素，因此隨著資通訊科技（ICT）的不斷演進與車聯網多元應用的發展，車聯網時代，車輛的使用狀況都能夠被記錄下來，並且回傳至雲端系統進行大數據分析，探勘出更多的行車危險因子，讓行車風險估算結果更貼近真實的用車狀態。因此新型態「以使用率為基礎保險」（Usage-based Insurance，簡稱 UBI），將會逐漸取代傳統的車險

UBI 和傳統車險最大的差別，是依據個別駕駛人的開車時間與開車模式來評估風險，所以又被稱為 PAYD（Pay As You Drive）或 PHYD（Pay How You Drive）。

UBI 車險是一種新興的保險項目。它會為保戶提供汽車保險折扣，作為保戶良好駕駛習慣的獎勵。這種保險最高可節省達 25%的保險費。

賓士（Benz）借用 PHYD 的概念，推出 Car2go 共享方案。依據此方案，兩位車主將可以共用一台賓士車，而僅需依照行駛的里程數付費即可。本方案在 2016年夏天於義大利和瑞典進行試辦。

二、UBI 的演進

工研院資通所（2017）將 UBI 演進發展歷程，分為三個時代：

1. **第一代 UBI（Usage based Premiums，簡稱 UBP）**：1999 年比利時 Corona Direct 和荷蘭 Polis Direct 保險公司皆推出汽車里程定價方案，此為第一代

UBI，又稱 UBP（Usage based Premiums）基於汽車使用情況支付保費，其概念為利用汽車定期年檢或排放檢驗時，讀取車輛里程數，並作為風險的參考因子。然而實行過程中發現，該法難以取得精確使用狀態且易遭竄改。

2. **第二代 UBI（Pay As You Drive，簡稱 PAYD）**：隨著車載資通訊科技（ICT）的發展與物聯網（IoT）應用的崛起，許多車用感測配備或智慧行動裝置，被廣泛應用於車險服務，例如美國 Progressive 保險公司於 2004 年推出 TripSense，利用 OBD-II Dongle 紀錄車輛行走里程與時間，作為保費調整依據，此為第二代 UBI，又稱為 PAYD（Pay As You Drive）以駕駛里程數作為費率計算的基礎。

3. **第三代 UBI（Pay How You Drive，簡稱 PHYD）**：到了 2008 年後，第三代 UBI 趨於成熟，又稱 PHYD（Pay How You Drive）以駕駛行為作為費率計算的基礎，車內系統可自動感知並紀錄駕駛行車狀態與相關數據，例如美國 Progressive 保險公司推出的 MyRate，英國 InsureTheBox 保險公司推出的 Insure-the-Box。

表 6-1 UBI 的演進

車輛保險模式	年代	說明
傳統車保模式	1896-1998	主要以車主性別、年齡、違規與肇事頻率，作為保費評估依據。
第一代 UBI	1999-2003	又稱 UBP，主要依汽車定期年檢或排放檢驗時讀取車輛里程，但難以取得精確使用狀態且易遭竄改。
第二代 UBI	2004-2007	又稱 PAYD，主要利用車內感測裝置，紀錄車輛行走里程與時間，作為保費評估依據。
第三代 UBI	2008-Now	又稱 PHYD，主要利用車內感測裝置，紀錄駕駛習性與車輛狀態，作為保費評估依據。

三、開車才付保費（Pay As You Drive）

法國安盛保險集團（AXA）與英國保險科技新創（By Miles）共同推出「開車才付保費（PAYD）」的車險，為業界首張依即時的車輛使用里程數計算保費的車險。這張車險保單鎖定的目標客群為「年度使用里程數少於 7,000 英哩的車主」。PAYD 車險的出現，意味著高度個人化保險商品的年代來臨。

基本上，車主每多開一哩路，發生意外事故的風險也會增加；傳統的車險方案是相同標準的兩部車，一輛放在車庫都不開，另一輛每天行駛 100 英哩，車主所支

付的車險保費是一樣的，這顯然無法完全反應車輛在路上行駛所產生的風險，而這個風險是這張保單最主要的風險因子；因此 AXA 與 By Miles 認為是需要針對不常開車的車主保費進行調整，並開發新的車險產品，提升與客戶實際用車狀況間的關聯性；當低使用里程車輛的駕駛對 PAYD 車險產生良好的接受度時，隨著自駕車及 Uber 共享車輛等車輛使用方式的演進，這類 PAYD 車險便能很快地被市場採用。

在英國，年度使用里程數低於 7,000 英哩的車輛大約有 1,500 萬輛；已有超過 4,000 位車主投保這張 PAYD 車險；這張保單的保費每年收英鎊$150，每行駛一英哩加收 3 便士；有些車主每年開 4,000 英哩，因此需繳保費英鎊$270（$150+$120（3 便士 × 4,000 英哩 / 100；1 英鎊=100 便士）），取得整年度完整的保障。

四、案例：保險科技新創 Oscar

美國的醫療保險制度十分複雜，通常一般民眾看病需有醫療保險，就醫所產生的相關費用，依據保障內容，可由醫療保險全額或部分給付，部分負擔須由民眾自行負擔「自付額」（deductibles）。

美國的公司大多會提供員工醫療保險計劃，保費通常由雇主及員工各自分攤一定比例；如果沒有公司提供醫療保險補助，員工自己獨立支付保險費的負擔將會很高。

美國保險公司大多有自己的特約醫療網，基本上，保戶在特約醫療網內的診所或醫院就醫，醫療費用會比在非醫療網的醫療機構就醫來得便宜；在美國保險公司所提供的多種保險計劃中，最主要的有兩種：

1. **HMO（Health Maintenance Organization）**：是一種透過向會員收取固定年費，而提供醫療衛生服務的醫療保險組織。

2. **PPO（Preferred Provider Organization）**：是由醫療醫生，醫院和其他醫療保健提供者組成的護理組織，這些醫療提供者與保險公司，以較低的費用向保險公司的客戶提供醫療保健服務。

HMO 與 PRO 主要的差異在於：若醫療保險保戶需要醫療，HMO 需要透過特約醫療網內指定的家庭醫師（Primary Doctor）先行診斷醫療保險保戶病況，再依照病況由家庭醫師開出轉診單（Referral），才能到特約醫療網的專科醫生（Specialist）進行下一療程的醫治；而 PPO 則可由醫療保險保戶自行去找專科醫生，無需由家庭醫師轉診；PPO 保戶亦可選擇特約醫療網外的醫師就醫，因此 PPO 的保費較高，保戶就醫時需要付較多的自付額。

其他醫療相關費用如器材診斷費、開刀費等，也會依據醫療保險的保障範圍（coverage）有不同的收費標準，通常 PPO 的自付額較高，而 HMO 的自付額可能較少，這些醫療項目與自付比率都會因個別保戶的保單內容不同而有所差異；掛號費也會依醫療保險不同而有所區別，基本上保費較高的，掛號費較低；醫療藥品費用也是看個別保戶保險內容而定。

醫療費用支付方面，有些部分醫療項目須由保戶先行墊付，再持醫療單據報銷，大部份的醫療項目都是先看病後付款，醫院會於病患就醫後幾天，把醫療費用帳單寄給保險公司請款，同時保險公司會提供病患詳細的費用明細，包括全額醫療費用、保險公司負擔的醫療費用，以及保戶需自付的醫療費用。

有鑒於現行美國醫療保險存在的缺失，Oscar 提供保戶更佳而且成本更低的醫療保險方案。Oscar 提供許多創新醫療服務工具，例如醫師與藥局搜尋引擎、電子處方籤（telemedicine），以及健身追蹤等，除了提升客戶滿意度外，也受到健康醫療科技產業的歡迎；更重要的是，Oscar 確保資訊在健康醫療網路內交流順暢，不受阻礙及疏漏；同時，Oscar 也與專科醫師直接建立夥伴關係，即時提供資訊，協助他們更了解病患狀況，提高醫療成效與品質。

在美國，大部分醫療保險公司仍聚焦於實際支付保險費用的企業雇主，以及保險公司的醫療服務提供者等兩類客戶時，Oscar 以一般消費者為主要目標客群。因此，從一般醫療保戶的角度，Oscar 所提供的醫療保險運作模式為：為確認潛在健康問題的可能範圍，Oscar 的保戶可以利用電腦或智慧型手機上的應用程式 App，描述症狀或健康問題。接著系統會提供一連串可免費諮詢的基礎醫療保健或專科醫師名單；如有進一步的診斷及衍生的費用，Oscar 會依照保戶個人保單內容，由其保險方案直接給付。

Oscar 的醫療 App 會提示保戶許多其他訊息，例如與病患同年齡及性別的情況下，醫師診治頻率、以及保戶參加的 Oscar 保險方案是否涵蓋與此健康相關所衍生的所有費用等。Oscar 醫療 App 的特色，例如免費運動手環，即時追蹤許多生理數據，如行走步數、公里數、心跳數等，保戶如果達到每天預設的運動目標，還可外得到亞馬遜禮物卡作為獎勵，鼓勵保戶參與健康管理，達到預防重於治療的目標。

Oscar 獨創的醫療服務：

1. **保戶個人專屬醫療客服團隊**：幫保戶節省時間與金錢，醫療照護的過程很複雜，需要一個專屬服務團隊，保戶可以每次都與相同的醫療客服專員進行溝通；不像一般的客服中心，每次進線都接觸不同的客服人員。專屬客服團隊的服務內容包含：協助搜尋合適的醫師及可諮詢或門診的時間、回

答有關保單內容及保障範圍問題、提供醫療建議及協助病患管控慢性症狀、協助保戶安排值班醫師電訪、協助保戶填寫保險理賠相關文件、協助追蹤安排緊急醫療後續照護事項等。

2. **優秀的醫療團隊**：Oscar 擁有一流的區域醫院網絡與醫師團隊，提供世界各類知名專科醫師，以及世界級的緊急醫療中心及醫院，確保客戶得到良好的醫療照護，並針對 Oscar 保戶提供額外看診就診時間。

3. **全天候在線值班醫師**：提供免費不限次數全年無休線上值班醫師服務，只要透過 Oscar 醫療 App 就可與值班醫師通話，不需排隊等待，毋須事先預約，而且完全免費。

4. **全方位行動化服務**：Oscar 醫療 App 涵蓋所有服務，包含數位身分證、電子處方籤、線上醫師服務、線上預約掛號、主動健康管理，追蹤自己及家庭成員運動數據等。

Oscar 的醫療保險採會員制，費用以年計收；Oscar 使用一種醫療風險評估的人工智慧演算法來定價，醫療保險費用多寡會依據個別保戶的醫療風險狀況而異，醫療風險評估參數包含保戶的年齡、收入、居住地區、保障涵蓋範圍等，基本上，是一種人工智慧演算法客製化定價。

依照保戶不同醫療需求及健康狀況、自付額、掛號費、用藥及經濟能力區分，提供三種不同保險方案：備援醫療方案（Backup Plan）、簡易醫療方案（Simple Plan）、經典醫療方案（Classic Plan）。三種不同保險方案再依保戶與保險方案的費用攤提比率，再區分白金、金、銀、銅等四種方案，保戶醫療自負額的比率為10%、20%、30%、40%，其餘由保險方案支付。此外，Oscar 還提供保戶免費定期檢驗及疫苗注射等。

6-3　以區塊鏈為基礎的保險科技

一、區塊鏈保險科技生態系

林旺生（2021）認為，常見的區塊鏈保險科技生態系可分為「大健康、車聯網、智慧家庭」三種。

1. **大健康**：隨著超高齡時代來臨、民眾保健意識抬頭、智慧醫療技術進步，發展出新型態商品「健康外溢保單」。例如，保險公司透過與健身房、醫

院等異業合作，利用追蹤裝置蒐集保戶運動數據，給予獎勵回饋，或提供醫療諮詢，鼓勵保戶主動做好健康管理，同時也降低保戶理賠給付風險。

2. **車聯網**：隨著共享車輛、自動駕駛等趨勢發展，一方面減少交通事故發生及理賠，另一方面也影響民眾對傳統汽車保險的需求，使保險公司必須重新設計車險商品，以符合民眾期望。因此市場上已發展出 UBI 車險，可透過車載裝置和 APP 蒐集行駛里程、駕駛時段、駕駛習慣等大數據，並依此客製化保費及折扣。未來車聯網保險科技生態系將串聯周邊相關服務如停車、道路救援等，提升附加價值，以吸引民眾投保。

3. **智慧家庭**：隨著智慧家庭發展，依領域不同可分為保全、照護、娛樂、能源等，其中保全領域是保險業最大的商機所在。透過智慧裝置，偵測住家安全及居民健康狀況等資訊，保險公司可更準確地於事前評估風險，發生事故當下進行救援，並於意外發生後做出反應。例如 AXA 與 PHILIPS 合作，連結智慧型手機 APP 讓保戶隨時隨地進行能源與照明監控，避免竊盜等出險情事發生。在 InsurTech 催化下，保險業的價值定位逐漸轉型、進化，傳統保險旨在「彌補風險」，而保險科技卻能有效「消除風險」。

隨著保險科技的發展，未來保險的銷售通路將愈趨全通路化、保險服務會更以保戶為導向。在科技應用方面，人工智慧及區塊鏈將更廣泛應用在減少人力成本、改善作業流程以及銷售、核保、定價及理賠；物聯網將改變風險辨識的基礎，翻轉保險業過往的保費定價方式。

二、以區塊鏈為基礎的保險科技應用

保險是由統計大數據支持，區塊鏈具有資訊不可刪改，以及分散式存儲的特點，可用於整個保險流程，例如訂定保費、投保簽約、理賠、再保險及風險管理等。Wednesday（2018）指出，以區塊鏈為基礎的保險科技應用可分為以下四項：

1. **欺詐識別及風險防範**：保險理賠運用區塊鏈，資料不可刪改，讓所有紀錄都可以被追溯，有助於消除保險業中常見的欺詐來源。

2. **財產保險和意外傷害保險**：以區塊鏈智能合約形式記錄的保單和共用數據系統，利用智能合約自動執行理賠程序，可提高財產保險及意外保險的理賠效率。

3. **再保險**：透過區塊鏈智能合約，可保證再保險合約在區塊鏈平台上的資訊安全，簡化保險人和再保險人之間的支付流程，提高營運效率。

4. **醫療保險**：區塊鏈技術可為醫療記錄作加密保護，並與服務提供者共用，從而提高醫療保險生態系的互通性。此外，利用區塊鏈技術，醫院可以用數位化加密資料來傳遞相關保戶病歷與住院資料，加速保險公司確認醫療過程與判別理賠金額，達到即時理賠的效果，讓保險服務更貼近消費者需求。

6-4　結合物聯網技術的保險科技應用

一、駕駛人行為車險

📦 案例：前進保險公司（Progressive）──「快照」觀察

美國前進保險公司（Progressive）推出基於駕駛人行為的車險，結合物聯網技術以遠端監控其汽車保險客戶的駕駛行為模式。該公司使用 ODB 車載診斷系統和機器學習，用以判斷保戶在每次駕駛過程中的行為表現。透過駕駛過程中的行為「快照」數據，該公司能更準確地根據每位保戶的駕駛行為情況制定保險費用，並以降低保費來獎勵更安全駕駛的保戶，最高其車險保費可降低 30%。至今該公司對保戶的駕駛行為進行超過 1 兆 7000 億次的「快照」觀察。其保費是基於「實際駕駛行為」，而不是基於性別、年紀、肇事紀錄等傳統因素，來作為車險係數的計算因子。

二、物聯網保單／外溢保單

新型態的「物聯網保單」藉由提升保戶主動風險控管意識，降低保險公司的理賠率。物聯網保單是從南非的 DISCOVERY 保險公司發跡，DISCOVERY 保險公司全球有六百萬保戶，推出 Discovery Vitality 活力健康險計劃，獎勵保戶增進身心健康，其三大方針包括一、了解保戶健康狀況；二、增進保戶身心健康；三、提供保戶有形獎勵。保戶身心健康，對自己及其家人有好處，保險公司獲益於降低保險理賠率。

DISCOVERY 保險公司成立於 1992 年，主打健康險，2000 年進入壽險領域，藉由物聯網成功結合壽險與個人健康管理，該公司快速發展成南非最大健康險提供商，當地市場佔有率超過 50%。

所謂外溢保單，是結合保戶自主健康管理的保險商品，鼓勵保戶主動降低自身風險或提高健康情況，再由保險公司提供保費折減等「外溢效果」。

金管會鼓勵台灣保險業者推出「外溢保單」，亦即保戶投保後，除了有保障，還能有額外的效益，例如定期健檢早期發現病癥早期治療，也鼓勵養成運動習慣，維持良好體況等，保戶維持健康，保險公司可減少理賠機率。國泰人壽是台灣最早經營健走保單，且在住院日額、長照、公務人員團險等保單中，都有加入健走折減保費的機制，在健走外溢保單中市占率第一。

三、常見結合物聯網技術的保險科技設備類型以及使用方式

保險公司可使用結合物聯網技術的保險科技設備類型以及使用方式，茲說明如下：

🔲 穿戴式設備

結合物聯網的穿戴式設備，非常適合醫療和人壽保險公司，又被稱為「FitTech」健康科技。例如心率監測、計步器和睡眠追蹤等穿戴式裝置，可提供保戶健康狀況的關鍵數據，保險公司可利用這些數據為保戶生活方式提供建議。以人工智慧和大數據分析為後盾支持，特定的模式呈現出可能的異常情況，提醒保險公司潛在的健康風險，使其能夠主動採取行動。

🔲 感測器（Sensors）

壽險感測器：「智慧衣物」藉由偵測人體體溫或體形變化，判斷可能的生病頻率，分析個人健康狀態，作為評估保險費率的因子。「智慧皮帶」藉由偵測體脂率變化或腰圍變化，分析個人健康狀態，作為評估保險費率的因子。「智慧眼鏡」藉由偵測近視情況、用眼頻率、腦波狀態等，分析個人健康狀態，作為評估保險費率的因子。

「智慧家庭」中，結合物聯網的感測器安全系統和公用事業監控器能夠提供即時資訊，使保險公司能夠主動採取行動，甚至防止家庭入侵、火災、水災或電力損壞等問題。

汽車保險公司可利用安裝在車輛上的感則器，來識別駕駛員的行為模式、測量行駛距離、監控行車速度和煞車水平。並利用這些大數據為保戶提供量身定制的車險保費服務，並以良好的駕駛獎勵作為後盾。更多感測器大數據的蒐集分析，可幫助保險公司引導客戶避免不良的駕駛行為或問題，例如高度事故或劫持區域，因交通堵塞造成的過熱以及盜竊等問題。

6

保險科技

🧊 地理資訊系統（GIS）

地理資訊系統（Geographical Information Systems，簡稱 GIS）提供地形、氣候和水文等數據。這為保險公司提供，可以用來警告客戶即將發生的自然災害，例如風暴、洪水和其他危險天氣模式的見解。而其數據有助於最大限度地減少事件造成的損失，從而減少潛在保險理賠的數量。此外，有形資產嵌入具有位置的感測追蹤設備，結合攝像頭，能協助防止盜竊和欺詐行為，使保險公司能夠追蹤各種保險資產的下落。

6-5　純網保

世界經濟論壇（WEF）在 2015 年所發表的「金融服務的未來報告」提出，保險業未來將面臨兩大趨勢：

1. 線上保險市場的興起和對風險的均質化，保險公司的策略將產生重大改變，使得傳統保險價值鏈產生裂解。

2. 聯網設備的普及，將使保險公司能夠高度客製化保險商品，並積極管理保戶的風險，聯結型保險（Connected Insurance）商品及服務即將興起。

面對數位化浪潮，保險新創運用保險科技裂解傳統的保險價值鏈，提供消費者更優質、更多元、更彈性、更符合需求的保險解決方案來搶食市場大餅，成為新興的競爭者，其中包含純網路保險公司，簡稱「純網保」（Neo Insurers）。

一、純網保（Neo Insurers）的定義

《數位時代》指出，基本上，「純網保」可定義為僅透過「數位通路」或「網路通路」向一般客戶或企業客戶提供「全數位化」保險產品，並提供端點到端點（end-to-end）數位服務的保險公司。

純網保的服務內容至少包括：保險商品報價、線上簽訂要保書、發出電子保單、保險單據和證明、電子帳單和付款等，透過行動應用程式 App 進行即時保單管理，包括調整現有保單的保障範圍、購買其他保單、更改地址或付款明細等，全部的保險商品及服務都透過虛擬網路通路傳遞。純網保也有再保服務，例如慕尼黑再保（Munich Re）會提供再保服務給這些純網保新創，以協助分擔風險。

二、純網保的新創商業模式

純網保的商業模式通常是將傳統的保險價值鏈進行數位轉型，提供給一般客戶與企業客戶全程無縫接軌的保險體驗，例如：

1. 運用聊天機器人（chatbot）提供客戶購買保險所需的參考資訊。

2. 根據客戶需求，即時提供客製化的保單。

3. 客戶可透過智慧型手機 App 應用程式，更改保單的保障項目及範圍。

4. 以大數據分析驅動的保險理賠。

5. 保戶的核保或理賠會以即時、自動化的方式進行。

基本上，當純網保公司累積的數據越多，出現的風險模式就越多，便可更精確的風險評估。根據美國麥肯錫管理顧問公司的研究指出，數位化可將保險客戶滿意度提高 10 到 15%，將理賠相關成本費用降低 30%，同時透過機器學習 AI 辨識欺詐性理賠，將理賠支付的準確性提高約 4%。

三、純網保的新創業者

🔲 租房保險新創 Lemonade

Lemonade 是美國租房保險新創公司，提供屋主和承租房客保險產品。Lemonade 運用大數據和機器學習 AI 來預測風險並量化風險及損失率，方法是將每位客戶進行分群，每個群組依據風險損失率訂出保險費率。此外，Lemonade 也運用理賠機器人（claim bot）針對各種理賠案件歷史數據，以多項反詐欺演算法處理，並可以在三秒鐘內就完成整件從批准到支付的理賠處理。

🔲 中小企業商業保險新創 Next Insurance

中小企業商業保險新創 Next Insurance，提供即時保險證書（Live Certificate），為中小企業客戶提供即時、可分享的商業保險證明。Next Insurance 的客戶可快速輕鬆地在線上查看即時商業保險保單，並可透過電子郵件發送給客戶指定的任何人分享連接，以作為有效保險單的憑據。

Next Insurance 提供中小企業多種商業保險產品，例如，一般責任險，保障涵蓋許多工作中常發生的事故風險，包括財產損失、人身傷害；專業責任險，保障涵蓋企業主因專業疏失而遭指控的風險；商用車輛險，主要用於賠償因保戶所擁有的商務車造成的或遭受的損害；這些商業保險通常被大部分的保險公司所忽

略；Next Insurance 於 2017 年在 Facebook 的即時通訊軟體 Messenger 上啟動聊天機器人服務，使中小企業可透過聊天機器人獲得商業保單報價及購買商業保險。

🔷 汽車保險新創 Metromile

美國汽車保險公司 Metromile 提供按行駛里程數（pay-per-mile）來計算保險費，與傳統的車險保單相比，對於車輛使用里程數較低的保戶來說，每年平均可以節省 500 美元的費用。Metromile 是美國唯一提供車險以里程數計價的保險公司，在全美已有 7 個州有車險業務，預計將來擴展到其他州。參加 Metromile 車險計畫的客戶會收到一個小型無線設備，插入車輛上的 OBD-II 連接埠，便可追蹤里程數，並將其傳輸給保險公司，同樣的程序也可以智慧手機的應用程式進行使用。

🔷 純網路保險公司：眾安保險

「眾安在線財產保險股份有限公司」簡稱「眾安保險」，是中國首家和規模最大的網際網路保險公司，2013 年 11 月由螞蟻金服、騰訊、中國平安等企業出資設立，總部設在上海，註冊資本 12.41 億人民幣。CEO 陳勁，員工總數逾 3,000 人，研發人員佔員工人數過半。

「眾安保險」於 2013 年 11 月成立起至 2016 年 12 月 31 日，累計銷售逾 72 億份保單，服務約 4.92 億名保單持有人及被保險人，佔中國內地四成人口。「眾安保險」也是中國最大的互聯網保險公司，於 2016 年錄得總保費收入幣 34.8 億元。

「眾安保險」突破中國現有保險業營運模式，不設分支機構、完全透過網際網路進行保險銷售和保險理賠，主攻責任險、保證險等兩大類險種，而不會涉及傳統產險公司最熱門的車險業務。

「眾安保險」定位於「服務 internet」，保險商品需求來自於網際網路，保險流程全透過網際網路技術來解決。「眾安保險」全線上的交易模式避免了傳統保險推銷員強行推銷和電話騷擾的弊病。internet 保險是一種公開、透明的銷售方式，主要靠保險商品本身優勢去吸引保戶主動瞭解保險。從賣保險轉變為讓客戶自助買保險。

此外，從保險商品設計角度來說，「眾安保險」針對網路交易安全、網路服務等方面進行保險商品創新，為 internet 用戶提供解決方案，在經營模式及業務流程上有著深層次的創新，具有尊重客戶體驗、強調互動式行銷、主張網路保險平台開放等新特點。

與傳統保險相比，線上保險能最大程度滿足不同客戶的個人化需求，根據客戶需求設計出真正讓客戶滿意的保險商品和服務，完全是以「以客戶為中心」。internet 保險不是簡單地將傳統保險商品移植到 internet 上，而是根據上網保險人群的需求以及線上的特點設計新的保險商品，為保戶的網上生活提供更全面的保障。

截至 2020 年 10 月 31 日，眾安保險累計保費規模突破人民幣 500 億元，穩居專業網路保險公司之首。眾安保險於 2020 年 12 月 23 日宣布推出首張數位人民幣保單。眾安保險宣稱，未來還將陸續為旗下主要保險商品提供數位人民幣保費支付服務。

學習評量

一、問答題

1. 何謂保險科技？請簡述之。

2. 何謂場景保險？請簡述之。

3. 何謂 Usage-based Insurance（UBI）？請簡述之。

4. 何謂 Pay As You Drive（PAYD）？請簡述之。

5. 何謂 Pay How You Drive（PHYD）？請簡述之。

二、選擇題

（　）1. 保險公司蒐集保戶使用與行為數據，作為調整保費的基礎，改變了下列那一種「保險價值鏈」的環節？

　　A. 保單設計　B. 保險通路　C. 核保　D. 理賠

（　）2. 2020 年常見的保險科技的應用，通常不包括下列何者？

　　A. 物聯網　B. 區塊鏈　C. 人工智慧　D. 量子運算

（　）3. 下列不是保險科技可能會帶來的影響？

　　A. 保險業保費收入必然增加

　　B. 促使更多的創新保單被開發出來

　　C. 保險服務不受時間與空間的限制

　　D. 保險公司可以透過各式媒體行銷保單

（　　）4. 下列哪一種保單在可能有應用到比較高程度的保險科技？

        A. 傷害險保單　B. 長期照顧保單　C. 實物給付保單　D. UBI 保單

（　　）5. 下列哪一項並非發展保險科技的目標？

        A. 提高保險的可親近性　　　B. 提供保戶更便利的服務

        C. 讓保戶更倚賴實體通路　D. 讓保險公司的經營變得更有效率

（　　）6. 保險科技對傳統保險業可能會產生的直接影響，但通常對下列何者的影響較小？

        A. 核保　B. 理賠　C. 再保　D. 保險商品設計

（　　）7. 保險科技對保險業有很大的效益，但通常不包括下列何者？

        A. 降低營業成本　　　　　　B. 增加投資效益

        C. 增加行銷的機會　　　　　D. 減少資訊不對稱

（　　）8. 下列有關保險科技對保險業影響的敘述，何者錯誤？

        A. 物聯網的技術可以讓保險業者更即時地蒐集保戶使用和行為資料

        B. 保險科技對保戶的使用及行為數據利用，保險業者可將保險商品高度個人化

        C. 保戶更容易進行保險商品間的比價及購買

        D. 保險科技對保險業的風險定價影響較小，仍以保險公司過往掌握的歷史數據進行，透過損失機率預測最大可能損失來決定

（　　）9. 下列有關「保險科技」（InsurTech）的敘述，何者錯誤？

        A. 保險科技是金融科技的一環

        B. 保險科技是科技業者針對保險價值鏈中無效率之處，使之變得更有效率

        C. 保險科技促使保險業者開始要考慮經營策略的轉變

        D. 保險科技通常會促使保險業者開發出成本較高，附加價值也較高的保險商品

（　　）10. 下列有關「保險科技」（InsurTech）的敘述，何者錯誤？

        A. 保險科技不會影響未來保險通路的發展

        B. 保險公司與保戶都可從保險科技創新中受益

        C. 保險科技有助於保險公司提升經營效率

        D. 主管機關應該多多鼓勵保險公司發展保險科技，以提升保戶權益

監管科技與 金融監管沙盒

7

7-1 金融監管沙盒

一、什麼是金融監管沙盒

《MoneyDJ 理財網-財經知識庫》敘述,沙盒是可以讓小孩盡情玩沙並發揮想像力的地方,金融監管沙盒(Regulatory Sandbox)即是在一個風險規模可控的環境下,針對金融相關業務、或遊走在法規模糊地帶的新創業者,在主管機關監管之下的一個實驗場所,讓業者盡情測試創新的產品、服務乃至於商業模式,並暫時享有法規的豁免與指導,並與監管者高度互動、密切協作,共同解決在測試過程中所發現或產生的監管與法制面議題。政府希望透過金融監管沙盒機制建立,以扶植新創金融科技產業。

所謂監管沙盒機制,是指針對少數民眾試辦新興金融服務,在測試服務其間享有法規豁免,目前英國、新加坡、澳洲、香港、台灣均已引入監管沙盒機制。

二、金融監管沙盒的緣起

金融科技快速興起,機器人理財、區塊鏈等開始改變金融產業;但改變往往伴隨著風險。為了給予業者一個金融創新實驗的空間,英國金融業務監管局(Financial Conduct Authority,簡稱 FCA)在 2015 年 11 月提出「監管沙盒」的倡議文件,希望能打造一個發展創新金融服務與產品的實驗場所。

沙盒(Sandbox)是源自資訊工程術語。資訊工程師在開發軟體的過程中,須要建立與外界環境隔絕的測試環境,資訊工程師會在這沙盒(實驗室)裡面測試新軟體的效能。英國金融業務監管局(FCA)就是利用這個概念來發展金融科技。提出金融科技新構想的新創公司,只要申請到金融監管沙盒,就能在一定的範圍內免

於國家法律的規範，測試自己的新創商業模式。在英國政府推出之後，新加坡、澳洲、香港、台灣也隨後跟進。

三、金融監管沙盒在台灣的發展

2017 年 12 月 29 日台灣立法院三讀通過「金融科技發展與創新實驗條例」（俗稱監管沙盒條例），這是繼英國、新加坡、澳洲以及香港之後，台灣是全世界第五位制定金融監管沙盒制度。

台灣「監管沙盒條例」於 2018 年 4 月 30 日生效，金管會從 5 月開始受理申請，根據規定申請實驗規模的資金、交易以及曝險金額不得超過 1 億元。此外，此條例亦有訂定「退場機制」及「補償機制」，包括實驗者必須設計退場機制、如何退還款項以及如何賠償損失，並在 2018 年第三季相關業者開始進行實驗。

7-2　監管科技

一、什麼是監管科技（RegTech）

「監管科技」（Regulation Technology，簡稱 RegTech）又稱為「監理科技」或「法遵科技」，是為了應付金融科技發展所衍伸出來的服務。隨著金融科技的蓬勃發展，金融新創公司開始利用科技為金融市場創造更便捷的服務，但由於金融創新可能會與原有的法律相抵觸而受罰，監管科技就是解決這個問題而出現的解決方案。監管科技將原先的監管制度加入科技後，就可以利用監管科技管理各家金融新創是否合規。監管科技可以利用機器學習、人工智慧等科技來管理資安、交易安全、法令遵循等問題。監管科技的導入可大幅降低原先的監管成本，以及業者為了要配合法令遵循所產生的成本。

《英國金融市場行為監管局》（Financial Conduct Authority，簡稱 FCA）定義，「監管科技」是指促進且落實監管要求的新技術，可視為金融科技發展之一環，能有效提供符合監管要求的技術，即能利用新科技監管市場的各項服務是否符合法令規章。「監管科技」是指利用最新的科技手段，以服務監理和符合法令遵循為目的。

金管會的《金融科技發展策略白皮書》定義，「監管科技」是指利用資訊科技，廣泛蒐集各國金融監理制度與法規要求，提供分析與管理的工具，自動協助金融機構遵守法規要求，以降低作業風險。相關工具包括法律／監理差距分析、全球法規遵循、資訊管理、合規性健診、監管報告、交易報告、培訓、活動監控、風險資料倉儲、案例管理等工具。

「監管科技」主要運用雲端運算，蒐集網路社群的社交數據、地理數據等，再利用人工智慧技術，執行現有的監管模式，作有效風險識別、風險監測，既能協助監管機關規範創新，又能隨時掌握市場動向並即時回應，監控金融市場的各種行為。其優點是透明化、資訊自動揭露及強化監管效率。

二、監管科技出現的原因

2016 年 KPMG 安侯建業聯合會計師事務所發布 FinTech 100 金融科技創新者報告，提出監管科技出現的原因：

1. **金融危機後法規的變化**：金融市場監管目標在於穩定金融市場、保護消費者權益，以及維護市場公平競爭與發展等，自從 2008 年全球金融危機後，監管要求日趨嚴格。各國政府祭出更多的合規監管政策，例如：巴塞爾協定 III（Basel III）與國際財務報告準則第 9 號（IFRS）等，合規成本大幅上升，對金融機構股東權益報酬率（ROE）形成壓力。此外，監管環境日益複雜，金融機構需要快速的回應，合規性成為隨時須面臨的嚴峻挑戰。

2. **雲端運算、大數據、物聯網、人工智慧、機器學習等新技術**：面臨多變的金融環境，以及資通訊科技（ICT）的日新月異，亞馬遜、阿里巴巴等大型科技業者，透過網路或行動裝置，將金融服務帶至傳統金融機構無法普及的角落，甚至跨出國境。自引入金融新創商業模式，技術複雜度大幅提升，其中尤其資訊技術的安全性、法規不確定性等風險，遠遠超出傳統監管模式帶給監管機關極大的挑戰。因此，監管機關需借助雲端運算、大數據、物聯網、人工智慧、機器學習等新技術作為監管工具，以提高監管效率。

3. **減少合規成本**：隨著監管規範的不斷增加，法規遵循成本日益提高，稍有不慎觸犯代價十分高昂。過度監管對金融科技發展深具威脅，其中以資料隱私保護、數位身份認證、反洗錢／KYC 的監管最阻礙創新，原因是這些領域的合規成本較高且複雜，加上全球化後，合規難度更高，金融機構自然需要更高效的監管科技，以減少合規成本。

三、監管科技的應用趨勢

何宗武等（2016）提出，監管科技的應用趨勢，如下表：

表 7-1 監管科技的應用趨勢

特性	說明
去中心化機制	使用區塊鏈技術導致去中心化，較以往更難控管系統性風險，傳統大型銀行的監管機制須因應調整。
跨產業整合	金融服務提供者包括：銀行、行動業者、網路業者及電信業者，較以往更需要作跨業協調及整合，監管者肩負跨產業監理的任務。
無國界監管整合	傳統注重金融機構跨國經營的監管與協調，但隨著區塊鏈、比特幣、P2P 借貸、資金眾籌等網路金融的發展，金融服務已無國界，因此跨國監管將是全新的挑戰。
消費者導向的監管	金融科技化強調客戶的即時互動與體驗，消費者保護成為金融科技監管的主要核心。一旦發生糾紛，仲裁者需與時俱進，如此方能做出公正的裁決。
即時監管	傳統金融監管是預設標準，例如就不同銀行資本適足率，採取相應的措施。如今監管者可利用新興監管技術，達到即時監管目的。
降低監管與法遵成本	導入監管科技系統，利用監管科技可大幅降低監管與法遵成本。
兼具產業發展功能的監管	金融科技之監管初期追求體系安全及穩定，如今朝向鼓勵金融創新與穩定兩者並重。監管機關未來可能採取更多兼具產業發展的監理措施。

註：修改自何宗武等（2016）

四、監管科技的類型

資誠聯合會計師事務所 PwC（2016a）報告，提出 12 種監管科技的類型：監管報告呈現方式、語意技術與資料點模式、風險與合規監控、區塊鏈/分散式分類帳本、風險評估統一化、應用程式界面（API）、機器學習、生物識別技術、雲端運算、共享數據、大數據分析與建模、內建合規。

表 7-2 PwC（2016a）監管科技的類型

效率和合作	整合、標準、理解	預測、學習、簡化	新方向
監管報告呈現方式	語意技術與資料點模式	風險與合規監控	區塊鏈/分散式分類帳本
在監管數據的提供方面給予企業更多彈性，以降低監管報告的成本及負擔。	機器易讀的規則將促進自動化，並可顯著減少改變成本，確保規定與履行的一致性。	透過不同來源資訊之關聯性及計算，以降低風險、識別即時性風險/詐欺。	區塊鏈可提高系統完整性，增加透明度並重新定義數據之共享。
風險評估統一化	應用程式界面（API）	機器學習	生物識別技術
啟用第二道防線之防禦功能，運用共享平台分享常用方法、各種風險文件、監管相關數據。	鼓勵應用程式系統間的整合與互通，以降低成本、增加效率、並促進平台革新。	允許系統自動重新評估透過用戶反饋完善流程以替代更複雜、數量龐大、並重覆性的監管任務。	生物識別技術透過衡量人的身體特徵，以更有效及健全的方式驗證身份。
雲端運算	共享數據	大數據分析與建模	內建合規
透過更有效率的數據共享、合作、遠端存取，幫助團隊進行風險評估報告。	分享監管數據常規與結構，以促進效率、降低成本，簡化互動、消除歧見。	運用多個資料集進行大數據分析，促進產生更多新的洞見與決策力，減輕監管報告負擔。	自動化、系統化的法規集合，應用自動化的監管策略，自動更新監管規則，以減少整體合規成本。

資料來源：PwC（2016a）

五、美國銀行保密法（**Bank Secrecy Act**）

美國銀行保密法（Bank Secrecy Act，簡稱 BSA）要求金融機構，必須建立認識客戶、反洗錢程度，提交可疑行為報告、貨幣交易報告，並且定義「貨幣傳送者」（monetary transmitter）是指接受或傳送具有貨幣替代性價值之數位貨幣的人，但排除對提供遞送、傳播或是對貨幣傳送者提供網路資料及服務的人。

六、信用卡業務機構辦理行動信用卡業務安全控管作業基準

民國 107 年 4 月 9 日公布「信用卡業務機構辦理行動信用卡業務安全控管作業基準」，相關內容如下：

1. 為確保信用卡業務機構辦理手機信用卡業務具有一致性安全控管，特訂定本作業基準。

2. 本作業基準主要規範信用卡業務機構（發卡機構）自主發行或與安全儲存媒介運營業者共用安全儲存媒介（Secure Element）或使用主機卡模擬（HCE）自主發行時，針對安全儲存媒介或主機卡模擬行動交易手機進行信用卡個人化作業（Personalization）之安全控管作業。

3. 信用卡業務機構（發卡機構）與安全儲存媒介運營業者共用安全儲存媒介時，安全儲存媒介運營業者為安全儲存媒介之所有權人，手機信用卡發卡機構具有安全儲存媒介部分空間－特定安全區域之使用權、控管權；安全儲存媒介運營業者應依據本安控基準及信用卡組織規範，妥善管理該安全儲存媒介，並與手機信用卡發卡機構共同服務手機信用卡持卡人。

4. 信用卡業務機構（發卡機構）自主發行安全儲存媒介時，信用卡業務機構（發卡機構）為安全儲存媒介之所有權人，手機信用卡發卡機構具有該安全儲存媒介全部空間──全部安全區域之使用權、控管權；手機信用卡發卡機構可提供安全儲存媒介之特定部分空間供服務供應商使用。手機信用卡發卡機構應依據本安控基準及信用卡組織規範，妥善管理該安全儲存媒介，並服務手機信用卡持卡人。

表 7-3　發行「安全儲存媒介」（Secure Element）

發展階段	多通路	全通路
安全儲存媒介發行方式	信用卡個人化或代碼化作業方式	安全控管基準
信用卡業務機構（發卡機構）自主發行	依傳統信用卡方式，將資料交付個人化處理中心作業	信用卡組織作業規範
	透過空中傳輸（OTA）方式進行信用卡個人化作業	信用卡組織作業規範及本安控基準
與安全儲存媒介運營業者共用安全儲存媒介	透過空中傳輸（OTA）方式進行信用卡個人化作業	信用卡組織作業規範及本安控基準
	依傳統信用卡方式，將資料交付個人化處理中心作業	信用卡組織作業規範
信用卡業務機構（發卡機構）使用代碼化服務	透過空中傳輸（OTA）方式進行信用卡代碼化作業	信用卡組織作業規範及本安控基準

手機信用卡業務是指信用卡業務機構（發卡機構）依據信用卡組織公告規格（Specification）與作業規範，發行具近端行動交易功能之手機信用卡並辦理相關業務。相關名詞定義如下：

1. **安全儲存媒介（Secure Element，簡稱 SE）**：儲存應用程式（Application）與相關資料（Data）之安全模組。可依不同方式將信用卡相關資料寫入，如將資料交付個人化處理中心進行個人化作業，或透過空中傳輸（OTA）方式下載等等。安全儲存媒介可有不同選擇，包含但不限於置於行動裝置上之 USIM 卡、Micro SD 卡、行動裝置上之晶片或外部裝置（如手機套、貼片…等等）。

2. **安全區域（SD，Security Domain）**：安全儲存媒介中切分具加密特性之儲存空間。單一安全儲存媒介可切分為多個安全區域並支援多個應用程式（Multi-application）。各個安全區域之控管者會建立該安全區域之控管金鑰，使用該金鑰僅可控管對應的安全區域，即所有安全區域各自獨立，各區域下的應用程式與相關資料由該區域控管者全權管控，未經授權者無法更改。

3. **主機卡模擬（HCE，Host Card Emulation）**：利用虛擬雲端的技術讓 NFC 行動裝置上的應用程式模擬安全儲存媒介，使用者得以該行動裝置進行 NFC 交易，同時讓發卡機構將交易帳戶資料存放在安全雲端伺服器中管理。

4. **近端行動交易（Proximity Mobile Payment）**：持卡人使用內含安全儲存媒介或支援主機卡模擬之行動通信設備，於裝有感應設備之信用卡特約商店或自動櫃員機以進行感應交易（Contactless Transaction）。

5. **空中傳輸（OTA，Over the Air）**：使用無線傳輸方式，對安全儲存媒介或支援主機卡模擬之行動裝置進行軟體、參數設定、相關資料之下載或更新。

6. **近端行動通信技術**：支援各種信用卡行動裝置可採用之無線通信技術。例如：近距離無線通訊（Near Field Communication，簡稱 NFC）技術，以內建 NFC 晶片與感應線圈之 NFC 手機為例，當其他寫有特定應用程式（Application，如門禁、晶片紅利、支付工具…等等應用程式）之晶片與 NFC 晶片連結，可運用手機中感應線圈以執行感應式交易。

7. **行動裝置**：通過安全儲存媒介運營業者主管機關或其委託機構之認證、可支援行動交易之工具。

8. **行動裝置製造商**：開發製造行動裝置者。

9. **安全儲存媒介運營業者**：以提供安全儲存媒介空間供行動信用卡發卡機構使用的業者，包含但不限於具有行動通信執照的行動網路營運商（Mobile Network Operator，簡稱 MNO）、提供行動裝置上之晶片為安全儲存媒介之行動裝置製造商等。

10. **支付服務供應商（Payment Service Provider）**：有別於行動網路營運商，於行動裝置上提供相關行動加值服務者，例如行動信用卡發卡機構。

11. **行動信用卡發卡機構**：信用卡業務機構經主管機關同意開辦行動信用卡業務者，為行動信用卡發行與個人化作業執行者。

12. **安全儲存媒介製造商**：依據信用卡組織公告規格，提供行動信用卡發卡機構、安全儲存媒介運營業者或行動裝置廠商合格安全儲存媒介以存放應用程式及個人化資料者。

13. **TSM（Trusted Service Manager）服務平台**：TSM 服務平台能讓下載信用卡相關資訊到行動裝置的整個流程既效率且安全，它能搭起銀行與安全儲存媒介運營業者之間的橋樑，並確保持卡人卡片資訊是充份安全的。TSM 服務平台依其功能性可區分為 SP（Service Provider）TSM，負責連結服務供應商；及 SE（Secure Element）TSM，負責連結安全儲存媒介運營業者。依業務性質可由單一平台或拆分兩個平台負責。

14. **行動信用卡操作介面軟體**：存放於行動裝置或安全儲存媒介中，由行動信用卡發卡機構提供或相關服務供應商提供經信用卡發卡機構認可後，予行動信用卡持卡人使用、查詢信用卡業務機構提供應用程式之軟體。

15. **敏感性資料**：是指製作成偽冒信用卡之所需資料。

16. **虛擬雲端服務平台**：是指藉由主機卡模擬（Host Card Emulation，簡稱 HCE）技術，下載模擬的信用卡相關資料至行動裝置以支援其 NFC 行動交易之雲端平台。

17. **代碼化（Tokenization）**：運用 EMVCo 組織技術，提供一組與原始資料具有相同格式的代碼，藉以替代原始的敏感性資料。

18. **代碼化服務（Token Service）**：藉由代碼化技術，產生、發行代碼，並管理代碼與卡號、卡號效期等資料之對照、互轉，代碼生命週期管理等相關作業之服務。代碼化服務系統得由信用卡組織、發卡機構或代碼化服務業者提供。

19. **代碼化服務業者（Token Service Provider）**：依 EMVCo 組織規定，以提供信用卡發卡機構代碼化服務之服務業者。

20. **數位支付服務供應商（Digital Payment Service Provider）**：應用安全儲存媒介、SE TSM 或主機卡模擬等行動交易技術並與信用卡發卡機構合作，提供信用卡持卡人得以該行動裝置進行近端行動交易、網路交易。例如提供 Apple Pay 的 Apple 公司、提供 Google Pay 的 Google 公司。

TSM 服務平台可提供之服務包括下列事項：

1. 管理／傳輸行動信用卡持卡人認證。

2. 管理、執行個人化作業相關服務；例如透過 OTA 空中傳輸方式將應用程式與相關資料下載至安全儲存媒介中、透過 OTA 空中傳輸方式對安全儲存媒介執行個人化作業。

3. 管理安全儲存媒介中應用程式與其生命週期。

4. 居間為服務供應商與安全儲存媒介運營業者交換、傳遞訊息。

7-3　身分驗證（identity）

一、KYC 身分驗證

「認識你的客戶」（Know Your Customer，簡稱 KYC），是企業確認客戶身份的程序。KYC 程序是為了預防客戶身份盜竊、金融詐騙、洗錢及恐怖主義融資，對全球金融活動日益重要。

「認識你的客戶」源自於巴塞爾銀行監管委員會在 1998 年 12 月通過的《關於防止犯罪分子利用銀行系統洗錢的聲明》，該聲明提出金融機構在提供服務時應當對客戶資訊和客戶畫像進行蒐集與識別。KYC 是金融機構確認客戶身份的程序，有時又稱為瞭解你的客戶、認識客戶政策、客戶身分審查、客戶身分盡職調查等。

二、eKYC 身分驗證

「電子化認識你的客戶」（Electronic Know Your Customer，簡稱 eKYC）是金融科技的重點應用項目，採用生物辨識的 eKYC 應用，可大幅提升金融認證之易用性，其中，臉部辨識與其他生物辨識技術相比，相對易用、辨識率高並更加快速，可相容於行動裝置及電腦上的攝影機，不用另外搭配指紋掃描、虹膜掃描等專屬硬體。

三、客戶盡職調查（CDD）

客戶盡職調查（Customer Due Diligence，簡稱 CDD）是一項重要的反洗錢、反資恐控管工具及資源，並可提供金融機構相關的參考依據，判斷其客戶是否正利用其金融交易平台進行洗錢、資恐活動。CDD 主要工作如下：

1. 辨識及驗證客戶身份，進行風險評估的資料蒐集。

2. 審查客戶資訊，了解客戶關係的性質和往來目的，以及客戶職業是否包括公證人、律師、不動產仲介業、地政士、會計師等，被納入高風險洗錢防制通報的類型，或是來自未充分遵循國際防制洗錢組織建議之國家或地區。

3. 確認和審核企業客戶的實質受益人身份，直接或間接持有該法人股份或資本超過 25%以上，或是有顯著權力，有控制權的任何個人，且實質受益人必須是「個人」或「自然人」，而不是「法人」。

4. 採用風險基礎方法（Risk-based Approach，簡稱 RBA）確保防制，或降低洗錢及資恐的作為，與辨識出風險，建立風險判斷標準並 進行客戶風險分級。

5. 加強 OBU（Offshore Banking Unit 國際金融業務分行）客戶之 KYC 查核，確實執行境外公司 OBU 帳戶之 KYC 作業，並確切瞭解客戶背景，以防賭 OBU 帳戶遭利用進行洗錢交易。

6. 持續進行交易監控及通報，對交易過程詳細審視，以確保進行之交易與其業務、風險相符。

四、空中簽名

AirSig 首創「空中簽名」技術。「空中簽名」其實是一種「八軸」的密碼認證技術，使用者可以透過 App 的指引，把手機當成「筆」，空氣當成「紙」，直接在空中寫下、或是畫下自己設定的符號或圖像密碼，就可以完成身份認証，幫助用戶

啟動指定的 App，或是完成帳號密碼的認証。所謂「八軸」，是指「空中簽名」在運作時，使用者在立體空間的三個維度「方向」，再加上「力量」、「時間」、「位移」、「旋轉角度」與「加速度」，所綜合出來的結果，因此每個人所寫下的「空中簽名」都有不同的特徵，即便寫下的是同一個字，也都有獨特性，就如同指紋一樣。

AirSig 空中簽名技術的特色：

1. 安全性高，即使密碼被別人知道，也難以被模仿，被暴力破解的機率低。

2. 操作方便，正確率達 99.2%，解鎖速度僅需 0.1 秒。

3. 低成本，相較於指紋辨識需硬體晶片支援，AirSig 採用軟體技術更具低價優勢。

7-4　生物辨識

生物辨識是指透過可測量、可驗證的身體特徵或行為特徵，來進行身份認證的一種技術。身體特徵包括指紋、手掌幾何、視網膜、虹膜、人臉、靜脈、氣味、耳垂、基因等。行為特徵則包括簽名、聲音、步態、坐姿等。

金融科技是典型生物辨識技術應用的重要領域。其中又以指紋、聲紋、虹膜、靜脈、人臉為主流。

一、指紋辨識

《3S Market 資訊中心》定義，「指紋辨識」是指透過比較不同人類指紋的細節特徵點，來進行鑑別，其中涉及技術包括圖像處理、模式辨識、電腦視覺、數學形態、小波分析等。由於每個人的指紋不同，即便同一人的十指之間，指紋也有明顯區別。科學數據表明，出現相同指紋的人機率，低於十億份之一，顯然指紋可用於身份鑑定。但由於每次捺印的方位不完全一樣，著力點不同，會帶來不同程度的變形，又存在大量模糊指紋，如何正確提取特徵，和實現正確匹配，是指紋辨識技術的關鍵。

指紋辨識是生物辨識技術領域中起步最早，應用最多、市場比重最大的生物辨識技術。近年來，指紋辨識功能逐步成為行動終端的標準配備功能。

對金融業來說，指紋辨識具體應用，可以分為內控管理、客戶服務兩大場景。內控管理場景包括櫃員簽到、金庫門禁、金融押運等，客戶服務則是客戶有機會，

直接接觸銀行指紋辨識應用的部分，如智慧自助設備、行動網路銀行快速登入、在線轉帳支付等。

二、聲紋辨識

聲紋辨識是把聲音信號轉換成電信信號，再用電腦進行辨識，也稱為說話人辨識，主要分兩類，分別是說話人辨認和說話人確認。不同應用會使用不同的聲紋辨識技術，如縮小刑偵範圍時，可能需要辨認技術，而銀行交易時則需要確認技術。

在金融業的實際應用案例中，聲紋辨識一般被用於電話客服系統。客戶使用客服系統時，因無法直接看到客戶，只能聽到客戶的聲音因此使用「聲紋辨識」最為合適。

三、虹膜辨識

人的眼睛虹膜，是位於黑色瞳孔，和白色鞏膜之間的圓環狀部分，其包含有很多相互交錯的斑點、細絲、冠狀、條紋、隱窩等的細節特徵。虹膜在胎兒發育階段形成後，在整個生命歷程中，將是持久不變，虹膜辨識便是基於眼中虹膜，進行身份辨識，最早的虹膜辨識，被應用在有高度保密需求的場所。在好萊塢科幻大片中，常見透過「眼睛虹膜」開啟密碼門的場景。

受限於成本、用戶體驗等諸多因素，雖然虹膜辨識有逐步走向一般民用市場的趨勢，但相對於指紋辨識、人臉辨識來說，虹膜辨識依然小眾。目前虹膜辨識大多集中在安全控管領域，例如虹膜保險櫃、虹膜門鎖等。在金融業應用領域，虹膜辨識大多只出現在一些較為高端的保密場景，例如金庫門禁管理中。

四、靜脈辨識

靜脈辨識可分為「指靜脈辨識」和「掌靜脈辨識」。「掌靜脈辨識」由於保存及對比的靜脈圖像較多，辨識速度較慢，但安全系數更高；「指靜脈辨識」辨識速度較快。但兩者都具有精確度高，活體辨識等優勢，都能輕鬆達到金融級的安全需求。

靜脈數據提取有兩種方式，一種通過靜脈辨識儀取得個人靜脈分布圖，依據專用比對算法從靜脈分布圖提取特徵值；另一種方式透過紅外線 CCD 攝影機，獲取手指、手掌、手背靜脈的圖像，將靜脈的數位圖像儲存在電腦系統中。

靜脈比對時，即時採取靜脈圖，運用先進的濾波、圖像二值化、細化手段對數位圖像提取特徵，採用複雜的匹配算法，一同儲存在主機中靜脈特徵值比對匹配，從而對個人進行身份鑒定，確認身份。

在金融業應用中，不常見靜脈辨識，通常只有在金庫門禁管理、數據中心內控環節，以及一些特定的櫃面交易可以看到靜脈辨識身影。

五、人臉辨識

用攝影機或採集含有人臉的圖像或影像串流，並自動在圖像中檢測和跟蹤人臉，進而對檢測到的人臉，進行臉部辨識的一系列相關技術。

與指紋辨識模組相比，攝影機在更早的時候，成了行動終端的標準配備，但人臉辨識並沒有隨之普及。一方面是由於早期人臉辨識技術主要基於可見光圖像，此一方式存在難以克服的缺陷，尤其在環境光照發生變化時，人臉辨識效果會急劇下降，無法滿足金融業實務應用的需要。另一方面，「人臉」相對「指紋」而言，更容易被採集和複製，較無法滿足金融業高安全性的需求。

但隨著活體檢測、3D 圖形、紅外線等技術成熟，人臉辨識有望成為繼指紋辨識後，又一種平民化的生物辨識方式。隨著 2017 年 9 月蘋果 iPhone X 的發佈，人們對於人臉辨識的關注，達到了前所未有的高度。例如中國的支付工具「支付寶」與「微信支付」，能達成「人臉支付」的境界。在中國的網路金融領域，未來以人臉辨識檢核身分將是獲取小額貸款額度的必要條件。

7-5 數位鑑識

「ISO/IEC 27037」是 ISO 國際標準組織針對數位證據識別、蒐集、擷取和保存的程序所訂定之參考指南，提供資訊安全事件調查過程中，針對事件分析進行數位鑑識時，可以依循的標準與指南，針對所發生的資安事件相關的設備、系統或是平台，大多採用此標準進行事件的調查，所採集的證物，也具備能夠做為未來法庭上的依循，因對於證物的可信性、不可否認性必須能夠具備。

2013 年 6 月雲端安全聯盟（Cloud Security Alliance，簡稱 CSA）的事件管理與鑑識工作小組（Incident Management and Forensics working group；IMF）發布「Mapping the forensic standard ISO/IEC 27037 to Cloud Computing」，此份文件針對現行的數位鑑識技術，對應到 ISO/IEC 27037 國際標準，是否能夠一體適用，以及需要面臨的挑戰，可否應用於雲端運算的環境，進行了整體性的評估與檢視。

1. **軟體即服務（Software as a Service；SaaS）**：以提供軟體服務為主的方式，在軟體層面與相關的平台運作過程，需要留存的資料較為複雜的，包括了網站服務、應用服務、資料庫、訪客記錄、存取記錄，以及需要與其他供應商之間的資訊交換等，這些都是在數位鑑識的過程中，必須進行採證的資料，而所提供的服務內容必須納入服務水準的議定項目，建立供應商與使用者之間的服務協議。須保存的記錄包含：① Webserver（網頁伺服器）logs；② Application server（應用程式伺服器）logs；③ Database（資料庫）logs；④ Guest operating system logs；⑤ Host access（主機存取）logs；⑥ Virtualization platform（虛擬平台）logs and SaaS portal logs；⑦ Network captures；⑧ Billing records。

2. **平台即服務（Platform as a service；PaaS）**：使用者對於開發環境具有較高的掌握度，與軟體即服務的模式最大的差別，在事件調查過程需要掌握管理平台相關的記錄，平台的提供與基礎設施的環境相關，鑑識過程必須釐清事件中相關的角色與責任問題。須保存的記錄包含：① Webserver logs；② Application server logs；③ Guest operating system logs；④ Host access logs；⑤ Virtualization platform logs；⑥ Network captures；⑦ Billing records；⑧ Management portal logs。

3. **基礎設施即服務（Infrastructure as a service；IaaS）**：基礎設施多為雲端服務的基礎環境，以提供平台與軟體服務的環境，而多數與基礎設施相關的記錄，只存在於此服務供應商，因此在鑑識調查的重點，即在於取得基礎設施的記錄，有助於確認底層的運作狀態。須保存的記錄包含：① Cloud or network provider perimeter network logs；② Logs from DNS servers；③ Virtual machine monitor（VMM）logs；④ Host operating system logs；⑤ API logs；⑥ Management portal logs；⑦ Packet captures；⑧ Billing records。

7-6　金融監管沙盒法案

一、什麼是金融監管沙盒

《MoneyDJ 理財網-財經知識庫》敘述，金融監管沙盒（Regulatory Sandbox）即是在一個風險規模可控的環境下，針對金融相關業務、或遊走在法規模糊地帶的新創業者，在主管機關監管之下的一個實驗場所，讓業者盡情測試創新的產品、服務乃至於商業模式，並暫時享有法規的豁免與指導，並與監管者高度互動、密切協

作，共同解決在測試過程中所發現或產生的監管與法制面議題。政府希望透過金融監管沙盒機制建立，以扶植新創 FinTech 產業。

二、金融科技發展與創新實驗條例（又稱監管沙盒法案）

為提供金融科技研發試作之安全環境，讓業者可以在低度監管空間，測試其創新商品、服務或商業模式，不會立即受到現行法規的制約，並能在風險可控情形下，驗證該科技在金融服務上的可行性及成效，行政院於 2017 年 5 月 4 日通過「金融科技發展與創新實驗條例」，俗稱「金融監管沙盒」，並於 2017 年 12 月 29 日經立法院三讀通過。

台灣 2017 年底通過「金融科技發展與創新實驗條例草案」，成為繼英國、新加坡、澳洲、香港後，第 5 個擁有監管沙盒制度的國家，也是第一個將監管沙盒機制明文納入法律的國家。

7-7　個人資料保護法

一、個人資料之定義

依《個人資料保護法》定義，「個人資料」是指姓名、出生年月日、國民身分證統一編號、護照號碼、特徵、指紋、婚姻、家庭、教育、職業、病歷、醫療、基因、性生活、健康檢查、犯罪前科、聯絡方式、財務情況、社會活動及其他得以直接或間接方式識別該個人之資料。個人資料的內容，可視為一個可以識別個人的相關資訊，稱為「個人可識別資訊」（Personal Identifiable Information，簡稱 PII）。

《個人資料保護法》將「個人資料」區分成兩類：① 直接識別之個人資料；② 間接識別之個人資料。「間接識別之個人資料」是指某些資料雖未直接指名道姓，但一經揭露仍足以識別為某一特定人。所謂「得以間接方式識別」依《個人資料保護法》定義，是指保有該資料之公務或非公務機關僅以該資料不能直接識別，須與其他資料對照、組合、連結等，始能識別該特定之個人。又所謂經由對照、組合、連結等方式識別特定個人，必須是精準且確定地得以識別出特定個人，而非僅是利用專業知識「猜測」、「推測」可能為某人之資料。

二、個人資料的去識別化技術

依《個人資料保護法》定義，所謂「去識別化」，是指透過一定程序的處理，使個人資料不再具有直接或間接識別性。換句話說，如將個人資料，運用各種技術

予以去識別化，而依其呈現方式已無從直接或間接識別該特定個人者，該技術就稱為「個人資料的去識別化技術」。

三、因應歐盟 GDPR 隱私保護設計制度的七原則

因應歐盟 GDPR 要求，普華商務法律事務所主持律師蔡朝安（2018）提出，須掌握隱私保護設計制度七個原則：

1. **主動而非被動－預防而非補救（Proactive not reactive；Preventive not remedial）**：採取主動措施。在事前預測與預防風險，以防止侵入隱私事件的發生，而非事後補救。

2. **隱私為預先設定（Privacy as the default setting）**：在 IT 系統或服務流程中自動內建隱私保護，也就是用戶不必採取任何行動，隱私即可受到保護。

3. **隱私內崁入設計（Privacy embedded into design）**：隱私措施納入系統或服務流程的設計與建置當中，讓隱私政策成為設計的重要成分。

4. **功能需完善－雙贏而非零和（Full functionality－positive-sum, not zero-sum）**：確保各種合法利益及目標都能平衡兼顧，以雙贏而非零和的方向進行保護。

5. **端對端安全－全生命週期保護（End-to-end security－full lifecycle protection）**：採取完整的全生命週期保護策略，以確保個資蒐集、處理、利用、刪除等各階段都能受到保護。

6. **可見度與透明度持續公開（Visibility and transparency－keep it open）**：讓資訊的蒐集處理利用流程能透明化，讓資料當事人充分知悉。

7. **尊重使用者隱私／以使用者為中心（Respect for user privacy－keep it user-centric）**：以資料當事人為中心，確保資料當事人的利益可以獲得充分的保護。

四、隱私風險管理要求事項

蔡敦仁（2015）提出，隱私風險管理要求事項：

1. **建立隱私風險全景**：藉由瞭解組織「個人可識別資訊」處理技術環境及影響隱私風險管理之因素（亦即法規因素、契約因素、營運因素及其他因素）達成。

2. **隱私風險評鑑**：其藉識別、分析及評估「個人可識別資訊」原則之風險（可能有負面影響之風險）達成。

3. **隱私風險處理**：藉由定義隱私保全要求事項、識別及實作隱私控制措施以避免或減少「個人可識別資訊」原則之風險達成。

4. **隱私風險溝通及諮詢**：由藉從關注各方得到資訊、對每一風險管理過程獲得共識，以及通知「個人可識別資訊」當事人並與其溝通風險及控制措施達成。

5. **隱私風險監視及審查**：藉由追查隱私風險及控制措施，以及改善過程達成。

7-8 洗錢防制法

國際防制洗錢金融行動工作組織（FATF）於 2012 年修訂防制洗錢及資助恐怖組織 40 項建議，將洗錢防制的管理制度架構建立於「客戶風險評估」、「客戶盡職調查」及「可疑交易申報」等三項工作重點，希望能夠減少跨國洗錢的發生。

一、立法的目的

為防制洗錢，打擊犯罪，健全防制洗錢體系，穩定金融秩序，促進金流之透明，強化國際合作，特制定「洗錢防制法」。

二、洗錢的定義

所稱洗錢，指下列行為：

1. 意圖掩飾或隱匿特定犯罪所得來源，或使他人逃避刑事追訴，而移轉或變更特定犯罪所得。

2. 掩飾或隱匿特定犯罪所得之本質、來源、去向、所在、所有權、處分權或其他權益者。

3. 收受、持有或使用他人之特定犯罪所得。

三、特定犯罪

所稱特定犯罪，指下列各款之罪：

1. 最輕本刑為六月以上有期徒刑以上之刑之罪。

2. 刑法第 121 條第 1 項（受賄）、第 123 條（準受賄）、第 201-1 條第 2 項（行使偽變造有價證券）、第 268 條（聚眾賭博）、第 339 條（詐欺）、第 339-3 條（違法製作財產權）、第 342 條（背信）、第 344 條（重利）、第 349 條（贓物）之罪。

3. 懲治走私條例第 2 條第 1 項（私運管制物品）、第 3 條第 1 項（運銷藏匿管制物）之罪。

4. 破產法第 154 條（詐欺破產）、第 155 條（詐欺和解）之罪。

5. 商標法第 95 條（非法使用商標）、第 96 條（非法使用證明標章）之罪。

6. 廢棄物清理法第 45 條第 1 項後段、第 47 條（違法廢棄物清理危害人體健康）之罪。

7. 稅捐稽徵法第 41 條（逃漏稅捐）、第 42 條（違反代徵或扣繳義務）及第 43 條第 1 項、第 2 項（教唆或幫助逃漏稅捐）之罪。

8. 政府採購法第 87 條第 3 項、第 5 項、第 6 項（非法使廠商不投標）、第 89 條（採購人員洩密）、第 91 條第 1 項、第 3 項（強制採購人員洩密）之罪。

9. 電子支付機構管理條例第 44 條第 2 項、第 3 項（違法經營電子支付業務）、第 45 條（違法動用支付款項）之罪。

10. 證券交易法第 172 條第 1 項、第 2 項（收受不正利益）之罪。

11. 期貨交易法第 113 條第 1 項、第 2 項（收受不正利益）之罪。

12. 資恐防制法第 8 條、第 9 條（資助恐怖主義）之罪。

13. 本法第 14 條（洗錢行為）之罪。

所稱特定犯罪所得，指犯第三條所列之特定犯罪而取得或變得之財物或財產上利益及其孳息。前項特定犯罪所得之認定，不以其所犯特定犯罪經有罪判決為必要。

四、金融機構與非金融事業或人員

1. 本法所稱金融機構，包括下列機構：① 銀行。② 信託投資公司。③ 信用合作社。④ 農會信用部。⑤ 漁會信用部。⑥ 全國農業金庫。⑦ 辦理儲金匯兌、簡易人壽保險業務之郵政機構。⑧ 票券金融公司。⑨ 信用卡公司。⑩ 保險公司。⑪ 證券商。⑫ 證券投資信託事業。⑬ 證券金融事業。

⑭ 證券投資顧問事業。⑮ 券集中保管事業。⑯ 期貨商。⑰ 信託業。⑱ 其他經目的事業主管機關指定之金融機構。

2. 辦理融資性租賃、虛擬通貨平台及交易業務之事業，適用本法關於金融機構之規定。

3. 本法所稱指定之非金融事業或人員，係指從事下列交易之事業或人員：

- 銀樓業。

- 地政士及不動產經紀業從事與不動產買賣交易有關之行為。

- 律師、公證人、會計師為客戶準備或進行金錢、證券或其他資產管理服務時。

- 信託及公司服務提供業為客戶準備或進行擔任或安排他人擔任信託或其他類似契約性質之受託人或其他相同角色時。

- 其他業務特性或交易型態易為洗錢犯罪利用之事業或從業人員。

五、訂定防制洗錢注意事項

金融機構及指定之非金融事業或人員應依洗錢與資恐風險及業務規模，建立洗錢防制內部控制與稽核制度；其內容應包括下列事項：

1. 防制洗錢及打擊資恐之作業及控制程序。

2. 定期舉辦或參加防制洗錢之在職訓練。

3. 指派專責人員負責協調監督第一款事項之執行。

4. 備置並定期更新防制洗錢及打擊資恐風險評估報告。

5. 稽核程序。

6. 其他經中央目的事業主管機關指定之事項。

六、確認客戶身分

金融機構及指定之非金融事業或人員應進行確認客戶身分程序，並留存其確認客戶身分程序所得資料；其確認客戶身分程序應以風險為基礎，並應包括實質受益人之審查。

前項確認客戶身分程序所得資料，應自業務關係終止時起至少保存五年；臨時性交易者，應自臨時性交易終止時起至少保存五年。但法律另有較長保存期間規定者，從其規定。

金融機構及指定之非金融事業或人員對現任或曾任國內外政府或國際組織重要政治性職務之客戶或受益人與其家庭成員及有密切關係之人，應以風險為基礎，執行加強客戶審查程序。

第一項確認客戶身分範圍、留存確認資料之範圍、程序、方式及前項加強客戶審查之範圍、程序、方式之辦法，由中央目的事業主管機關會商法務部及相關機關定之；於訂定前應徵詢相關公會之意見。前項重要政治性職務之人與其家庭成員及有密切關係之人之範圍，由法務部定之。

違反第一項至第三項規定及前項所定辦法者，由中央目的事業主管機關處金融機構新臺幣五十萬元以上一千萬元以下罰鍰、處指定之非金融事業或人員新臺幣五萬元以上一百萬元以下罰鍰。

七、留存交易紀錄

金融機構及指定之非金融事業或人員因執行業務而辦理國內外交易，應留存必要交易紀錄。

前項交易紀錄之保存，自交易完成時起，應至少保存五年。但法律另有較長保存期間規定者，從其規定。第一項留存交易紀錄之適用交易範圍、程序、方式之辦法，由中央目的事業主管機關會商法務部及相關機關定之；於訂定前應徵詢相關公會之意見。

違反第一項、第二項規定及前項所定辦法者，由中央目的事業主管機關處金融機構新臺幣五十萬元以上一千萬元以下罰鍰、處指定之非金融事業或人員新臺幣五萬元以上一百萬元以下罰鍰。

八、一定金額以上之通貨交易及可疑交易申報

金融機構及指定之非金融事業或人員對疑似犯第十四條、第十五條之罪之交易，應向法務部調查局申報；其交易未完成者，亦同。

金融機構及指定之非金融事業或人員依前項規定為申報者，免除其業務上應保守秘密之義務。該機構或事業之負責人、董事、經理人及職員，亦同。

第一項之申報範圍、方式、程序及其他應遵行事項之辦法，由中央目的事業主管機關會商法務部及相關機關定之；於訂定前應徵詢相關公會之意見。

前項、第六條第三項、第七條第四項、第八條第三項及前條第三項之辦法，其事務涉司法院者，由司法院會商行政院定之。

違反第一項規定或第三項所定辦法中有關申報之範圍、方式、程序之規定者，由中央目的事業主管機關處金融機構新臺幣五十萬元以上一千萬元以下罰鍰；處指定之非金融事業或人員新臺幣五萬元以上一百萬元以下罰鍰。

九、高風險防制措施

為配合防制洗錢及打擊資恐之國際合作，金融目的事業主管機關及指定之非金融事業或人員之中央目的事業主管機關得自行或經法務部調查局通報，對洗錢或資恐高風險國家或地區，為下列措施：

1. 令金融機構、指定之非金融事業或人員強化相關交易之確認客戶身分措施。

2. 限制或禁止金融機構、指定之非金融事業或人員與洗錢或資恐高風險國家或地區為匯款或其他交易。

3. 採取其他與風險相當且有效之必要防制措施。

十、洗錢三階段

根據國際防治洗錢金融行動工作組織（The Financial Action Task Force，簡稱FATF）分類表示，洗錢步驟基本為三大致階段：處置（Placement Stage）、多層化（Layering Stage）、整合（Integration Stage）。

學習評量

一、問答題

1. 何謂「監管科技」（RegTech）？請簡述之。

2. 何謂「金融監管沙盒」（Regulatory Sandbox）？請簡述之。

3. 何謂 Know Your Customer（KYC）？請簡述之。

4. 何謂「空中簽名」？請簡述之。

5. 何謂「個人可識別資訊」（PII）？請簡述之。

二、選擇題

（　）1. 下列哪一項不是金融監管科技發展的主要訴求？

　　A. 即時風險分析　　　　　B. 詐欺行為偵測

　　C. 內線交易分析　　　　　D. 提升金融服務獲利能力分析

（　）2. 在智慧型手機上使用空中簽名，主要目的是為了下列哪一項功能？

　　A. 雙重確認　　　　　　　B. GPS 定位

　　C. 代替密碼輸入　　　　　D. 找尋鄰近之 Access Point

（　）3. 下列何者是用來提升金融服務或是作業流程之安全性？

　　A. P2P 借貸　　　　　　　B. 機器理財

　　C. 生物辨識　　　　　　　D. 虛擬社群經營

（　）4. 下列哪一種生物辨識，在客戶透過客服系統進線時進行身分認證上之應用較為合適？

　　A. 簽名辨識　　　　　　　B. 虹膜辨識

　　C. 聲紋辨識　　　　　　　D. 臉部辨識

（　）5. 下列哪一項不是金融監管沙盒（Regulatory Sandbox）設置的目的？

　　A. 鼓勵金融創新　　　　　B. 保護消費者權益

　　C. 管理營運風險　　　　　D. 提升金融創新公司之獲利能力

( ) 6. 台灣「個人資料保護法」中，下列哪一項屬於個人資料項目中定義的特種個資？

    A. 電話號碼   B. 健康檢查

    C. 護照號碼   D. 身分證字號

( ) 7. 下列何者屬於洗錢防制法管轄對象之「非金融事業或人員」？

    A. 銀行   B. 銀樓業者

    C. 證券商   D. 期貨商

( ) 8. 下列那一項是洗錢三階段之第一階段？

    A. 辨識   B. 彙總

    C. 處置   D. 多層化

( ) 9. 甲藉由逃稅不法獲利新臺幣肆佰萬元，嗣以之投資利得壹拾萬元，及存放銀行孳息貳萬元，則依洗錢防制法規定，甲因洗錢之不法所得為何？

    A. 肆拾貳萬元   B. 肆佰萬元

    C. 肆佰壹拾萬元   D. 肆佰壹拾貳萬元

( ) 10. 「被定義為一種科技創新應用，用以解決法律遵循議題，可以讓法遵流程自動化、降低監管成本之金融科技」，是指下列何者？

    A. RegTech   B. Blockchain

    C. Cloud Computing   D. Internet of Things

區塊鏈 **8**

8-1 區塊鏈

一、什麼是區塊鏈（blockchain）

區塊鏈（blockchain）是分散式公開帳本，是將數位交易紀錄依時間順序記載在公開的分散式資料庫（帳本），並透過參與者同意的規則或是獲得一定數量的贊成票後，被記錄並加密保存在帳本上。

《哈佛商業評論》（Harvard Business Review）描述區塊鏈「是一種開放，分散式的分類帳，能有效記錄雙方交易，並以可核查與永久性的方式記錄」。

《世界公民文化中心》認為，區塊鏈是一種技術架構，又稱分散式帳本。在區塊鏈上，任何寫入的資料都會被當作「區塊」鎖住，沒人能夠更改。這個資料庫沒有監管人，而是由所有人組成的共識網路維持。

《商周.com》描述，區塊鏈是「分散式帳本技術」（distributed ledger technology），它是一種改變「記帳」方式的新技術，它讓交易過程中每個節點的每一筆帳，都能透明、省錢又安全地被紀錄下來。

所謂「區塊」（Block）是一串使用密碼學方法所產生的資料塊，每一個資料塊可以儲存交易明細，當有新增的資料塊時，便可透過「鏈結」（chain），按照時間順序將其連結至前一個區塊，形成鏈式數據結構，整條資料串起來就形成區塊鏈，以此技術實現一個去中心化、資料不可竄改的分散式資料庫。

二、區塊鏈的特色

隨著區塊鏈金融科技興起，全球 FinTech 顛覆了金融市場結構，去中心化（Decentralization）不用像傳統銀行需要中央帳簿監管，去銀行化（De-Banked）更改變實體銀行營運的思維。

區塊鏈（blockchain）是一套開放技術，人人皆可使用，具有「去中心化」、「公開」、「透明」三大特徵，只要涉及「交易」行為都避不開它的衝擊。因為區塊鏈公開、透明，讓交易過程中「資訊不對稱」的情況大幅下降，勢必影響在經濟活動裡中間人角色。記帳方式的改變，重組交易雙方的信賴關係，帶來一場全新的商業革命。

表 8-1　區塊鏈的特色

區塊鏈的特色	說明
去中心化（Decentralization）	區塊鏈採共識機制，沒有中央集權角色。
共同維護公開帳本（Public ledger）	加入區塊鏈的各方，共同維護並享有同一份記錄交易帳本，若帳本資訊有變數，都會獲得相同的訊息。
防止抹滅或是竄改（Tamper resistant）	以雜湊函數為基礎，若資訊被抹滅或是竄改，區塊鏈上的共享者，必定會察覺，會自動還原正確值。
具時間戳記（Time Stamps）	區塊鏈的參與者共同一個時間軸，而在發生資訊變動時，會以「時間戳記」記錄資訊的變動。
自動解決交易衝突（Confliction resolution）	在區塊鏈中，若有一個交易發生了，第二個使用同一批數位貨幣的交易就不會進行。以比特幣來說，當一個比特幣由 A 轉手到 B 時，A 就無法再轉給第二個人，自動解決了交易衝突。

資料來源：修改自陳君明（2017）

區塊鏈的核心價值在於 ① 去中心化：去除傳統交易上雙方仰賴的中介單位，例如銀行等，避免集中管理下所產生的不忠誠或突發事件，使資料系統遭到破壞或損失，形成一種分散式帳本的特性；② 開放式、交易公開透明、匿名化：開放式的架構使每一位用戶都能參與區塊鏈網路，共享與維護資源，且採匿名式交易，所有交易紀錄皆公開透明的被紀載，任何參與者可隨時查閱區塊鏈上每一筆紀錄；③ 不可竄改、可追溯性：由於其分散式帳本的特性，一旦資料數據連結至區塊鏈中，欲竄改資料將變得困難，而區塊鏈的每一筆更改記錄具可追溯性度。

三、區塊鏈去中心化的演進

- **第 0 階段**：在沒有區塊鏈之前，是中心化的世界，所有的交易必須有一個中介機構或交易所在中心做媒合，這些中心保存所有交易紀錄，讓全世界的經濟、金融體系可以運轉。

- **第 1 階段**：區塊鏈 1.0 是去中心化的開始，出現比特幣（Bitcoin）。比特幣開創以「分散式帳本」的記帳方式，跳過中介銀行與中心機構，讓所有參與者的電腦一起記帳，做到去中心化的交易系統。交易者的帳本，經過礦工運算加密後，經所有區塊鏈上的電腦確認後上鏈，理論上加密安全、不可竄改、可追蹤。

- **第 2 階段**：區塊鏈 2.0 智能合約——以太坊。智能合約是程式撰寫而成的合約，不被竄改，自動執行，還可搭配金融交易。而且可以透過它來發行代幣。此外，智能合約也可用來記錄股權、醫療資訊、證書資訊、版權、智慧財產權的交易。進而開啟比特幣等虛擬貨幣之外，區塊鏈 2.0 應用的無限可能性。

- **第 3 階段**：區塊鏈 3.0 連接實體生活——物聯網 IOTA。IOTA 透過更為簡單的演算法，讓每個鏈上的交易者都可以參與加密，且不需全體認證，不需礦工，可以加快加密時間。因此能進行「物與物」之間非常資料量小、但頻率高的交易。IOTA 應用於物聯網的使用場景，主要分為「物聯網支付」和「物聯網數據儲存交換」。

  （1）**物聯網支付**：是指透過 IOTA 讓機器與機器之間可以買賣各種數據、資源和服務，而且以「按需求（on-demand）」的方式販售。例如，WiFi 可按使用多少小時支付、租車費可按照行使里程計價支付。

  （2）**物聯網數據儲存交換**：由於 IOTA 無手續費、輕量化、可規模化等特性，特別適合物聯網的數據儲存交換，讓「機器與機器」（Machine to Machine，簡稱 M2M）之間進行頻率高，單筆數據量小的交易。

階段 0 沒有區塊鏈之前 中心化的世界	階段 1 區塊鏈 1.0 去中心化的開始 比特幣	階段 2 區塊鏈 2.0 智能合約 以太坊	階段 3 區塊鏈 3.0 連接實體生活、物聯網 IOTA

圖 8-1　區塊鏈去中心化的演進

IOTA 是一種可擴展、去中心化以及模塊化的加密貨幣，並且沒有交易費用。主要是提供物聯網（IoT）上各機器之間資訊安全的通訊以及付款。IOTA 的出現是為了解決物聯網的問題，因為物聯網交易量龐大，因此 IOTA 創造出一種稱為 Tangle 的網路（一種點對點的分散式數據庫），它可解決可擴展性的問題，能容納更多的用戶以及隨著交易數量增加，交易確認的速度也會越快。此外，由於 IOTA 與傳統區塊鏈技術不同的是沒有礦工費，可以做零元交易。

IOTA 具有四大特點：① 可擴展性（Scalability）、② 去中心化（Decentralisation）、③ 無交易手續費（No transaction fees）、④ 抵抗量子計算（Quantum computing protection）。

四、區塊鏈與比特幣

比特幣跟一般法定貨幣不同，比特幣是第一個使用區塊鏈技術的虛擬加密貨幣。比特幣強調「去中心化」，不經由任何中央機構發行，而是由網路程式自主管理，只發行固定的數量，有如虛擬世界的黃金，並由所有使用者共同核對交易。為了吸引使用者持續維護這個網路，比特幣設計獎勵機制，用少量比特幣吸引「礦工」來驗證交易，讓一份交易資料儲存在每台礦工電腦裡。比特幣的使用方式開展了區塊鏈的應用。

五、區塊鏈的缺點

隨著區塊鏈的應用越來越多，開始浮現區塊鏈的缺點。

1. **處理速度的問題**：以比特幣為例，至今已封存四十多萬個資訊區塊，由於每一個區塊都會包含前面所有區塊的交易資訊，因此比特幣這條鏈的數據量高達 90G，加上社群越來越龐大，但系統每秒鐘只能處理 7 筆交易，以至於交易時間拉長，成為安全漏洞。

2. **交易訊息更改不易**：若交易雙方有人不小心多打了一個零，卻等到交易完成後才發現。這時，就很難處理。因為區塊鏈資料無法修改，只能再新增一筆記錄，作為數字修正。但注意，區塊鏈讓資料不易修改，無法造假，但交易可以造假，有心人士還是可以藉由假交易，影響區塊鏈。區塊鏈將會取代許多中介角色（如：稽核人員），區塊鏈被稱為「信任機器」（Trust Machine），當資料真實性已經不再需要驗證時，稽核人員轉而關注交易是不是真的。

六、公有鏈、私有鏈、聯盟鏈

1. 「**公共區塊鏈**」，簡稱「**公有鏈**」（**Public blockchain**）：對所有人開放，任何人都可以參與。代表案例比特幣（Bitcoin）、以太坊（Ethereum）及萊特幣（Litecoin）。公有鏈是完全開放的區塊鏈，任何人都可以參與系統維護工作，這使得公有鏈具有以下 2 個特點。

   - **開源（Open Source）**：公有鏈是開源系統，整個系統的運作規則公開透明。

   - **匿名（Anonymity）**：由於節點之間無需信任彼此，所有節點也無需公開身份，系統中每一個節點的匿名和隱私都受到保護。

2. 「**私有區塊鏈**」，簡稱「**私有鏈**」（**Private blockchain**）：對單獨的個人或實體開放。公共鏈注重「匿名性」與「去中心化」，而私有鏈注重「運作效率」且往往是實名制，需要被邀請才能加入。

3. 「**聯盟區塊鏈/聯盟鏈**」（**Consortium blockchain**）：對特定的組織團體開放。聯盟鏈可視為「部分去中心化」，公眾可以查閱和交易，但不能驗證交易，或不能發佈智能合約，需獲得聯盟許可。代表案例瑞波（Ripple）、超級帳本（Hyperledger）、R3。

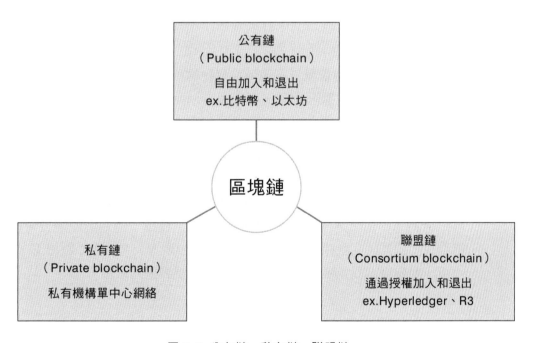

圖 8-2 公有鏈、私有鏈、聯盟鏈

七、區塊鏈應用五大金融科技場景

一般而言，區塊鏈應用有五大金融科技場景：

1. **虛擬貨幣 / 加密貨幣（Cryptocurrencies）**：目前主流的加密貨幣，例如比特幣、乙太幣、萊特幣等，主要運用區塊鏈去中心化、無法竄改、可作為帳本的特性，運行一個龐大的金流系統。

2. **智能合約（Smart Contract）**：從區塊鏈的角度來看，Airbnb 所謂的「共享經濟」並不是真的共享，因為還需要中介機構來整合所有交易與服務。但有了區塊鏈，透過智能合約，無須中介機構，一切可以自動有序地運轉，Airbnb 若不改變可能就會消失。

3. **跨境支付 / 清算 / 審計**：例如 2016 年 9 月，巴克萊銀行和以色列一家初創公司共同完成全球首個基於區塊鏈技術的貿易交易。該筆貿易，巴克萊銀行擔保價值約 10 萬美元由愛爾蘭 Ornua 公司向 Seychelles Trading Company 發貨的奶酪和黃油產品。該系統透過區塊鏈技術，使其在 4 小時內完成了傳統需要耗時 7 至 10 日的交易處理。傳統進出口貿易交易需要依託銀行「信用狀」結算體系，需要進出口雙方將單據在雙方的銀行和客戶間傳遞，流程繁瑣、效率低下。透過區塊鏈技術，過程只需要幾分鐘，整個交易流程可在幾小時內完成。隨著商用的落地，區塊鏈技術將大幅改變原有的「信用狀」貿易結算方式。

4. **供應鏈金融 / 供應鏈管理**：區塊鏈將貨物轉移以分散式公開帳本登記為交易，以確定與生產鏈管理相關的各參與方以及產品產地、日期、價格、質量和其他相關信息。所有參與方都能藉由去中心化的分散式公開帳本，在達到預定的時間和結果時，自動進行支付，極大地提高效率及減少人工交易可能造成的失誤。

5. **大數據交易/資產交易**：例如京東旗下京東萬像數據服務商城，其大數據交易平台將運用區塊鏈技術，實現數據的溯源、確權。應用區塊鏈技術後，得到權益保障的「數據提供方」會更願意參與數據交易，而「數據需求方」也可以輕鬆獲取原始數據，查看數據品質，得到指導服務等。

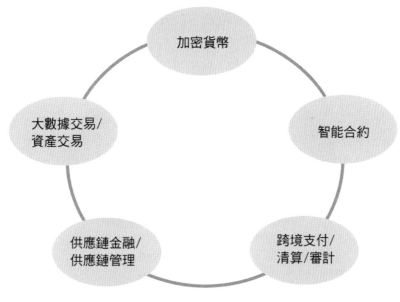

圖 8-3 區塊鏈應用五大金融科技場景

8-2 虛擬貨幣 / 加密貨幣（Cryptocurrencies）

一、 電子貨幣與虛擬貨幣

數位貨幣分為「電子貨幣」與「虛擬貨幣」這兩種。

1. **電子貨幣**：如電子票證（悠遊卡）或電子支付（Line Pay），以法償貨幣計價。

2. **虛擬貨幣**：如比特幣，以非法償貨幣計價。

二、比特幣（Bitcoin）

比特幣（Bitcoin）是一種區塊鏈應用。電子貨幣可被用來做物品交換，就像美元、歐元、人民幣和其他國家的貨幣。一單位的電子比特貨幣（BTC）就是一塊比特幣，就像真實的一塊錢貨幣一樣，本身沒有價值，只有在進行物品交易時才會產生價值。

在比特幣系統裡，有一本帳本（ledger），它是一個電子檔案，記錄著所有的交易紀錄。這帳本不是存放在一個中央機構，像是銀行，或是一個資料庫。它擁有無數份副本，散佈存放在區塊鏈網絡上的每一台電腦裡，而每台電腦稱為「節點（node）」。

如果劉小良想用比特幣轉帳給吳小瑜，他就送一個訊息告訴網絡說：劉小良的帳戶減 1 BTC，然後吳小瑜的帳戶加 1 BTC。在網絡中的每個節點都會收到訊息，並且將這筆交易記錄到自己的帳本裡，然後更新帳戶的餘額。

圖 8-4　比特幣（Bitcoin）

資料來源：比特幣官網

為了能在區塊鏈網絡裡進行交易，用戶需要一個錢包（wallet），它讓用戶可以存放和交易比特幣。只有你可以花費你的比特幣，所以每個錢包被特殊的加密法所保護著，使用一對獨特且配對的鑰匙：公鑰和私鑰，才能解鎖。

如果一段訊息被公鑰加密，只有配對的私鑰才能解密讀到訊息。反之，如果你用你的私鑰加密訊息，只有配對的公鑰可以解密。所以當劉小良想要轉帳，他需要用他的私鑰將轉帳訊息加密後，送到網路裡，然後每個節點使用劉小良的公鑰將訊息解開，以確認是由劉小良所發送的。

在加密完成時會產生一個電子簽名，它會被節點們用來確認交易訊息的發送來源和真偽。電子簽名內容是一串文字，它是由交易訊息和私鑰所組成的，所以不能用在其他的交易訊息上。如果更改交易訊息中任何一個字元，電子簽名也會跟著改變，所以駭客很難更改你的交易訊息或是得知交易金額。

網路上每個節點都保有一份帳本，但節點並不知道你的帳戶餘額。基本上，區塊鏈系統並沒有記錄每個人的帳戶餘額，它只有紀錄網絡上每筆交易紀錄。為了得知你的帳戶餘額，你必須分析和驗證所有曾經跟你錢包產生交易的紀錄。「帳戶餘額」的計算和驗證需要靠之前的交易紀錄。這些計算和驗證會由錢包和節點自動完成，使用者不需要煩惱。

因此，對比特幣而言，區塊鏈是一套系統，它讓一群互聯的資訊網路安全地共同維護一份帳本。

三、首次貨幣眾籌（ICO）

　　所謂 ICO，是 Initial Coin Offering 的英文縮寫，意思是「首次貨幣眾籌」，概念拷貝自股票市場的 IPO（Initial Public Offerings，意思是即將上市的首次公開發行股票）。ICO 是指組織在區塊鏈技術的支持下發行數位代幣，向投資人募集虛擬貨幣（一般為比特幣、以太幣）的融資活動。

圖 8-5　首次貨幣眾籌（ICO）

　　基本上，ICO 有兩大優勢：第一，提高融資效率；第二，快速募集合作夥伴共同拓展生態圈的能力。

1. **提高融資效率**：ICO 專案團隊所公佈的規則，會一字不差地寫入智能合約，並公示給所有人。簡單來說，就是投資者在規定時間內按智能合約要求把乙太坊等代幣打入 ICO 代幣發行方公佈的智能合約地址。在得到來自智能合約購買成功的判斷後，發行方會把對應數量的新發行數位代幣原路返還到投資者的錢包地址，交易完成。這是在區塊鏈全網記帳的模式，大大降低了融資與投資雙方的信任成本，進而提高融資效率。傳統的融資過程耗時要長於 ICO。

2. **快速募集合作夥伴共同拓展生態圈的能力**：ICO 專案團隊透過數位代幣銷售的方式把未來潛在的企業、個人等用戶聚在一起，他們不止用虛擬貨幣購買 ICO 專案團隊銷售的代幣，還可以和 ICO 專案團隊一起拓展區塊鏈的生態圈，將區塊鏈技術應用於具體場景，這樣技術落地的速度就會加快，網路效應會增大。這具有比融資更大的意義。

四、冷錢包

儲存虛擬貨幣的「硬體錢包」，稱為「冷錢包」。冷錢包是指將私鑰儲存到不會連網的設備上的實體錢包，若不放心將虛擬貨幣放在虛擬貨幣交易所帳號中保管，可以另外購買類似 USB 的冷錢包，利用離線的方式，將擁有的虛擬貨幣存放在冷錢包，就不用擔心駭客透過網路盜走虛擬貨幣。

「熱錢包」是將虛擬貨幣存放在網路上，一般來說，存放在虛擬貨幣交易所的虛擬貨幣，就是一種熱錢包，但駭客有機會透過網路攻擊，取得熱錢包帳號的私人金鑰，並打開錢包把錢都轉走，較不安全，但優點是提領或交易上比較方便。

使用「冷錢包」最重要是「不能忘記密碼或是金鑰」，因為不像虛擬貨幣交易所使用帳號密碼登入，而是直接使用密碼/金鑰開啟，如果忘記，可沒有虛擬貨幣交易所能幫忙解決，虛擬貨幣資產就只能付之東流。

五、比特幣區塊鏈運作基礎：密碼學

實體世界有鎖、金庫、保險箱來保管財物；而在由位元組成的虛擬世界中，保護資訊安全，就必須使用密碼學。比特幣區塊鏈採用「Hashcash 演算法」來進行「工作量證明」，讓區塊鏈中的各節點有機會參與驗證，達到公正性，且交易過程採用「橢圓曲線數位簽章演算法」來確保交易安全，並在每筆交易與每個區塊中使用多次 Hash 函數以及 Merkle Tree，不只是為了節省儲存空間，更重要的是藉由將前一個區塊的 Hash 值加入新區塊中，讓每個區塊環環相扣，也因此做到所謂的可追蹤且不可竄改的特性，同時也使用「時間戳記」來確保區塊序列。

關鍵 1：採用「工作量證明」達到去中心化及公正性。

關鍵 2：交易採用「橢圓曲線數位簽章演算法」（ECDSA）加密。

關鍵 3：Hashcash 演算法及多種 Hash 函數確保資料不被竄改。

關鍵 4：經由 Merkle Tree 將大量訊息縮短成一個 Hash 值。

關鍵 5：採用時間戳記（Timestamp）確保區塊序列。

六、Facebook 發行的加密貨幣 Libra（改名 Diem）

Libra 的使命是建立一套簡單無國界的跨國貨幣，是為數十億人服務的金融基礎設施，以達普惠金融。Libra 採用區塊鏈技術打造無國界、去中心化、低波動的

加密虛擬貨幣（Cryptocurrency），以降低全球貨幣兌換、轉帳、收款、支付、交易的門檻，實現普惠金融創新。

Libra 不同於比特幣。Libra 是有真實資產做擔保的穩定貨幣，比特幣和多數其他的區塊鏈貨幣沒有實際資產作為擔保，其價值來源純粹靠的是投資者對這個加密貨幣的信心。

比特幣性質偏向金融投資商品而非貨幣，而 Libra 作為穩定貨幣，其目標是成為廣泛受認可的交易媒介（希望能成為法定貨幣），Libra 的貨幣價值在於，Libra 的資產儲備能夠支應兌換相應價值的法定貨幣（簡稱「法幣」）。

比特幣的發行量是演算法決定，總發行量是固定的，由挖礦者算力決定分配。Libra 的發行量是由用戶市場需求決定，用 1：1 的法幣購買，就會創造出新的 Libra 貨幣，並在儲備中增加法幣同等的真實資產，反之，在需求減少時銷毀 Libra，只有 Libra 協會能決定創造或銷毀 Libra。

由於貨幣發行機制的差異，比特幣每顆幣升值和貶值，取決於市場對比特幣的需求，Libra 的升值和貶值，僅取決於外匯市場的波動，因為 Libra 是錨定一籃子貨幣的穩定貨幣。

為了一改各國政府擔心它過度影響傳統金融秩序，以及 Facebook 色彩太濃的外界印象，2020 年 12 月 2 日正式宣佈 Libra 改名為 Diem，而負責 Libra 營運的非營利組織 Libra 協會（Libra Accociation），改為 Diem 協會。Diem 將直接發行 1：1 掛鉤美元的單一穩定幣，跟 USDT、USDC 直接競爭。

七、穩定貨幣（Stablecoins）

《數位時代》定義，「穩定貨幣」（Stablecoins）是指稱錨定真實世界貨幣價格的加密貨幣。由於市場上充滿許多數位貨幣（比特幣、以太幣、萊特幣等），一天的漲幅可以高達正負 10%，甚至更高。因此有了「穩定貨幣」的誕生。穩定貨幣是中心化資產抵押發行的代幣。

貨幣市場中最受歡迎的就是直接由法定資產 1：1 支撐的穩定貨幣。貨幣發行方需要具有一定數量的法定貨幣儲存，並按比例來發行代幣。例如 USDT 的發行皆是以美元為掛鉤的穩定貨幣，當他們發行 100 萬顆穩定貨幣，他們的銀行帳戶裡也同時需要 100 萬美金為儲備金才可以發行。使用者可以使用穩定貨幣進行自由交易，並且持有者可隨時將穩定貨幣直接兌換成等值的美元。

Libra 是一種穩定貨幣，卻不是錨定單一法幣，Libra 的價格會與一籃子貨幣掛鉤，而不是釘住美元，以減少價格波動。Libra 根據市場需求，每新增一枚 Libra，就要在儲備中存入 1:1 等值的法定貨幣，若 Libra 兌換成儲備中的法幣則會銷毀。因此，理論上 Libra 的升值或貶值，所反應的只是一籃子貨幣的外匯市場波動。不過 2020 年 12 月 2 日，Libra 改名為 Diem 後，改為掛鉤美元的單一穩定幣。

8-3　智能合約

一、什麼是智能合約（Smart Contract）

區塊鏈 2.0 平台除了提供分散式帳本（資料庫）的功能外，也支援在它上面發展各式各樣的區塊鏈應用程式，這類程式被稱為「智能合約」（Smart Contracts）。「智能合約」一詞最早是由尼克·薩博（Nick Szabo）於 1990 年代初期所提出，但一直到 2015 年以太坊（Ethereum）區塊鏈 2.0 平台出現，才得以實現。

在區塊鏈 2.0 上運行的程式稱為「智能合約」，因此通常會把「寫區塊鏈 2.0 程式」，稱為「寫智能合約」。智能合約是用「以太坊」專屬用來寫智能合約的程式語言，例如 Solidity 程式碼寫成的，並由以太坊虛擬機（ethereum virtual machine，簡稱 EVM）來執行智能合約。

雖然比特幣區塊鏈上也能寫智能合約，但是比特幣（區塊鏈 1.0）所支援的語法僅與交易有關，能做的事情比較有限。因此寫智能合約，通常是指支援執行圖靈完備程式的「以太坊」（Ethereum）區塊鏈 2.0。

智能合約程式一旦部署到以太坊區塊鏈平台上後，當合約所設定的事件發生時，一些條件就會成立而觸發合約的指定功能，開始執行程式，執行的結果通常會引發資產的移轉。但智能合約是部署在區塊鏈平台上，會自動複製到網路中的每個節點，不僅不能竄改，也會在每個節點上執行。區塊鏈的技術確保各節點執行相同的程式邏輯，產出一致的帳本異動；進而在交易的兩造雙方間建立信任，有效支援兩造雙方直接交易，毋須中介機構來對帳。

傳統買賣合約

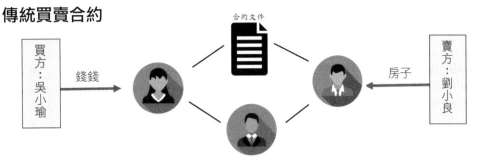

律師／代書、仲介、保險

智能合約（Smart Contract**）**

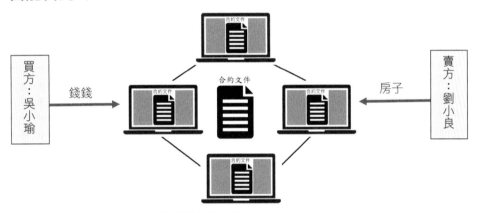

程式碼就是法律 (Code as Law)

圖 8-6 智能合約（Smart Contract）

資料來源：修改自 https://i.investopedia.com/image/jpeg/1519697562453/
ethereum_smart_contracts.jpg

二、智能合約的構成要素

一份智能合約有四大構成要素：合約主體（Subject of Contract）、數位簽章（Digital Signature）、合約條款（Contract Terms）及去中心化平台（Decentralized Platform）。

1. 合約主體：智能合約中必須要有合約主體，才能在智能合約的程式中，自動鎖定及解開合約中的相關商品及服務。

2. 數位簽章：智能合約需要所有參與者透過他們的私鑰（private key）進行認證之後，才能被啟動。

3. 合約條款：智能合約中的合約條款，皆須由所有參與者認同並簽署後才可執行。

4. 去中心化平台：智能合約被放入去中心化的區塊鏈平台，並分佈於各個節點之間，等待執行合約條款。

三、什麼是以太坊

「以太坊」（Ethereum）是一個公共區塊鏈平台，可運行智能合約，透過其專用加密貨幣「以太幣」（Ether）提供去中心化的虛擬機器來處理對等合約。

ETHEREUM   ETHER

資料來源：https://clarity.pk

四、什麼是以太幣

「以太幣」是一種在「以太坊」區塊鏈平台所流通的「代幣」（Token），當使用以太坊區塊鏈平台時，所需要花費的費用，將會使用「以太幣」來支出。

8-4 區塊鏈的應用

區塊鏈應用專案大致分為：存在性證明、智能合約、物聯網、身分驗證、預測市場、資產交易、電子商務、社交通訊、檔案存儲、資料 API（應用程式介面）等。

智能合約是以數位形式定義的承諾，讓參與合約的雙方可執行承諾協議，特色是合約約定的內容是透過電腦自動執行，可避免人為因素造成的糾紛。但智能合約是由一連串程式代碼組成，而不是法律條文，因此智能合約並沒有法律效用，與其說智能合約是合約，倒不如說是一項工具。

一、區塊鏈 1.0 到區塊鏈 3.0

Melanie Swan（2018）認為，區塊鏈技術產生三種實際應用的層次：區塊鏈 1.0、區塊鏈 2.0 以及區塊鏈 3.0。首先，「區塊鏈 1.0」的核心應用：貨幣與支付系

統。接著，「區塊鏈 2.0」：超越單純貨幣市場與金融應用，即智能合約應用。最後則是「區塊鏈 3.0」：超越貨幣、經濟和市場的區塊鏈應用，在區塊鏈 3.0 時代將會出現一些公正（justice）應用，例如區塊鏈治理、區塊鏈智慧財產權保障、以及區塊鏈公益等。

表 8-2　區塊鏈 1.0 到區塊鏈 3.0

階段	區塊鏈 1.0	區塊鏈 2.0	區塊鏈 3.0
應用點	貨幣（Currency）	合約（Contract）	治理（Governance）
特色	貨幣與支付系統	智能合約	超越貨幣、經濟、市場的公正應用
鏈	公有鏈	私有鏈/聯盟鏈	數據經濟基礎設施
代表	比特幣（Bitcoin）	以太坊（Ethereum）	

比特幣誕生前，並沒有區塊鏈這個名詞，然後業界從比特幣中提取了技術架構和體系，稱為區塊鏈技術，此時期稱為「區塊鏈 1.0」時代，那個時候區塊鏈技術主要應用在電子貨幣和去中心化交易為主，主要代表是比特幣（Bitcoin）。「以太坊」（Ethereum）出現將區塊鏈帶入 2.0 的時代，「區塊鏈 2.0」不是推翻 1.0，而是在 1.0 的基礎上實現區塊知曉、價值知曉、圖靈完備，並進行了細節優化，主要代表是「智能合約」。

二、最早的案例：區塊鏈 Ujo 音樂平台

區塊鏈可應用在各種產業，例如音樂版權管理方面，可證明文字、圖像、影片、音樂、數位畫作等作品的存在性，保障著作權的唯一性，透過區塊鏈技術也可脫離中間商的高額抽成剝削。

《商周.com》報導，2015 年 10 月，第一套運用區塊鏈的 Ujo 音樂平台成立，讓用戶花 0.6 美元在此下載單曲，並公開款項自動、透明分配的流程。買家在 Ujo 發出購買泰勒絲歌曲訊息，同意從電子錢包轉出 0.6 美元，啟動一連串交易流程，Ujo 音樂平台上數個端點開始處理訂單、系統自動分配款項，等交易流程結束，泰勒絲就寄出歌曲存放位址供買方（用戶）下載，買方（用戶）把歌曲存檔，交易結束！

用戶不需要是 Ujo 音樂平台會員，只是借道買賣，無須向它申請帳號、密碼，更不用交出敏感的個人資料；也不收手續費，只會在用戶提出交易通知時，隨機發送一組英文字母、數字夾雜的三十幾位亂數當作交易代號。交易完成後，用戶從此棄用也無妨，下回想再買歌，自動會再更換一組亂數交易代號。

三、區塊鏈 BitGive 公益募資

　　BitGive 成立於 2013 年，是美國一家非營利性慈善基金會，也是美國第一家獲得政府批准的非盈利免稅組織，致力於將區塊鏈技術應用於慈善和人道主義工作中。2015 年，BitGive 公佈慈善 2.0 計劃，應用區塊鏈技術建立公開透明的捐贈平台，GiveTrack 平台上的捐款的使用和去向都會面向捐助方和社會公眾完全開放。藉由區塊鏈技術，捐助者將能夠了解到他們捐款的詳細流向，以及了解他們的捐款是否被正確使用，公益資金濫用的問題將成為過去。

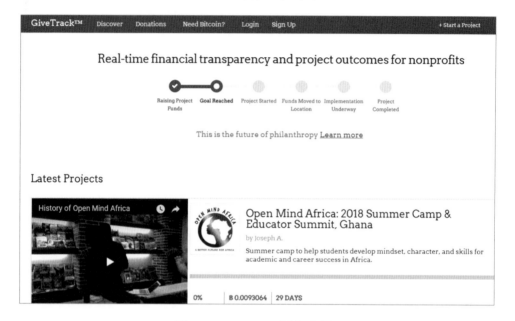

圖 8-7　GiveTrack 平台官網

資料來源：擷取自 https://www.givetrack.org/

四、區塊鏈非金融領域的應用

　　區塊鏈新創「奧丁丁」（OwlTing）將區塊鏈應用於非金融產業，透過區塊鏈解決各產業的痛點，包含 2017 年中推出區塊鏈 B2B 服務—全球首個區塊鏈食品溯源系統「OwlChain」；2017 年底推出全球首個區塊鏈旅宿業管理服務「OwlNest」。

　　2017 年 5 月 24 日「奧丁丁」（OwlTing）推出全球首個食品區塊鏈溯源系統 OwlChain，可供商家將食品履歷寫入以太坊（Ethereum）的私有鏈中。商家可將自家產的豬肉、海鮮的履歷，透過 OwlChain 做中間技術的橋接，用 API 將履歷寫入 AMIS 區塊鏈。消費者只要掃描食品包裝上的 QRcode，就可以看到該食品的完整履歷。

2017 年 5 月 24 日「奧丁丁」（OwlTing）推出全球首個區塊鏈旅宿管理服務 OwlNest，提供一套支援智能合約的飯店管理 PMS 系統（Property Management System），也可串接大型訂房服務，協助飯店業者設定智能合約，管理促銷方案和房間庫存，還可整合到線上旅遊平台 OTA（Online Travel Agent）。

8-5　代幣經濟（Token Economy）

一、代幣經濟的兩大基礎：錢包和交易所

隨著「虛擬貨幣錢包」、「虛擬貨幣交易所」這兩大通往代幣經濟的基礎建設愈來愈完整與成熟，代幣經濟蓄勢待發，就像高鐵一樣，將高速邁向代幣經濟的時代。

1. **虛擬貨幣錢包**：虛擬貨幣錢包依所使用的硬體設備，可分為電腦虛擬貨幣錢包、手機虛擬貨幣錢包、線上虛擬貨幣錢包、硬件虛擬貨幣錢包。大多支援比特幣、以太坊等主流幣種的儲存。

2. **虛擬貨幣交易所**：台灣兩大虛擬貨幣代買代賣平台，幣託（BitoEX）和 Maicoin。「幣託」推出「BitoPro」虛擬貨幣交易所，「Maicoin」推出「MAX」虛擬貨幣交易所，讓用戶可用台幣儲值，以低廉的交易手續費來完成虛擬貨幣的撮合、買賣。

總結來說，虛擬貨幣錢包與虛擬貨幣交易所，是邁向代幣經濟時代的基礎建設，在台灣，用戶可以輕易地用台幣去換到所需的幣種。代幣經濟做什麼都要經過交易所。虛擬貨幣交易所是推動虛擬貨幣區塊鏈的第一步，未來發行不同的 ICO 項目，代幣要怎麼流通，有交易所這樣的媒介角色才方便交易流通。此外，代幣經濟的促成，沒有時間和地理空間限制的虛擬貨幣，可讓新創的好想法有機會直接面對全球募資市場，直接向國際發聲，向全球募資。

二、第二代虛擬貨幣交易所

第二代的虛擬貨幣交易所，專攻虛擬貨幣間（Crypto to Crypto）的轉換。廣納多元幣種，讓比特幣與其他虛擬貨幣進行交換，希望藉由這種的方式，讓加密貨幣更活躍更具流通性。基本上，除主流的比特幣、以太幣外，全球虛擬貨幣種類高達 1,200 種，第二代虛擬貨幣交易所讓用戶有機會接觸其他 1,200 多種加密貨幣。

三、虛擬貨幣（Crypto Coin）/ 虛擬代幣（Crypto Token）

　　虛擬貨幣（Crypto Coin）和虛擬代幣（Crypto Token）都是藉由區塊鏈技術，實現可用來交易的數位憑證。虛擬貨幣（Crypto Coin）常簡稱 Coin，Coin 內所儲存的數值代表「數位的錢」，而虛擬代幣（Crypto Token）常簡稱 Token，不過 Token 則不只可以記錄數值，還可以是各式各樣的資訊，也因此，Token 可以用來代表更多類型的意義，例如紅利點數、股份、使用權、遊戲商品，或甚至是某一個組織或社群的投票權等。廣義來說，「虛擬貨幣」可以說只是「虛擬代幣」的其中一種，專門用來代表「錢」的虛擬代幣。

四、為何會出現虛擬代幣（Crypto Token）

　　「虛擬代幣」（Crypto Token）的概念源自以太坊（Ethereum）區塊鏈的設計。在 2015 年底，以太坊區塊鏈為智能合約設計出以太坊代幣設計標準，簡稱 ERC20（Ethereum Request for Comments），可以讓人以「以太幣」為基礎，來自行定義出自己專屬的虛擬代幣，因為有一套共同的代幣設計規範，因此，透過 ERC20 標準所設計出來的代幣，就可使用以太坊區塊鏈的智能合約程式，來進行代幣的交換和流通，也能用以太幣來兌換這些自製的代幣。這也催生了 ICO 這個用虛擬代幣進行群眾募資的募資形式。

五、虛擬代幣（Crypto Token）與 ICO 的關係

　　Token 是 ICO（首次貨幣眾籌，或稱首次代幣發行）得以出現的關鍵。Token 儲存的資訊，代表這家公司的股份，透過虛擬貨幣公開向大眾兜售這家公司的股份 Token，投資者則付出虛擬貨幣，來購買代表這家公司股份的 Token，這就是基本的的 ICO 募資形式。而儲存在 Token 內的股份記錄，藉助區塊鏈技術，容易散布又不可能竄改，因此可以成為一種有效的公司股份數位憑證形式。

六、虛擬代幣 vs 紅利點數

　　在台灣，集點活動的紅利點數，多半只能在發行企業所支援的店家內流通，例如 7-11 超商點數就無法到全家超商兌換。但虛擬代幣，則是可以成為全球流通的數位點數。這也正是虛擬代幣之所以能催生出更大規模代幣經濟活動的緣故。

七、任何企業都可以發行虛擬代幣

　　基本上，任何企業只要下載和部署一套以太坊區塊鏈系統，就可自己發行虛擬代幣。但要具有流通的價值，企業就要想辦法獲得群眾的認可，才能吸引群眾來購買，也才能達到群眾募資的效果，或是獲得虛擬貨幣交易所的認同，願意代為銷售，各虛擬貨幣交易所對虛擬代幣的銷售條件，各有不同，通常會考量發行者的財力或影響力來決定是否代為銷售。

8-6　區塊鏈 3.0：物聯網與區塊鏈的融合

一、物聯網融合區塊鏈技術的好處

　　根據 IBM 的看法，物聯網融合區塊鏈技術有三大好處：

1. **建立信任**：使用區塊鏈技術，在物聯網裝置之間建立信任關係，並降低共謀和篡改的風險。

2. **降低成本**：使用區塊鏈技術，透過區塊鏈去中間化的特性，消除與中間人和仲介機構相關的開銷來降低成本。

3. **加速交易**：透過將結算時間從幾天縮短至幾乎為一瞬間，進而加速交易。

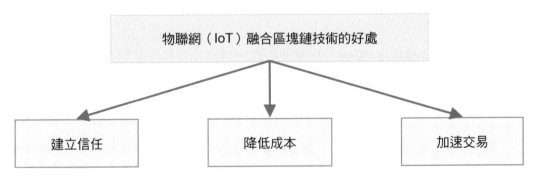

圖 8-8　物聯網 IoT 融合區塊鏈技術的好處

二、物聯網融合區塊鏈技術的作法

　　IBM 認為，區塊鏈技術的關鍵要素是分散式帳本，它是開放的；它通常不被任何一個實體「擁有」。任何連接到分散式帳本的運算系統被稱為「節點」。大多數節點是羽量級的（相對於雲端伺服器來說是羽量級的），因此它們不會保存完整的帳本。帳本中每個「區塊」（block）的容量上限為 1 MB。一台小型桌上型電腦可

以輕鬆地保存完整的帳本，但是大多數物聯網裝置並非如此。任何區塊鏈系統至少需要一些包含完整帳本的「完整節點」（full nodes）。

此外，需要正確的安全認證才能查看交易。因此，使用區塊鏈技術，物聯網仍然存在安全問題。裝置啟動運作和安全金鑰管理仍然是物聯網裝置持續存在的問題，並未由區塊鏈技術所解決。

三、物聯網融合區塊鏈技術的挑戰

IBM 認為，物聯網融合區塊鏈技術的挑戰包括：

1. **可擴展性問題**：區塊鏈並未具備良好的擴展性。這可能會導致回歸集中化，從而無法實現分散式帳本的理想。

2. **處理能力問題**：預計數十億件小型物聯網裝置將以非常低的成本進行量產，而這些小型物聯網裝置中的大多數，將無法以理想的速度執行區塊鏈所需的加密演算法。

3. **儲存問題**：儘管區塊鏈消除了使用中央伺服器來儲存交易和裝置 ID 的需求，但帳本（ledger）必須儲存在節點上。久而久之，帳本的規模將會增加，這將超出大多數小型物聯網裝置的能力，例如感測器，其儲存容量非常低。

4. **缺乏專業融合知識**：目前很少有人能同時瞭解物聯網裝置與區塊鏈技術的運作原理。

5. **增加系統複雜度**：要融合物聯網和區塊鏈技術會為系統增添巨大的複雜性。

6. **互通性問題**：目前產業仍缺乏物聯網融合區塊鏈技術之間的數據互通標準，更不用說這類交易管理將會延伸出的法律和合法性問題。

因此，Salil Kanhere 認為：「標準的物聯網裝置目前暫時無法進行區塊鏈這類繁重的運算工作，就像無法在一台標準的筆記型電腦上進行比特幣挖礦一樣。」所以，最初物聯網融合區塊鏈技術的應用可能只會在高階閘道器上看得到。不過這些都只是時間的問題，持續改進融合區塊鏈技術之物聯網裝置部署所需的系統，當有一天擁有足夠資源的低成本處理器廣泛普及，物聯網融合區塊鏈技術的問題，就可迎刃而解。

圖 8-9　物聯網融合區塊鏈技術的挑戰

四、物聯網 x 區塊鏈 3.0 → IOTA

隨著物聯網（IoT）發展開啓了第四次工業革命。然而物聯網始終會存在一個大問題，就是存在特定的漏洞，容易遭到 DDoS 攻擊。

IOTA 是一種用於物聯網（IoT）領域的加密貨幣，主要提供物聯網上各 IoT 設備之間資訊安全的通訊以及付款。IOTA 為物聯網而設計的 Tangle 架構，具有輕量化、規模化和免手續費的特性。

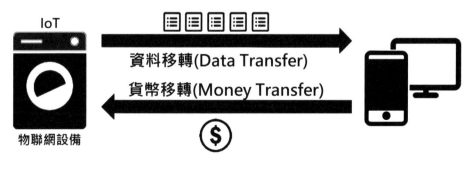

圖 8-10　IOTA

（一）IOTA 採 Tangle 架構

IOTA 採 Tangle 架構解決物聯網應用區塊鏈技術時，所面臨的「可擴展性（scalibility）」不足問題。IOTA 採用 Tangle 架構而非區塊鏈架構。Tangle 架構既沒有儲存交易資料的區塊也沒有鏈，因此 IOTA 是「物聯網 x 數位貨幣」而不是「物聯網 x 區塊鏈」。

現有的區塊鏈 1.0（比特幣）或區塊鏈 2.0（以太坊）架構並不適用於大量物聯網裝置的交易，因為區塊鏈只要越多人使用、交易量越大，交易速度會更慢、手續費更高，甚至當交易量成長到一定規模，整個區塊鏈系統還有可能癱瘓，這讓數以兆計的物聯網裝置，難以在區塊鏈上運作。

IOTA 的 Tangle 架構，沒有「區塊」（Block）、沒有「鏈」（Chain）、非線性的去中心化網路，其可從任何方向加上新增交易節點，且越多人使用 Tangle，交易速度反而更快也更安全，徹底改變過去區塊鏈 1.0（比特幣）或區塊鏈 2.0（以太坊）分散式帳本的運作方式。比特幣每秒可做約 3~4 筆交易，以太坊每秒可做約 15 筆交易，IOAT 每秒可做約 38 筆交易，而速度還會隨著用戶使用而變快。

Tangle 不需要交易手續費。Tangle 不像區塊鏈 1.0（比特幣）或區塊鏈 2.0（以太坊）需要「礦工」來驗證交易，而是將驗證交易的工作分散給每位交易者，每位交易者在每次交易時負責驗證前兩筆交易、只需付出少量運算，也因此不需要用額外的獎勵。

此外，IOTA 還能防止量子電腦攻擊。量子電腦的運算能力是普通礦機的 170 億倍，因此某種程度上具有破解區塊鏈 1.0（比特幣）的能力。

不過由於 Tangle 架構是規模越大越安全，因此在現階段交易量還不大，得先用協調者（Coordinator）作為中間人來增加交易安全，區塊鏈 1.0（比特幣）或區塊鏈 2.0（以太坊）剛起步時也有類似機制。

（二）IOTA 於物聯網的應用場景

IOTA 於物聯網的應用場景，主要分為「微型支付」和「數據儲存」。

1. **微型支付**：IOTA 使用 Tangle 架構作為底層帳本。在這個數據交易市場中，物聯網感測器（Sensor）的數據被儲存到 IOTA 的 Tangle 架構，如果賣家想要賣出數據的話，買家只要造訪這個網站，就可以直接跟感測器買數據，透過微型支付就可以完成。

2. **數據（Data）儲存**：除了交易，IOTA 也能用於物聯網裝置的數據儲存，因為其檔案大小相當輕量，就算是小型物聯網裝置，都能在 Tangle 上儲存並交換數據。相較於區塊鏈 2.0（以太坊）約有 140GB 的資料量，Tangle 則只有 5GB，原因和用戶量多寡無關，而是因為 Tangle 有個能在固定時段清除非必要資料的機制。未來物聯網裝置會偏向選擇使用 IOTA 的分散式儲存技術，而非用雲端服務儲存資料，因為雲端服務量越大，IT 的管理成本也會越高；IOAT 的分散式儲存技術雖然一開始的導入成本高，但長久使用之後的 IT 管理成本是恆定的。

📀 案例：KK Farm 以區塊鏈打造版稅結算機制的音樂發行平台

音樂領域的產業趨勢是愈來愈分眾化。進入數位音樂時代，年輕族群大多不看電視、不聽廣播，接觸影音資訊的時間也愈來愈破碎化，業者因此難以再用傳統「上廣播」、「上電視」的模式接觸年輕族群。當消費者閱聽使用習慣劇烈轉變，少了能大幅曝光的「最佳通路」後，音樂公司無法再透過傳統廣告模式捧紅新人歌手，也漸漸地更不願意培養新人。

KKFarm（科科農場）成立於 2017 年，是 KKBOX 集團旗下的文創投資基金公司，並於 2020 年 11 月正式改名為 theFARM。發 KKFarm 藉由區塊鏈結合大數據分析協助音樂產業發行、行銷、分潤，打造正向循環音樂生態系，讓音樂人可以接觸到分眾族群，不只能作想做的音樂，也能獲得合理利潤。

由於音樂市場存在歌手、製作人、發行人等各方利害關係人，存在音樂版權和利潤分配不均的問題，因此台灣著名串流媒體業者 KKBox 旗下文創投資公司 KKFarm，希望導入區塊鏈技術來解決音樂市場參與各方（歌手、製作人、發行人等）的權益分配問題，同時保障音樂創作者應得的版權與收益。

2018 年 KKFarm 推出「Museum」數位版權管理區塊鏈 2.0 系統，並整合「以太坊智能合約」、「Bitmark」與「IPFS」三大模組。藉由區塊鏈 2.0 智能合約的特長，將音樂授權機制更加透明，也能以不可篡改、不可否認之特性來保障音樂資訊之完整。

Museum 三大模組中，利用區塊鏈 2.0 技術的以太坊智能合約來記錄創作者與版權持有者等資訊，以 Birmark 來記錄影音作品等數位資產，兩者之間以 IPFS 系統串接，以分散式儲存架構當作版權人資訊和影音作品之間的橋梁。Museum 藉由區塊鏈 2.0 實作分散式帳本的以太坊智能合約架構，除了能減少故障停擺、資料遺失的風險以外，也能用 Bitmark 區塊鏈保障創作人對著作物的所有權、用智能合約

的「以太坊」建立金流機制，並藉由三大模組的互動來實現管理版權和分潤收益，保障音樂創作人權益。

至 2021 年 1 月，theFARM 已投資超過 20 間公司，其中包含海內外的音樂、設計、社群、演唱會製作等公司。以音樂廠牌來說，theFARM 投資的廠牌所簽下的藝人也已超過 40 位。

學習評量

一、問答題

1. 何謂區塊鏈（blockchain）？請簡述之。

2. 何謂首次貨幣眾籌（ICO）？請簡述之。

3. 何謂穩定貨幣（Stablecoins）？請簡述之。

4. 何謂智能合約（Smart Contract）？請簡述之。

5. 請簡述區塊鏈 1.0 到區塊鏈 3.0。

二、選擇題

（　）1. 下列何者並非區塊鏈的主要種類？

　　　A. 自由鏈　　　　　　　B. 公有鏈

　　　C. 私有鏈　　　　　　　D. 聯盟鏈

（　）2. 智能合約（Smart Contract）是屬於下列哪一種區塊鏈？

　　　A. 區塊鏈 1.0　　　　　B. 區塊鏈 2.0

　　　C. 區塊鏈 3.0　　　　　D. 區塊鏈 4.0

（　）3. 比特幣是屬於下列哪一種區塊鏈？

　　　A. 區塊鏈 1.0　　　　　B. 區塊鏈 2.0

　　　C. 區塊鏈 3.0　　　　　D. 區塊鏈 4.0

（　）4. 以太坊（Ethereum）是屬於下列哪一種區塊鏈？

　　　A. 區塊鏈 1.0　　　　　B. 區塊鏈 2.0

　　　C. 區塊鏈 3.0　　　　　D. 區塊鏈 4.0

（　）5. 下列有關區塊鏈的敘述，何者正確？

　　A. 區塊鏈的參與者一定是匿名的

　　B. 區塊鏈只能用於虛擬貨幣（如比特幣）

　　C. 區塊鏈一定要開放讓所有人都能自由加入

　　D. 區塊鏈可以完整、不可篡改地記錄交易轉移的全部過程

（　）6. 下列有關區塊鏈的敘述，何者正確？

　　A. 區塊鏈技術是一種非分散式的資料庫存取

　　B. 區塊鏈技術是藉由先進的密碼學與網路通訊科技私有帳簿資料處理電腦技術，保護交易帳簿的安全與隱私

　　C. 區塊鏈一定是屬於私有性，只有獲得認可的組織和人員才可以加入的特許區塊鏈

　　D. 區塊鏈是一種分散式多節點共識技術，透過區塊鏈可以完整、不可篡改地記錄交易轉移的全部過程

（　）7. 下列有關區塊鏈的敘述，何者錯誤？

　　A. 比特幣是區塊鏈 1.0 技術的應用

　　B. 區塊鏈技術可劃分為公有鏈、私有鏈和聯盟鏈等類型

　　C. 區塊鏈帳本重要特性是帳本資料在必要時可以不經共識演算而進行修改

　　D. 區塊鏈的四個核心處理要素：共享帳簿、隱私安全、智能合約及共識演算法

（　）8. 下列有關區塊鏈的敘述，何者錯誤？

　　A. 區塊鏈可分為節點與區塊

　　B. 區塊的內容包含容量大小、區塊頭、交易數量及每一筆交易資訊

　　C. 每一個區塊各自擁有一份完整的歷史交易紀錄，即為帳本

　　D. 節點是指存放在區塊鏈網路上的電腦，當一筆交易經由某個節點送出時，會傳送至其他節點進行驗證

（　）9. 下列有關區塊鏈的敘述，何者錯誤？

A. 比特幣的底層技術是區塊鏈

B. 區塊鏈有個人化帳本的特性

C. 區塊鏈中每一筆資料一旦寫入就不易更改

D. 區塊鏈是一個「去中心化的分散式資料庫」

（　）10. 下列哪一項不屬於區塊鏈技術的特性？

A. 匿名性

B. 中心化

C. 交易內容不可篡改性

D. 區塊鏈上的資料、節點都是公開的

資訊安全與風險管理

9

9-1　資訊安全

一、資訊安全的三要素

資訊安全三要素的英文分別是 Confidentiality（保密性）、Integrity（完整性）、Availability（可用性），因此資訊安全的三要素經常縮寫為 CIA。

二、交易的四種安全需求

任何交易（Transaction）都包括身分認證（Authentication）、交易之保密（Confidentiality）、交易資料的完整性（Integrity）、交易的不可否認性（Non-repudiation）在內的四種安全需求；尤其是透過誰也不認識誰的網路要進行電子商務，在缺乏信任的機制下，這四種安全需求益形重要。

三、電子支付的安全需求

1. **身份認證性（authentication）**：網際網路在電子商務方面的應用，用戶端和伺服端（買賣雙方）之間往往都必須認證對方的身分是合法的，以避免有冒名傳送假資料等惡意欺騙的交易行為出現。

2. **資料保密性（confidentiality）**：網際網路在引進商業交易以後，所傳送的資料經常都是具機密及敏感性的，若網際網路遭有心人士竊聽，而洩漏或被非法取得資料，將可能被人從中獲取不正當利益，並使資料傳送者的隱私遭到侵犯。

3. **資料完整性（integrity）**：資料在傳遞的過程中，可能因為網際網路遭到中途侵入而被惡意竄改、偽造、竊取或重送傳輸中的資料或其中部份內容，造成傳輸後的資料與原始內容不一致，導致交易發生錯誤。

4. **不可否認性（non-repudiation）**——防止拒付：進行電子商務時，買賣雙方並未面對面進行交易，而是以電子訊息為媒介在網路上傳遞與交換，以達成交易的目的。這種非直接接觸的交易方式在交易確認完成後，可能仍會有買賣雙方否認已經收、送交易文件的情事發生，例如：買方否認已經簽下的訂單；或賣方否認已經收到的付款，如此因而產生買賣之間的糾紛。

9-2　資訊安全框架

一、Fintech 資訊安全框架

隨著 Fintech 蓬勃發展，如何防範並降低金融科技所帶來的風險，提供既便利又安全的金融活動環境，是業者必須持續面對的資訊安全管理挑戰。Fintech 整體性資訊安全框架如下：

1. **身分識別與生物辨識安全**：用戶的身分識別是金融科技關鍵技術之一，其中生物特徵辨識技術（例如：指紋、臉部、虹膜、聲音、掌紋、靜脈等）更是新一代身分識別的發展趨勢。

2. **雲端與隱私安全管理**：業者在規劃雲端與隱私安全管理機制時，可以參考 ISO 27017、ISO 27018 與 ISO 29100 等國際標準之最佳實務。

   - **ISO 27017 標準**：提供雲端安全相關實務規範，包含：雲端服務人員之職責區隔、虛擬環境之隔離、強化與管理、系統管理者之操作安全、雲端服務之監控機制等。

   - **ISO 27018 標準**：針對「公有雲」（Public Cloud）服務之個人資料保護，提供最佳實務規範。

   - **ISO 29100 標準**：業者可搭配 ISO 29100（對應之台灣經濟部標準檢驗局標準為 CNS 29100）等個人資料管理之重要指導原則，綜合考量組織、技術及程序等層面，建立隱私安全保護之資通訊技術系統整體管理框架。

3. **數位貨幣與區塊鏈技術安全應用**：由於區塊鏈技術具備加密特性，因此的數位貨幣為區塊鏈 1.0 技術的主要應用。此外，以區塊鏈為基礎的可交易

資產，亦即智慧資產，主要為其他金融領域應用或股權、債權、產權的登記及轉讓，資產有關的註冊、交易活動與其他金融商品合約的交易與執行等。未來如數位身分認證、數位醫療、數位公證、數位仲裁、數位簽證、數位審計等都會應用到區塊鏈技術。

4. **Web 應用程式與 Mobile 應用程式安全**：金融科技高度依賴 Web 應用程式（Web Application）系統與行動應用程式（Mobile Application，或稱為 Mobile App），以創造客戶之使用者體驗（User Experience，簡稱 UX），但個人資料侵害及惡意程式威脅已影響 Web 與 Mobile 應用程式的發展。

二、ISO 27014 資訊安全治理標準

ISO/IEC 27014 資訊安全治理標準是 ISO 於 2013 年所發布的一項資訊安全指導綱要類別的標準，這個標準在為組織提供一個資訊安全治理的框架跟指引，以確保組織達成營運的目標。經濟部標準檢驗局以 ISO/IEC 27014 資訊安全治理標準為基礎，於 2013 年的 12 月 27 日譯訂為 CNS 27014 資訊安全治理標準。

ISO 27014 提出「六大原則」以及「五大流程」以達成資訊安全治理（Information Security Governance）。六大原則包含：

1. 建立全組織資訊安全（Establish organisation-wide information security）。

2. 採用基於風險作法（Adopt a risk-based approach）。資訊安全治理的資源與預算的分配，應基於組織的風險承受能力。

3. 設定投資決策方向（Set the direction of investment decisions）。資訊安全投資旨在支援組織目標。

4. 確保內、外部要求一致性（Ensure conformance with internal and external requirements）。

5. 培養安全良好的環境（Foster a security-positive environment）。

6. 審查相關營運成果績效（Review performance in relation to business outcomes）。

若想達成 ISO 27014 的六項原則，ISO 27014 明定五項流程：① 評估（Evaluate）、②指導（Direct）、③監視（Monitor）、④溝通（Communicate）、⑤保證（Assure）。

三、零信任（Zero Trust）

2010 年產業分析師 John Kindervag 提出「零信任」及「零信任架構」的概念。「零」代表「完全不信任」，正因為不給予任何信任，所以每個環節都須進行驗證，所有驗證都必須獲得通過才能放行，對比現行給予較大權限去信任的資安架構更加安全。零信任概念認為，組織不應自動信任任何人事物，不計其位於網路邊界內或外。

相較於傳統「堡壘及護城河」網路安全措施，「堡壘及護城河」模式著重於保衛邊界、將攻擊者拒之門外，同時假定邊界以內的所有人員個體都是安全可存取，因此不會對組織構成威脅。這十分依賴防火牆這類的安全措施，但對於獲得（或被授予）特權帳戶存取權的組織內部惡意人士之威脅卻束手無策。零信任模式要求，任何試圖連接至組織系統的人員或程式，都必須先經過驗證，才可取得存取授權。零信任的主要目標在於降低大多數組織在現代高度複雜網路環境下，遭受網路攻擊或入侵的風險。

四、零信任架構（ZTA）

2020 年美國國家標準技術研究所（NIST）《SP800-207:Zero Trust Architecture》標準定義，「零信任架構」（Zero Trust Architecture，簡稱 ZTA）是指利用零信任概念的企業網路安全規劃，包括概念、思路和元件關係的集合，旨在消除在資訊系統和服務中實施精準訪問策略的不確定性。該標準強調零信任架構中的眾多元件並不是新的技術或產品，而是按照零信任理念形成的一個面向使用者、裝置和應用的完整安全解決方案。

零信任架構的三大管理原則：

1. **消除網路既有的可靠信任原則**：任何流量在被認可之前，無論位置如何，所有流量都被視為威脅流量。

2. **存取權限最小原則**：採用最小權限策略並嚴格執行管理權限，只允許使用者只可存取執行其工作所需資源。

3. **可視性及分析**：不分內部流量或外部流量，透過持續調查和記錄所有流量來監控惡意活動，並提供即時保護。

零信任架構考量的是任何使用者、任何設備、任何場地及任何應用。

1. **任何使用者**：須考量高階管理者、一般員工、技術人員、合作夥伴、供應商等。

2. **任何設備**：公司設備、員工自帶設備、雲端設備以及物聯網等。

3. **任何應用**：資料中心、公私有雲服務及企業應用等。

4. **任何場所**：總公司、分支機構、遠端／行動辦公室及其他實體場地。

零信任架構四大支柱：

1. **Trusted Identity（身份可信）**：建置多因素身分認證機制，透過多因素身份認證動態識別並授權用戶，依循零信任架構的精神－「驗證且不斷驗證」（verify, and keep verifying）。

2. **Trusted Infrastructure（架構可信）**：任何一位用戶，任何一台設備，發起的任何一次連接，申請的任何一次服務，在當下獲得認證通過前，均認為是不可信的。它的認證不再是一站式服務，而是一事一論。

3. **Trusted Assess（存取可信）**：存取可信的第一步是「安全區域分隔」。將人、事、時、地、物等五大控管資源之來源，設計一套「安全區域」分門別類（分隔）的控管基礎，再依造這些控管基礎，制定管理政策。

4. **Trusted Services（應用服務可信）**：通常較具規模的企業可使用「安全軟體開發生命週期」（Secure Software Development Life Cycle，簡稱 SSDLC）作為應用服務安全管理的規定。

9-3 風險管理

一、風險管理

《MBA 智庫百科》定義，「風險」（Risk）是指在某一特定環境下，在某一特定時間段內，某種損失發生的可能性。風險是由風險因素、風險事故和風險損失等要素組成。換句話說，是在某一個特定時間段裡，人們所期望達到的目標與實際出現的結果之間產生的距離稱之為風險。

行政院定義，「風險管理」（Risk Management）是指為有效管理可能發生事件並降低其不利影響，所執行之步驟與過程。

　　風險管理主要包括四個主要項目：風險辨識（Risk Identification）、風險評估（Risk Assessment）、風險控制（Risk Control）以及風險溝通（Risk Communication）。良好的風險管理可幫助組織降低風險、減少損失。

1. **風險辨識**：是指發掘可能發生風險之事件及其發生之原因和方式。

2. **風險評估**：是指包括風險分析及風險評量之過程。風險分析（Risk Analysis）是指系統性運用有效資訊，以判斷特定事件發生之可能性及其影響之嚴重程度。風險評量（Risk Evaluation）是指用以決定風險管理先後順序之步驟，將風險與事先制定之標準比較，以決定該風險之等級。

3. **風險控制**：是指對於風險評量後不可容忍之風險，列出可將風險降低至可容忍程度之對策，進而執行相關對策，以降低事件發生之可能性或其影響之嚴重程度。針對風險主要有四種對策：風險規避、風險降低、風險保有、風險轉移。

   - **風險規避**：決定不涉入或退出風險處境。
   - **風險降低**：選擇使用適當技巧及管理原則，以減低風險或其發生機率。
   - **風險保有**：特意或非特意承擔風險所造成之損失，或為組織之財物損失負責。
   - **風險轉移**：透過立法、合約、保險或其他方式將損失之責任及其成本轉移至其他團體。

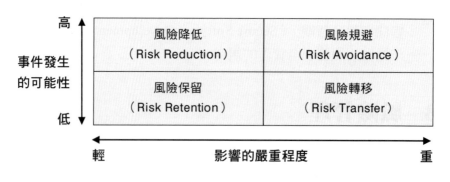

圖 9-1　風險控制對策

4. **風險溝通**：是指與利害關係人進行風險意識之傳播與交流，包括傳達內容、溝通方式及溝通管道。

　　行政院定義，「整合性風險管理」（Integrated Risk Management）是指以組織整體觀點，系統性持續進行風險評估、風險處理、風險監控及風險溝通之過程。

二、FinTech 未來金融業可能面臨的風險

隨著金融科技持續發展，金融業的商業模式、商品結構、行銷通路及作業處理逐漸出現變化，由於金融科技不斷創新，其技術複雜性與交易瞬間完成，金融業恐將面臨未知風險（unknown）。基本上，未來金融業可能面臨的風險類型主要有策略與獲利風險、作業風險、法遵風險、外包風險、網路安全風險及流動性風險等。

表 9-1 未來金融業可能面臨的風險

風險類型	說明
策略與獲利風險（strategic and profitability risk）	• FinTechs 及 BigTechs 的加入，恐使銀行獲利下降及喪失客戶關係。 • 銀行為避免營收與獲利衰退之衝擊，可能轉向承作高風險業務，增添更多風險。
作業風險（operational risk）	• 金融市場參與者對資訊科技的相互依賴度提高，可能使一般資安事件擴散成系統風險。 • 當 BigTechs 市占率過高，可能產生大到不能倒的問題。
法遵風險（compliance risk）	• 銀行與未受金融監管之 FinTechs 或 BigTechs 合作，因該等公司法遵意識相對薄弱，提高違反金融法令例如洗錢防制風險。 • 大數據運用及委外作業增加，提高違反「個人資料保護法」的風險。
外包風險（outsourcing risk）	• 當多個機構參與金融服務提供，誰應為該項業務行為負責，可能有模糊地帶。 • 金融體系高度倚賴少數大型公司提供的第三方服務，將聚積成集中度風險。
網路安全風險（cyber risk）	• 金融服務提供者日愈依賴應用程式介面及其他新科技，可能導致銀行系統更易透過網路遭受攻擊。 • 大量敏感性資料暴露不同存取管道，增加個人與業務機密資料外洩風險。
流動性風險（liquidity risk）	• 新科技使客戶可快速在不同銀行及帳戶間移轉資金，導致客戶忠誠度降低及資金波動度提高，提高銀行流動性風險。

資料來源：BCBS（2018）；央行（2018）

麥肯錫 2015 年底所發表「銀行業未來的風險管理」白皮書，提出六大風險管理趨勢：

■ **趨勢 1**：監管將繼續擴大和深化，以防範金融犯罪如洗錢、詐欺等。

■ **趨勢 2**：隨著技術的變化，客戶的期望也在不斷提高。

- **趨勢 3**：科技和高階分析不斷發展，將成為重要基石。

- **趨勢 4**：新風險不斷湧現。

- **趨勢 5**：風險功能可幫助銀行消除偏見。

- **趨勢 6**：降低風險管理成本的壓力將持續。

三、風險智慧地圖（Risk Intelligence Map）

《MBA 智庫百科》定義，風險地圖（Risk Map）又稱為「風險熱圖」，是一種用圖形技術表示識別出的風險訊息，直觀地展現風險的發展趨勢，方便風險管理者考慮採取怎樣的風險控制措施的操作風險管理工具。風險地圖廣泛地應用於風險監控和風險報告中。

根據 Deloitte 的「風險智慧地圖」（Risk Intelligence Map），包括：企業資產、財務和人力資料等，都屬於基礎架構類別的風險。

四、新舊巴塞爾資本協議的比較

1999 年 6 月，巴塞爾銀行監管委員會（BCBS）針對舊巴塞爾資本協議（Basel I）做了大幅修改，公佈新的資本適足比率架構諮詢文件，於 2001 年公告新巴塞爾資本協議（Basel II），以因應國際金融環境、銀行產業結構與風險管理方法之改變。

《維基百科》說明，新巴塞爾資本協議（英文簡稱 Basel II），是由國際清算銀行下的巴塞爾銀行監管委員會（BCBS）所促成，內容針對 1988 年的舊巴塞爾資本協議（Basel I）做了大幅修改，以期標準化國際上的風險控管制度，提升國際金融服務的風險控管能力。亦即，為了反映金融創新風險，要求更具風險敏感性的安全架構，以使法定資本與資產風險更趨一致，巴塞爾銀行監管委員會（BCBS）提出新巴塞爾資本協議（巴塞爾 II）。

1. **第一支柱**：最低資本需求（資本適足率）。銀行承擔信用風險、作業風險、及市場風險等三種風險所需的最低法定資本。就信用風險所需法定資本而言，巴塞爾委員會提出「標準法」（standardized approach）及「內部評等基準法」（Internal Ratings-Based approach，簡稱 IRB）兩種計算方法。「標準法」的風險權數可採合格外部信用評等機構（External Credit Assessment Institutes，簡稱 ECAIs）的評等；「內部評等基準法」可用銀行內部評等決定。評等的風險權數主要是由「違約機率」（Probability of

Default，簡稱 PD）、「違約損失率」（Loss Given Default，簡稱 LGD）、「違約暴險」（Exposure at Default，簡稱 EAD）、以及「到期期限」（Maturity，簡稱 M）所決定。

2. **第二支柱**：監管審查程序。主要強調監管覆審的重要性，並提出覆審四項關鍵原則。有關銀行帳簿利率風險，由於牽涉到不同模型及假設等，該會也將其列入第二支柱中覆審。

3. **第三支柱**：市場制約機能。主要公開揭露的原則與建議內容，包括 2 大項「公開揭露原則」與「公開揭露要求」。公開揭露原則分為「量性揭露」及「質性揭露」兩類。「公開揭露要求」建議內容包括「一般揭露原則」、「適用範圍」、「資本結構與資本適足性」、以及「風險暴險與評估」等四項。

表 9-2　新舊巴塞爾資本協議的比較

	舊巴塞爾資本協議（Basel I）	新舊巴塞爾資本協議（Basel II）
支柱	一大支柱 第 1 支柱：最低資本需求（資本適足率）	三大支柱 第 1 支柱：最低資本需求（資本適足率） 第 2 支柱：監管審查程序 第 3 支柱：市場制約機能
主要差異	舊版只有兩種風險（信用風險及市場風險），而新版第一支柱包括三種風險（信用風險、作業風險及市場風險）。	

五、巴塞爾協議 III（Basel III）

2008 年金融海嘯後，2010 年 BCBS 宣佈新的巴塞爾協議 III（Basel III）。《維基百科》說明，巴塞爾協議 III 是巴塞爾協議的第三版。巴塞爾協議 III 著眼於透過設定關於資本充足率、壓力測試、市場流動性風險考量等方面的標準，從而應對在 2008 年前後的次貸危機中顯現出來的金融體系的監管不足。巴塞爾協議 III 強化資本充足率要求，並新增關於流動性與槓桿比率的要求。例如，在巴塞爾協議 II 中，對於信貸和其它信用資產的風險的衡量在很大程度上依賴於外部機構（特別是信用評級機構）的評定，而這些機構又不在被監管的範圍內。這導致了一些事後得知並不安全的資產（如某些債權抵押證券）在當時被貼上非常安全的 AAA 標籤，而這些也助長了金融危機的產生。在巴塞爾協議 III 中，這此信貸產品的風險衡量被要求進行更為嚴謹的情景分析。

9-4　公開金鑰基礎建設（PKI）

一、何謂公開金鑰基礎建設（PKI）

　　《維基百科》定義，公開金鑰基礎建設（Public Key Infrastructure，簡稱 PKI），又稱公開金鑰基礎架構、公鑰基礎建設、公鑰基礎設施、公開密碼匙基礎建設或公鑰基礎架構，是一組由硬體、軟體、參與者、管理政策與流程組成的基礎架構，其目的在於創造、管理、分配、使用、儲存以及復原數位憑證。

二、公開金鑰基礎建設（PKI）的運作方式與原理

　　PKI 是以公鑰密碼學為基礎衍生出來的架構，其基礎建設包含憑證機構（Certification Authority，簡稱 CA）、註冊中心（Register Authority，簡稱 RA）、目錄服務（Directory Service，簡稱 DS）伺服器。由「註冊中心」（RA）統籌、審核用戶的憑證申請，將憑證申請送至「憑證機構」（CA）處理後發出憑證，並將憑證公告至「目錄服務」（DS）伺服器中。在使用憑證的過程中，除了對憑證的信任關係與憑證本身的正確性做檢查外，並透過「憑證廢止清冊」（Certificate Revocation List，簡稱 CRL）對憑證的狀態做確認檢查，了解憑證是否因某種原因而遭廢棄。憑證就像是個人的身分證，其內容包括憑證序號、用戶名稱、公開金鑰（Public Key）、憑證有效期限等。

三、對稱式（Symmetric）密碼系統—私密金鑰演算法

　　為了確保通訊雙方於網際網路傳輸資料時之私密性，於傳送前必須用一加密金鑰將該訊息加密，變成密文後再傳給對方。而接受方收到密文之後也用相同一支金鑰將密文解回原先之明文。此種加密金鑰與解密金鑰相同時，稱為對稱式密碼系統（Symmetric Encryption System），又稱單一金鑰密碼系統。

　　對稱式密碼系統的運算法則中，又區分為二大類：一個是「串流式加密」（Stream Ciphers）；另一個是「區塊加密」（Block Ciphers）。用串流式加密程式時，其將所欲加密的檔案看成一連串位元的資料流，將資料流之中的位元一個一個的加密。反之，用區塊式加密程式時，其將所欲加密的檔案一塊一塊的處理，例如將每 64 個位元切成一個區塊，然後將此一定長度之區塊一次加密後輸出。

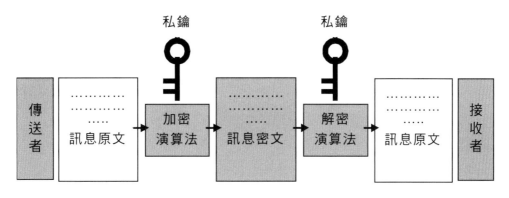

圖 9-2 對稱式密碼系統—私密金鑰演算法

採用對稱式密碼系統運算方法的加密技術之中，最為普遍的一個方法為 DES。DES（Data Encryption Standards）是資料密碼標準之縮寫，其技術早於 1970 年代就由 IBM 開發完成，並且為美國政府以及世界各國訂為資料加密的標準。DES 是一種區塊加密的方法，DES 的金鑰長度為 64 位元，但其中每個位元組，含一位元作為同位核對，佔有效金鑰長度為 56 位元，它將所欲加密之訊息分割成 64 位元的區塊，並用 56 位元的金鑰來加密。DES 是專為硬體設計的加密演算法，因此速度相當快，適用於加密大量資料。它於全世界各國都被廣泛的使用，於金融機構之中 DES 加密技術更是常用。許多安全的網路網路應用，都使用 DES 技術，例如 SSL（Secure Socket Layer）。

對稱式金鑰的主要特色是其加解密運算速度快，適合大量的資料傳輸，而其缺點為金鑰管理；如何將這支金鑰安全的送達對方是個令人擔憂的問題。另外由於金鑰的長度不長，再加上現代電腦運算速度的飛快成長，使得利用窮舉法以破解對稱式金鑰變成一件不是遙不可及的事。

四、非對稱式（Asymmetric）密碼系統—公開金鑰演算法

非對稱式密碼系統（Asymmetric Encryption System）的加密方法可以將加密的資料於網路上傳輸，但是卻不需要事先將同一支金鑰傳達對方的手中，這是因為它有二支金鑰：一支用以加密；另一支則用以解密。這二支金鑰之間，並無明顯的直接關係，因此於實務上無法從一支金鑰導出另一支。使用非對稱式加密方法時，這二支金鑰中只有一支須保守秘密，是為私密金鑰（private key）；而另外一支則無須保持機密，是為公開金鑰（public key）。這二支金鑰之中的任何一支都可以用於資料加密；但是卻一定要使用相對的另一支金鑰解密。

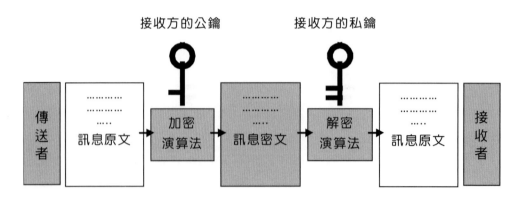

圖 9-3　非對稱式密碼系統─公開金鑰演算法

非對稱式密碼系統被使用得最廣泛，最常見的方法就是 RSA。RSA 是由 Rivest、Shamir 及 Adelman 等三人於 1977 年所發明的。RSA 的運算原理主要是解因數分解之難度而安全。

非對稱式金鑰系統的最大好處在於增加了密碼的安全度，並且便於管理，這是因為私密金鑰不必於網路上傳輸，而且亦不必透露給予認何的第三者知悉。而其最大的缺點就是運算複雜、速度慢；另外，必須存在一公正的第三者 CA（Certificate Authority），用以簽發每一個人的公開金鑰憑證（public-key certificate）。

由於非對稱式加解密法的速度較對稱式加解密法的速度慢，故實際上較為普遍的應用方式為，利用非對稱式加解密法將某一對稱式加解密法所使用之金鑰；於此稱為交談金鑰（session key）加密過後，一併與使用交談金鑰加密之訊息，傳送給予收件者。收件者可將交談金鑰以自己的公開金鑰，透過非對稱式加解密法解開，再用解開的交談金鑰，將加密文件解密。如此一來，既可享受到對稱式加解密法的快速優點，亦可有非對稱式加解密法之便利。例如 RAS 即為非對稱性加密的方法之一。

五、數位簽章（Digital Signature）

電子化的世界中，數位簽章與印鑑證明相同都是作為識別身分之用，數位簽章就是網路應用的印鑑證明。數位簽章是公開金鑰密碼系統之一種特殊功能。數位簽章之效用幾乎相等於一般所謂的親筆簽名。使用非對稱式加解密法時，公開金鑰用以加密訊息，而相對之私密金鑰用以解開加過密得訊息，如此一來，可以使得任何人以公開金鑰加密訊息，而只有擁有相對應私密金鑰之人才能解開，達到秘密通訊之目的。但若反過來使用公開金鑰與私密金鑰，私密金鑰用以加密訊息，公開金鑰用以解開加過密的訊息，如此一來，任何人皆可以用公開金鑰將加密文件予以解密

後，比對解開之訊息是否與原訊息相同，若是相同便可確知此訊息的確是由簽發者經簽章後送出的。

數位簽章是以手寫或紅印泥章的電子版本，配合公開金鑰加密法來解決身份認證和訊息正確性等問題。數位簽章建立一個簽章時發送者先將原始明文經過雜湊函數（hash function）處理。進行簽約的雙方在使用數位簽章後，便將契約送至第三者，而時間印花代理人（Time Stamping）蓋上時間印花。主要特性：

1. 數位簽章被用於發送者身分認證，乃採用公開金鑰加密法反向進行。

2. 當一系統面臨來源驗證之威脅安全性時，可用「數位簽章」進行安全防護。

3. 為了執行數位簽章，傳送之訊息必須正規化為一預定長度，此程序稱為訊息摘要。

4. 數位簽章是屬於電子簽章的一種。

5. 數位簽章是只用以辨識簽署者身分，以及表示簽署者同意內容的技術範疇，且以利用「非對稱密碼系統」加密技術為應用。

6. 數位簽章為電子商務在網路安全考量項目中，「資料傳輸來源辨識」與「交易之不可否認性」的防制機能。

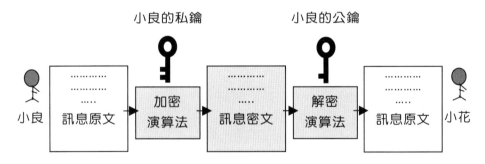

圖 9-4　數位簽章的運作範例

六、數位信封（Digital Envelope）

結合 DES 對稱式密碼演算法與 RSA 非對稱式密碼演算法之優點，設計出數位信封。數位信封以接收者的公鑰作為秘鑰，先利用 DES 的交談金鑰（session key）對傳送訊息加密後，再將交談金鑰用「傳送方之私密金鑰」簽章，「接收方公開金鑰」加密後，附加在原訊息的密文後傳送給接收方。接收方收到後，將「密文」與「加密後之交談金鑰」分開，對「加密後之交談金鑰」用「接收方的私密金鑰」解密，及「傳送方的公開金鑰」驗證，如果二對金鑰都是正確的，可以解密出傳送方

加密原訊息（明文）用的交談金鑰，最後用交談金鑰將密文還原回明文，完成訊息傳遞流程。「加密後之交談金鑰」就相當於一個數位信封，將解密用之交談金鑰進行雙重封包（傳送方的私密金鑰與接收方的公開金鑰），任何非法第三者即使由網路上截獲密文，都將因為無法獲得解密用的交談金鑰，而無法竊取其中的資料內容。

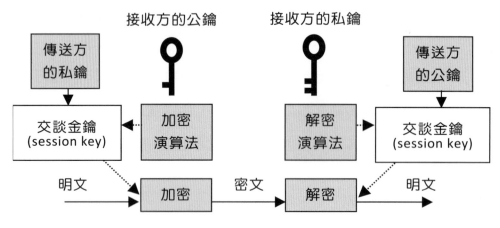

圖 9-5　數位信封（Digital Envelope）

七、橢圓曲線密碼學（ECC）

橢圓曲線密碼學（Elliptic Curve Cryptography，簡稱 ECC）是一種基於橢圓曲線數學的公開密鑰加密演算法。ECC 的主要優勢是它相比 RSA 加密演算法使用較小的密鑰長度並提供相當等級的安全性。ECC 被公認為在給定密鑰長度的情況下，最強大的非對稱演算法。

1. 其公鑰可發送給任何人，它是公開的。

2. 私鑰必須被妥善保管，因為如果某人獲取了私鑰，他們便可以解密訊息。

3. 可以迅速地用公鑰來加密訊息，並用私鑰來解密訊息。

4. 若沒有私鑰，可能需要花費極長的時間（數百萬年）來破解加密後的訊息。

ECC 的主要優點包括：抗攻擊強、佔用資源少、加解密速度快、金鑰較短，卻能提供與 RSA 相同等級的安全性。

9-5　區塊鏈的密碼學技術

密碼學技術在不同的層次為區塊鏈提供安全保障，而區塊鏈建立在三個基本架構上：雜湊函數（Hash Function）、數位簽章和密鑰。

一、雜湊函數（Hash Function）

《硬塞科技字典》定義，雜湊函式（Hash Function）又稱為哈希函數或散列函數，是一個獨特的數字指紋，屬於只能加密無法解密的密碼學算法，可以把訊息或資料壓縮變小，並將資料的格式固定下來，就像所有的函數一樣。

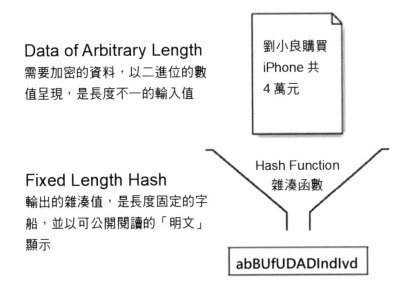

圖 9-6 雜湊函數的概念

雜湊函數造就了比特幣交易不可抹滅的特性。除了用於礦工挖礦，雜湊函數也被用來產生每筆交易的 ID——相當於數位指紋，而這些 ID 又會和上個區塊的雜湊值合起來成為新區塊的雜湊值。只要內容稍有更動，算出來的雜湊值就會截然不同，其他礦工也會發現哪筆交易被篡改，並捨棄掉該交易。

二、區塊鏈的雜湊函數（Hash Funcation）與
　　雜湊現金（Hashcash）

區塊鏈中最關鍵的工作量證明（Proof of Work，POW）機制，採用由 Adam Back 在 1997 年所發明「雜湊現金」（Hashcash），為一種工作量證明演算法，此演算法仰賴成本函數的不可逆特性，達到容易被驗證、但很難被破解的特性，早期被應用於阻擋垃圾郵件。

區塊鏈應用密碼學上的「雜湊函數」（hash function）做到「不可竄改」。以區塊鏈 1.0（比特幣）為例，礦工把整包「區塊」內容丟進雜湊函數後，會算出 256 位元的雜湊值。其中，每個區塊有好幾個欄位，包含上個區塊的雜湊值、交易內容，唯一可以動的欄位稱作「隨機數」（nonce）。礦工的工作就是不斷調整隨機數、

放到雜湊函數中，直到算出的數字符合條件，才能把「區塊」接到「鏈」上，完成記帳。在比特幣的世界裡每十分鐘大約只能新增一個「區塊」，所以挖礦的人越多，計算難度也會越高。

三、經由 Merkle Tree 將大量訊息縮短成一個 Hash 值

在比特幣區塊鏈中，每筆交易產生後，被 Hash 成一段代碼才廣播給各節點，不過因為在各節點的區塊中，可能包含數百筆到數千筆的交易，為節省儲存空間並減少資源耗費，比特幣區塊鏈的設計原理採用 Merkle Tree 機制，讓這些數百到數千筆的交易 Hash 值，經由兩兩一組形成一個新 Hash 值的方式，不斷重複進行，直到最後產生一組最終的 Hash 值，也就是 Merkle Tree Root，這個最終的 Hash 值便會被記錄到區塊頭（Block Header）中，只有 32 位元組（Byte）的大小。Merkle Tree 機制可大幅減少資料傳輸量與運算資源消耗，驗證時，只需驗證這個 Merkle Tree 的 Root 值即可。

四、鏈條採用時間戳記（Timestamp）確保區塊序列

比特幣區塊鏈採用時間戳記（Timestamp），將每個區塊 Hash 後加上一個時間戳記並發布出去，這個時間戳記用來證明資料在特定時間的有效性，每一個時間戳記會與前一個時間戳記一起進行 Hash，這個 Hash 值會在與下一個時間時間戳記進行 Hash，因此而形成一個用來確保區塊序列的鏈條。

五、區塊鏈的數位簽章（digital signature）

以比特幣區塊鏈來說明，比特幣使用數位簽章（digital signature）進行交易。每個比特幣帳戶有一對「私鑰」（private key）和「公鑰」（public key），都是由 0 與 1 組成的位元串。交易發起人必須妥善保存隱藏的私鑰，並對交易簽章（sign）；而網路上任何人都可使用公開的對應公鑰，對交易進行驗章（verify），確認交易的來源與正確性。

利用私鑰很容易計算出公鑰，但若想從公鑰反推私鑰，幾乎不可能的特性，設計交易機制。私鑰是兩個很大的質數，質數很容易相乘算出乘積，但即使看到一個超大整數，分解還原兩個質數的難度極高，這就是數位簽章的運作原理。

六、橢圓曲線數位簽章演算法（ECDSA）

公開金鑰加密技術在 1970 年代被發明，也稱為雙金鑰密碼安全系統，每個使用者會擁有公開金鑰（Public Key）與私密金鑰（Private Key）這兩把鑰匙，公開金鑰可讓其他人知道，而私密金鑰則只有本人知道。當 A 要傳送一筆交易訊息給 B 時，需使用 B 的公開金鑰來將這份交易訊息加密，而這個加密過的交易訊息，只有使用 B 的私密金鑰才能解開。

在區塊鏈中每筆交易，採用橢圓曲線數位簽章演算法（Elliptic Curve Digital Signature Algorithm，ECDSA），可追溯回 1985 年 Neal Koblitz 和 Victor Miller 分別提出橢圓曲線密碼學（Elliptic curve cryptography，ECC），首次將橢圓曲線用於密碼學，建立公開金鑰加密的演算法。

相較於 RSA 加密演算法，採用 ECC 好處在於可以較短的金鑰，達到相同的安全強度。RSA 加密演算法是一種「非對稱加密演算法」，利用兩個質數作為加密與解密用的兩把鑰匙，金鑰長度約在 40 個位元到 1024 位元。不過區塊鏈所採用的 ECDSA 能算出更短的金鑰長度，也就是能夠使用相對較少的資源，做到與 RSA 相同的安全性。在 ECDSA 演算法中，由私密金鑰算出公開金鑰很容易，但要從公開金鑰推回私密金鑰卻很困難。

到了 1992 年，由 Scott Vanstone 等人提出橢圓曲線數位簽章演算法（ECDSA）。區塊鏈中的節點使用者，會同時擁有這兩把金鑰，以及一次性使用的區塊位址（Address），公開金鑰可讓區塊鏈網路中的其他人知道，而私密金鑰則須自行保管，可用來接收貨幣、進行電子簽章或是發送貨幣，而 Address 就像電子郵件一樣可用來當作存取區塊的地址，使用者可重複取得新的 Address，且可以在離線狀態下產生，不過，每個 Address 只能使用一次。

學習評量

一、問答題

1. 何謂「風險」（Risk）？請簡述之。

2. 何謂「風險管理」（Risk Management）？請簡述之。

3. 請問風險管理包含哪四個主要項目？請簡述之。

4. 何謂「風險地圖」（Risk Map）？請簡述之。

5. 何謂「公開金鑰基礎建設」（PKI）？請簡述之。

二、選擇題

（　　）1. 下列哪一項不屬於資訊安全的三要素之一？

        A. 可用性

        B. 機密性

        C. 完整性

        D. 即時性

（　　）2. 運用超巨量的網路流量進行攻擊，癱瘓網路運作，這種手法稱為？

        A. 釣魚郵件

        B. 勒索病毒軟體（RaaS）

        C. 進階持續威脅攻擊（APT）

        D. 分散式阻斷服務（DDoS）

（　　）3. 雜湊函數的輸入是任意長度字串，而雜湊函數的輸出是下列哪一種字串？

        A. 隨機長度字串

        B. 任意長度字串

        C. 固定長度字串

        D. 不固定長度字串

( ) 4. 下列有關公開金鑰基礎建設（PKI）的敘述，何者錯誤？

    A. 公開金鑰基礎建設提供機密性（confidentiality）、鑑定性（authentication）、完整性（integrity）、不可否認性（non-repudiation）四種安全保障

    B. 公開金鑰基礎建設藉由憑證中心做為網路交易中的公正第三人，使交易雙方可驗證彼此的身分

    C. 公開金鑰基礎建設藉由對稱式密碼系統，使得網路上的使用者，能鑑定彼此的真實身分，達到安全存取、交易的目的

    D. X.509 是 International Telecommunication Union 所提出的憑證中心架構標準

( ) 5. 針對銀行業所承擔風險進行規範的是下列哪一種協議？

    A. 京都議定書

    B. 巴黎資本協議

    C. 巴塞爾資本協議

    D. 巴塞隆納資本協議

( ) 6. 下列有關新巴塞爾資本協議的敘述，何者錯誤？

    A. 在新巴塞爾資本協議的潮流下，企業應積極強化其財會制度與資訊透明度

    B. 新巴塞爾資本協議考量最低適足資本外，並增加監理機關的審查以及資訊揭露的市場監督機制

    C. 為有效控管整體風險，金融機構總行將不會限縮對分行授信額度，故不會對企業融資造成影響

    D. 新巴塞爾資本協議的推動，將使金融機構可能移轉對企業放款業務至低資金成本且高風險溢酬的消費性金融業務

( ) 7. 以橢圓曲線密碼學（ECC）實作的演算法，屬於下列何者？

    A. 對稱式密碼法

    B. 非對稱式密碼法

    C. 可以是對稱式密碼法，也可以是非對稱式密碼法

    D. 並非傳統對稱式或非對稱式密碼法，應屬於第三類

（　）8. 下列有關密碼學的敘述，何者錯誤？

    A. 對稱式加密法中，加、解密雙方使用的金鑰是相同的

    B. 對稱式密碼法的加、解密時間效率比非對稱式密碼學為佳

    C. RSA演算法屬於非對稱式加密法中常用的技術之一

    D. 數位簽章是以對稱式加密法為基礎進行的驗證機制

（　）9. 下列有關密碼學的敘述，何者錯誤？

    A. 私秘金鑰系統又稱為對稱式密碼系統

    B. 對稱式密碼系統並不具不可否認性

    C. 公開金鑰系統又稱為非對稱式密碼系統

    D. 公開金鑰系統之加解密運算速度較私秘金鑰系統快

（　）10. 下列有關對稱式密碼系統的敘述，何者正確？

    A. 有私鑰（Private Key）與公鑰（Public Key）

    B. RSA為對稱式密碼系統之代表

    C. 加密速度較非對稱式密碼系統快

    D. 具備驗證與不可否認性服務

大數據與人工智慧

10-1 資料倉儲

一、資料倉儲的定義

資料倉儲（Data Warehouses）本身是一個非常大的資料庫，儲存著由企業作業型資料庫中整合而來的不同資料，特別是從線上交易處理系統（OLTP）所得的資料與從分散、異質資料來源傳遞而來的資料，例如：不一致資料、不相容資料結構及粒狀資料等等，而資料倉儲系統則必須能自動轉化這些異質、分散的資料來源，以遞增的方式合併轉換進入資料倉儲中，強固其完整性，將作業層次的資料轉換成有用的策略性資訊。

資料倉儲是一種電子資訊集中儲存所在。不同來源、不同型態的資料經過淨化（Cleansing）、轉換（Transformation）之後以齊一的型態，有組織地排列儲存於倉儲內。廣義的資料倉儲指的是一種解決方案（solution），除了資料集中儲存，還包括了線上分析的功能。

資料倉儲是利用網路、介面程式及整合工具將不同來源、不同資料結構的資料，經過萃取（extraction）、合併（consolidation）、過濾（filtering）、淨化（cleansing）、轉換（conversion）及統合（aggregation）等技術，並將資料儲存在一個儲存器（Repository），供分析工具進行決策分析。

資料倉儲是將散佈各地方之不同來源、不同型態的作業資料、詳細及彙總資料、歷史資料，經過整合，排除錯誤的、不足的或不恰當的資料，並以主題分類、挑選及轉換至另一種資料庫的結構中，提供管理階層快速查詢及決策分析。

二、資料倉儲興起的背景

當時資料常遇到下列的問題：

1. 巨量的紀錄，流通筆數已大到令人無法想像。

2. 高維度的資料，資料的維度，增加傳統分析技術的難度。

3. 蒐集到的眾多資料，卻只採用一小部分來分析（5% 到 10%）。

4. 蒐集資料的過程中，本身並不具有延伸性的探討特性，以導致常常忽略其未來潛在的重要性。

三、資料倉儲與資料超市

資料倉儲（Data Warehouses）核心部分存放著企業整體廣域的資料，而資料超市（Data Marts）是針對各業務單位或部門提供決策資訊，換句話說，資料倉儲也可以是由數幾個資料超市所組成。從資料超市著手較為容易，因為資料超市資料來源比較單純、資料量較少，建置速度較快，硬體需求較小，很快成看到建置後成果，比較切合每個部門的商業需求，不過也有缺點，由於資料超市的資料來源不固定，資料彼此可能發生不一致的情形，且形成資料超市決策資訊分散的情形，還需進一步整合匯入資料倉儲中。

四、資料倉儲與資料庫

傳統資料庫系統採取的查詢方式是屬於被動式服務，而資料倉儲所採取的是主動式服務的查詢，藉由資料倉儲系統取得的資訊是在資料來源變動時，事先處理完成的資訊，而不需像傳統資料庫系統一般，當查詢指令動作時，需要將資料來源的資料重新經過計算處理。下表為資料倉儲系統與傳統資料庫系統的比較。

表 10-1 資料倉儲與傳統資料庫的比較

發展階段	資料倉儲	傳統資料庫
目的	資料分析及制定決策	以異動為主
資料來源	多	少
資料結構	關聯式資料庫	關聯式資料庫
資料模型	多維度資料	正規化資料
資料型式	解析性資料（動態資料）	異動式資料（靜態資料）
資訊更新	內容隨資訊增減而變動	內容定期更新

發展階段	資料倉儲	傳統資料庫
資料重複性	允許	不允許
資料大小	龐大（歷史資料）	小
服務方式	主動式	被動式
資料存取	OLAP 與 OLTP	OLTP

五、資料探勘與資料倉儲

資料探勘是一種知識發現的技術，可以用來從蒐集的資料（資料倉儲）中，找出尚未被發現的有用樣式。資料探勘的目標是建立決策模型，可以根據過去的行動來預測未來的行為。換句話說，就是「從現有的資料倉儲中，擷取出不明顯的、前所未知的、而可能有用的資訊或法則」。資料倉儲和資料探勘是相關的，資料探勘將資料集結成為一座大山，然後藉由資料探勘從這座大山中探索出有價值的寶石──樣式或法則。

六、資料倉儲的優點與缺點

資料倉儲的優點

1. 減少對主機系統的依賴，有效降低企業成本。

2. 資料來源可從異質性與分散性資料庫中取得。

3. 整合各單位間文件，使規格趨於一致。

4. 提供即時有效的查詢與分析資訊。

5. 簡單快速的操作介面。

6. 根據歷史資料，分析未來趨勢，以利決策的制定。

資料倉儲的缺點

1. 龐大的資料倉儲建構成本。

2. 複雜的開發過程。

3. 開發前置作業較傳統異動式資料庫久。

4. 應用程式介面不足。

5. 使用者需經過教育訓練。

七、資料倉儲的系統模式

資料倉儲的系統模式,如圖 10-1 所示:

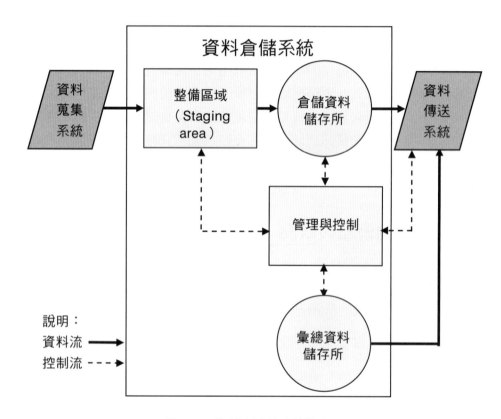

圖 10-1 資料倉儲的系統模式

1. **整備區域(staging area)**:又稱為 ETL(Extraction, Transformation, and loading),主要功能在作資料前處理。其中資料轉換(data transformed)程序包括:資料淨化(cleaning)、資料標準化(standardizing)、資料重格式化(reformatting)、以及資料摘要化(summarizing)。

2. **彙總資料(metadata)**:係指描述資料的資料(data about data)。

八、資料倉儲的架構

資料倉儲的架構主要由四大要素組成,圖 10-2 為典型資料倉儲的架構,其中四項要素之功能如下所述:

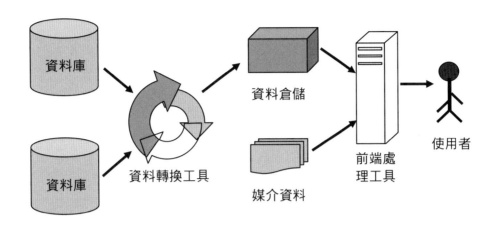

圖 10-2　資料倉儲的架構圖

1. **資料轉換工具**：將原始資料經萃取轉換成資料倉儲的格式，並檢查錯誤資料以確保倉儲系統資料的正確與完整性。

2. **資料倉儲**：儲存各分散之資料來源，內容包含歷史資料與目前資料，用以提供決策分析工具。

3. **媒介資料**：儲存倉儲資料的相關資訊，如資料的選用、存放的格式與位置、資料的擁有者、資料可靠度與資料更新的頻率等。

4. **前端使用工具**：提供圖形使用介面（GUI）以簡易的方式完成資料查詢與分析的工作，常見的前端使用工具如報表工具、「決策支援系統」（Decision Support System，簡稱 DSS）、OLAP 與 OLTP（線上交易處理）等。

九、資料倉儲的 OLTP

線上交易處理（On-Line Transaction Processing，簡稱 OLTP）系統：是指經由資訊網路與資料庫或檔案的結合，以交易資料進行即時處理，有別於傳統的批次處理。OLTP 典型用在自動化的資料處理工作，其主檔案龐大、交易數量頻繁，常用於訂單輸入、銀行交易業務，性質上是結構化且反覆性。

線上交易處理（OLTP）應用在傳統資料庫的設計架構，適用於處理交易性資料，例如訂單輸入、銀行的存取款等作業，須具備快速的交易處理需求與即時存取、新增或刪除資料。線上交易所搜尋到的歷史資料，可定期地以批次作業方式彙製成週期性報表，供管理階層作為參考評估的依據，線上交易處理有下述五點特性：

1. 支援主從式架構，交易能在網路中任一平台進行。

2. 保證交易資料的正確與完整。

3. 支援各種網路協定，能橫跨不同的網路模式。

4. 系統須提供交易的監督與管理工具。

5. 系統必須提供最高可用度（High Availability）與快速反應時間。

十、資料倉儲的 OLAP

《維基百科》定義，線上分析處理（On-Line Analytical Processing，簡稱 OLAP），是電腦技術中快速解決多維分析問題的一種方法。OLAP 工具讓使用者能夠從多個角度互動地分析多維資料。OLAP 由三個基本的分析操作組成：上卷（roll-up）、鑽取（drill-down）、切片（slicing）和切塊（dicing）。

上卷（roll-up）可以在一個或多個維度中累積和計算的資料聚合。例如，所有的銷售辦事處匯總到銷售部門，以預測銷售趨勢。

鑽取（drill-down）是一種允許使用者瀏覽詳細資訊的技術。例如，使用者可以檢視組成一個地區銷售額的單項產品銷售額。

切片（slicing）和切塊（dicing）是使用者可以從 OLAP 多維資料集中取出（切片）一組特定的資料，並從不同的角度檢視（切塊）切片。這些角度有時被稱為維度（例如按銷售人員、按日期、按客戶、按產品或按地區檢視銷售情況等）。

在 OLAP 的資料模型中，資料是以超方體（Cube）來表示，其中主要包含二個項目：

1. **維度（Dimension）**：是一敘述性的項目，如時間、地點、產品、部門等。

2. **衡量值（Measure）**：是一計量化的項目，如銷售金額、銷售數量、存貨量、銷售收入等。

OLAP 處理多維面的分析中，超方體（Cube）、維度（Dimension）以及衡量值（Measure）都是其必要的項目。藉由這樣的技術來表達資料的展現方式，讓使用者可以很簡單而且直覺化的方式來查詢所要的資訊，如圖 10-3 所示。

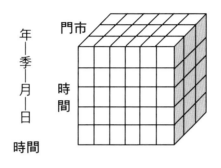

門市　地區別：北、中、南、東

圖 10-3　超方體（Cube）的內容

OLAP 的技術分三大類，多維式 OLTP（MOLAP）、關聯式 OLTP（ROLAP）、混合式 OLTP（HOLAP），其主要的功能在於把資料倉儲的資料轉入多維度結構並植入由同一組維度與衡量值所組成的超方體。目的是執行高效率且複雜性的動態查詢，協助使用者能輕易地、快速地完成各種維度分析工作，也可讓使用者自行選擇樹狀結構中，展開同一階層資料的明細或點選更細一層的資料明細與樞紐，並提供資料運算的能力，更能瞭解組織活動中所呈現價值。

表 10-2　OLAP 的技術比較

	多維式（MOLAP）	關聯式（ROLAP）	混合式（HOLAP）
優點	1. 查詢速度極快 2. 硬體設備要求相當簡單、好用；使用者不需有資訊技術背景 3. 分析、評比、數學功能強易於維護	1. 彈性較佳，變更設計較容易，可以支援中大型資料倉儲需求 2. 適應性良好，對資料比較不挑剔 3. 建檔速度比較快 4. 開放式技術，開發人才與工具比較好找	1. 查詢技術一般介於MOALP、ROLAP 兩者之間 2. 建檔速度極快，擴展性佳，可支援大型資料庫 3. 資料模組設計彈性佳，適合 ER Model
缺點	1. 資料建構速度慢，所以資料庫不能太大 2. 架構缺乏彈性，如果需要變更設計則須重新建置資料庫 3. 對資料比較挑剔，不是每種資料都適合 MOALP 4. 資料重複性高，專屬性技術，開放性差	1. 一般而言查詢速度較MOALP 慢 2. SQL 查詢是對非資訊背景人員的一種挑戰 3. SQL 尤其是先天限制，難以執行許多複雜的查詢 4. 對硬體設備要求比較高	1. 微觀查詢速度較慢 2. SQL 有先天限制，難以執行許多複雜查詢

10-2　資料探勘（Data Mining）

一、資料探勘的定義

《維基百科》定義，「資料探勘」（Data Mining）是一個跨學科的電腦科學分支。它是用統計學、人工智慧、機器學習和資料庫的交叉方法在相對較大型的資料集中發現模型的計算過程。資料探勘是「資料庫知識發現」（Knowledge-Discovery in Databases，簡稱 KDD）的分析步驟，本質上屬於「機器學習」的範疇。

《硬塞科技字典》定義，「資料探勘」是指利用一個龐大數據庫建立「模型」（Model），並從中找出隱藏的特殊關聯性及特徵。

資料探勘是經由自動或半自動的方式，探勘及分析大量資料，以建立有效的「樣式」（Pattern）、「規則」（Rule）或「模型」（Model）。

二、資料探勘的主要分析模型

資料探勘所建立的「模型」主要有下列幾種分析方法：

1. **線性迴歸分析（Linear Regression）**：線性迴歸分析是藉由二個或二個以上之變數，瞭解彼此間之關係。線性迴歸分析透過一系列的現有數據去預測未知數據的可能值。例如：廣告預算可能對銷售收入造成影響，藉由廣告預算與銷售收入二者之歷史數據，利用線性迴歸分析來瞭解數據間之關連性，進而預測未來廣告收入之增減可能對銷售收入所產生之影響。

2. **分類分析（Classification）**：透過研究數據庫中的特徵，將已知資料做出分類，並根據已知的特徵預測未經分類的新進數據。分類分析最常用的演算法是「最鄰近者」（Nearest Neighbor），其基本思維是「近朱者赤，近墨者黑」，藉由你的鄰居來推斷出你的類別。最鄰近分類演算法的原理：為了判斷未知樣本的分類，以所有已知類別的樣本作為參照，計算未知樣本與所有已知樣本的距離，從中選取與未知樣本距離最近的 K 個已知樣本，根據少數服從多數的投票法則，將未知樣本與 K 個最鄰近樣本中所屬類別佔比較多的歸為一類。

3. **群集分析（Clustering）**：又稱為「叢集分析」，叢集就是將不同的資料數據加以分類，然後提供使用者一個較佳的資料觀察點來分析資料。一般來說，叢集分析可以提供使用者，尤其是行銷部門，瞭解產品及顧客之特性，進而制訂出有效之行銷策略。叢集分類的方式可依照策略之需要來制訂相

關資料變數，並無特定的方式或最佳之方式，由於叢級與最鄰近者分析方法類似，因此二者經常配合使用。和分類分析的概念相似，亦是將一數據庫的資料做出分類，並歸納出組間的差異性及組中的相似性。其不同點在於，分類分析在劃分後又有明確對應的類別（換句話說，數據間有「已知」的特徵），但群集分析在演算法運算時無法得知分類的依據及數據的特徵，也就是分類後並沒有明確的類別，因此必須在分類後另行解讀各個分類的意義。

4. **時間序列分析（Time Series Forecasting）**：與線性迴歸分析的概念相同，也是藉由已知的數據來預測未來數據的可能值。差異在於：時間序列分析模型中的數據中必須含有時間關聯性。透過時間序列分析，可得知事件沿著時間軸（如季節性、節日、過去與未來的相關性）所產生的變化情形，進一步使用歷史資料來預測未來趨勢。

5. **關聯分析（Association）**：是分析數據庫中各資料彼此相依的機率，通常被用來分析公司各產品被同時購買的關係與頻率。例如：某顧客在已經購買該品牌洗髮精的情況下，同時購買該品牌潤髮乳的機率。

6. **順序型態分析（Sequential Pattern Analysis）**：與關聯分析相似，只是順序型態分析中的數據中具有次序及時間的關係。例如：某顧客在已經購買該品牌洗髮乳後，一週後再度購買潤髮乳所發生的機率。順序型態分析很常用在股市分析上，例如：因應英國脫歐公投，某股票一天內下跌 20%，另一檔股票在兩天內跟著下跌 20% 的機率。

7. **決策樹（Decision Tree）**：主要是使用樹狀分枝的概念來作為決策模式。決策樹是一種非常直覺且容易理解的分析模型，樹上的每個節點（node）代表資料的分類依據，資料通過節點後會依其屬性被分到不同的分支（branch）上，最後得到該資料所屬的分類。其缺點是，倘若決策過程中選擇之問題錯誤，將導致整體分析出現明顯之偏差，影響分析品質。

8. **類神經網絡（A Neural Network）**：類神經網絡是指藉由不同之變數設定，來訓練軟體做出較佳之決策分析與預測，其原理與人腦神經系統運作之原理類似，因此稱為類神經網絡。類神經網絡對於資料分析與預測十分有效率，且其導入與使用十分簡易，然而其軟體內部隱含之模型（Model）十分複雜，即便統計學專家有時亦無法完全掌握其中的精要。其原理則為藉由不同資料變數之連結來推論出可能之結果。變數越多，產生之結果正確率越高，或藉由對於變數加權值之運作，可獲得更佳之分析結果。

9. **規則演繹（Rule Induction）**：規則演繹為資料探勘中最直接也最易於瞭解的分析方式。藉由分析模組之設計，可以瞭解龐大資料庫中資料之特性規律，稱為規則（Rule）。例如零售業者可以瞭解百分之七十的顧客於購買真皮牛仔褲後，均購買塑膠皮帶，因此這二者間有其一定之關連性，可稱為規則。瞭解規則之存在，有助於知道顧客與產品之特質，然而並非每一項規則均有其實用價值，資料之實用性與否仍須視企業性質而定。

三、資料探勘的知識發現過程

《維基百科》定義「資料探勘」是一種「資料庫知識發現」（Knowledge-Discovery in Databases，簡稱 KDD）的過程，可分為六個步驟：

1. 資料蒐集→進資料庫。
2. 資料前置處理─資料清理（data cleaning）、資料整合（data integration）、資料轉換（data transformation）。
3. 資料倉儲建立。
4. 資料探勘（Data Mining）。
5. 樣式評估（Patterns Evaluation）。
6. 知識展現（Knowledge Presentation）。

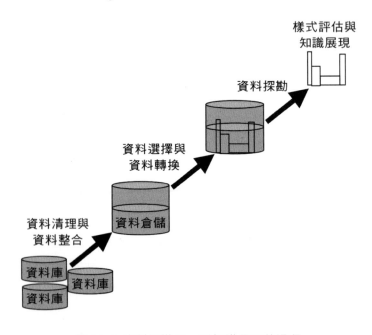

圖 10-4　資料探勘是一種知識發現的過程

10-3　資料前置處理

有高品質的資料（數據）才有高品質的資料探勘結果。所謂「資料前置處理」，就是為了讓資料更適合於進行資料探勘，解決資料品質不佳的問題，使資料探勘結果的品質有所提昇。未經處理的資料可能存在許多品質不佳的問題：

1. **資料不完整（data incomplete）**：最常見的問題就是資料某些屬性中的值有所遺缺。

2. **資料有雜訊（data noise）**：多半問題是由於資料有誤或特例所造成。

3. **資料不一致（data inconsistency）**：主要是因為資料來源不一所產生的問題。

資料前置處理的主要工作包括資料整合（data integration）、資料清理（data cleaning）、資料轉換（data transformation）。

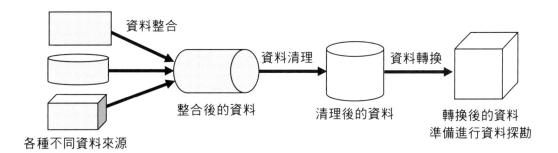

圖 10-5　資料前置處理

一、資料整合（Data Integration）

所謂資料整合（Data Integration）就是把多個不同來源的資料整合在資料倉儲中，因此資料整合最主要的目的在於解決多重資料來源的資料不一致或資料重複性問題。

資料整合的主要工作有二：

1. **消除資料不一致**

   ■ **數值不一致（data value conflict）**：例如，商品的計價單位不一致，在某資料庫以台幣計價，在另一個資料庫以美元計價。因此使用前必須先將計價單位統一。

- 綱目不一致（schema conflict）：是指不同資料庫或資料表中的資料屬性名稱不一致。例如在某些資料庫中以「顧客姓名」，在另一個資料庫以「會員姓名」，但實際上指的是相同的意義，可以透過更名將屬性名稱統一。

2. **消除資料重複性**

- **數值重複**：例如，整合過程中可能會發現資料庫 A 中有劉小希的顧客資料，而資料庫 B 中也有，則可刪除其中一筆記錄，以避免資料數值重複。

- **綱目重複**：例如，年齡是生日的延伸屬性，因為年齡可以由生日推算出來，因此可以將年齡這個屬性刪除以避免資料綱目重複。

二、資料清理（Data Cleaning）

資料清理的主要目的有二：

1. **確認資料的正確性**：在資料正確性方面，應檢驗的問題有：

- **資料屬性的有效值或有效範圍**：例如，生日的月份應該介在 1 到 12 之間。

- **主鍵的唯一性**：例如，身份證字號不可重複。

- **參考完整性**：例如，訂單資料表中的顧客編號必須與顧客資料表中的顧客編號一致。

- **資料的合理性**：例如，1000 歲的顧客明顯不合理。

2. **確認資料的完整性**：在資料完整性方面，應檢驗的問題有：

- 是否具有資料探勘所需的所有資料屬性。

- 是否同時具有統計整合的資訊與詳細的單筆資料。

資料清理的主要工作有二：

1. **遺缺填補**：為不讓屬性值有遺缺，而影響到資料探勘的結果，在進行資料探勘之前，應設法將遺缺值填補起來。常見的遺缺值填補方式有「人工填補」與「自動填補」。

2. **雜訊消除**：為不讓資料雜訊的存在，而影響到資料探勘的結果，因此必須將資料雜訊移除或是將資料做適當的平順化（smoothing）處理，以降低或消除資料雜訊對於資料探勘結果的影響。

經過「資料清理」將使原本雜亂無章的資料呈現乾淨的面貌，有助於接下來資料轉換工作的順利進行。

三、資料轉換（Data Transformation）

資料轉換的主要工作有三：

1. **資料彙整化（data aggregation）**：資料彙整化是指將現有的資料做加總，統計或建立資料立方體。例如，將顧客購買資料作商品類別的加總，以初步彙總出暢銷的商品類別。資料彙總的目的在於將資料做初步的整理，使得資料探勘更易於找出資料樣式（pattern）。

2. **資料一般化（data generalization）**：資料一般化是將資料的概念階層（concept hierarchy）上向提升。例如，原來將顧客的地址資料用縣市區分，改為用東南西北四區來區分。

3. **屬性建立（attribute construction）**：利用既有資料倉儲中的舊屬性，將資料探勘所需的新屬性建立出來。

10-4　大數據

一、大數據的定義：4V

「數據儲存成本」與「數據取得成本」因科技進步而大幅下降，造就大數據的興起。

大數據（Big Data）又稱「巨量資料」，顧名思義，是指大量的資料，當資料量龐大到資料庫系統無法在合理時間內進行儲存、運算、處理、分析成能解讀的資料時，就稱為大數據。

1. **大量性（Volume）- 大**：大數據與傳統數據最大的差異在於資料量，資料量遠大於傳統數據，也因為資料量大，無法以傳統關聯式資料庫的方式儲存處理，因此衍生出大數據 Hadoop 技術。

2. **多樣性（Variety）-雜**：大數據處理的資料類型龐雜，例如 Facebook 的帳戶紀錄，包含文字、照片、超連結等多種數據形式。由於大數據形式多元複雜，大多是非結構化資料，大數據儲存也需要不同於傳統數據的儲存技術。

3. **不斷傳輸性（Velocity）- 快**：資料不斷傳輸性，也就是資料即時性。大數據與傳統數據最大的不同點，大數據的數據生成速度飛快。由於網際網路興起與資通訊設備普及，每個用戶隨時隨地都在創造新數據，數據生成的速度已非過去可比擬。

4. **真實性（Veracity）- 真**：真偽難分、真偽存疑，數據資料本身是否可靠是一大疑問，如何確保這些數據和根據它們所做的分析可信，就成為一大挑戰。

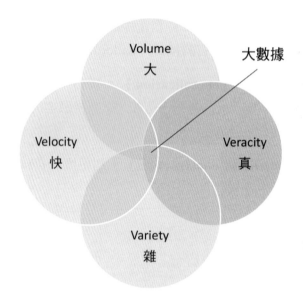

圖 10-6　大數據的 4V 定義

二、大數據分析的步驟

簡單來說，大數據分析可分為六個步驟：定義問題、數據蒐集、數據清理、數據儲存、數據分析、數據使用。

step 01：定義問題

數據需求明顯。在開始進行大數據分析之前，得先定義問題。清楚問題與需求後，才知道要分析什麼、要如何解決，才能著手蒐集相關且有用的資料。

step 02：數據蒐集

數據從何來。定義問題後，就需要蒐集相關資料，資料可以是從公司內部、外部或第三方來源，唯一指引就是重視資料完整性與整體性。

step 03：數據清理

改善數據品質。初步蒐集到的資料通常十分雜亂，必須下功夫好好整理一番，才能使用。

step 04：數據儲存

不同屬性的數據適用有不同儲存環境。根據資料量及複雜性，會有不同的儲存方式與儲存環境。

step 05：數據分析

數據越多越準確。有越多資料就能做越多嘗試，分析出的數據就會越準確。

step 06：數據使用

資料視覺化（Data Visualization）。最後獲得的數據該給誰看？該如何呈現？該如何使用？也是一門深奧的學問。人的大腦在閱讀圖像畫面的速度遠比文字更快。資訊視覺化的優勢在於，以一目瞭然的方式呈現資料分析結果，比查閱試算數據或書面報告更有效率。常見的資料視覺化軟體，例如微軟的「Power BI」。

三、大數據資料處理之資料單位

「位元」（Bit）與「位元組」（Byte）都是資料處理的資料計量單位。Bit 電腦運算的基礎，通常用來作資料傳輸的單位，為二進制。1 字元等同 1 位元組（Byte）。1 個英文字為 1 個 Byte，中文字則為 2 Byte。Byte 是電腦檔案大小的基本計算單位。Bit 是「檔案處理」時所用的最小單位。Byte 是「電腦文字」要存檔時所使用的最小單位。主要資料單換算公式如下：

1Bybes=8Bit

1KB=1024Bytes

1MB=1024KB

1GB=1024MB

1TB=1024GB

1PB=1024TB

1EB=1024PB

1ZB=1024EB

四、金融業大數據分析的應用方向

1. **顧客關係管理方面**
   - 建立 360 度顧客視圖
   - 顧客分群
   - 目標顧客貢獻度分析

2. **風險管理方面**
   - 企業風險（Enterprise Risk）評估
   - 風控數位儀表板（DashBoard）：財務及風險資訊整合呈現。

3. **績效管理方面**
   - 營運績效數位儀表版（戰情室）
   - 經營關鍵績效指標（Key Performance Indicators，簡稱 KPI）速報
   - 主管決策系統（Executive Support System，簡稱 ESS）

五、顧客價值分析：RFM 分析

　　企業在進行顧客價值分析時，以 RFM 分析方式最簡單有效，其中 R 為「最近一次購買日」（Recency）、F 為「購買頻率」（Frequency）及 M 為「購買金額」（Monetary）。RFM 技術常被用於直效行銷中的篩選（Selection）技術，亦稱為區隔（Segmentation），透過 RFM 技術可從龐大的顧客名單中，找出特定行銷活動所需的顧客名單。RFM 分析可使業者避免接觸獲利性低的顧客，將顧客獲利性高的顧客區隔出來，投入較多的行銷資源。如此，主要可以獲得三項利益：增加回應率、降低每一次的訂購成本以及獲得更高的利潤。

1. **R（Recency）「最近一次購買日」**：Recency 反應顧客的活躍度。

2. **F（Frequency）「購買頻率」**：Frequency 幫業者找到持續購物的顧客。

3. **M（Monetary）「購買金額」**：Monetary 幫業者分辨真正的「貴客」。

六、Hadoop

　　Hadoop 是由 Java 語言撰寫而成，是 Apache 軟體基金會發展的開源軟體框架。其擴充性高、部屬快速、還能自動分散系統負荷，而且免費。Hadoop 的核心主要由兩個部分所構成：

1. **資料儲存**：「Hadoop 分散式檔案系統（Hadoop Distributed File System）」。

2. **資料處理**：「Hadoop MapReduce」。

Hadoop 是集儲存、運算、資源管理於一身的分散式大數據處理平台，分為三大模組提供服務：

1. **分散式檔案系統 HDFS**：Hadoop Distributed File System 的縮寫，分散式檔案系統。由 NameNode 與 DataNode 組成。NameNode：儲存檔案的小區塊（block）清單，稱為 metadata。DataNode：負責儲存實體檔案的小區塊（block）。

2. **分散式運算框架 MapReduce**：MapReduce 是一種程式模型，用於大數據的平行運算。MapReduce 是用來在撰寫分散式計算大量資料的框架（framework），主要分為 Map 與 Reduce 兩個步驟。「Map」功能會先將大資料區塊拆成小資料區塊，並以（Key, Value）格式備用；「Reduce」功能是彙整，彙整所有相同的 Key 並計算出現的總次數。HDFS 處理好的檔案資料，搭配 Map & Reduce 函數，將資料片段傳送到計算節點（Mapping），由各個節點計算處理之後再做彙整（Reducing），達到分散式計算。

3. **分散式資源管理系統 YARN**：Yet Another Resource Negotiator 的縮寫，是一個資源管理系統，用來管理各種分散式運算應用程式所使用的資源。

八、數位通路資料分析

金融業「全通路」的客戶使用軌跡非常多樣化，包括 ATM 系統、各式網路服務、行動 APP、電話客服中心、分行、理專及各種互動行銷等，想要「一網打盡」即時收集客戶的使用軌跡，變得更加困難。其實可從金融服務的伺服器端與客戶端終端設備所蒐集的資訊進行軌跡分析。

10-5 資料科學（Data Science）

一、資料科學

《維基百科》定義，「資料科學」（Data Science）是一門利用資料學習知識的學科，其目標是藉由從資料中提取出有價值的部分來生產資料產品。它結合了諸多領域中的理論和技術，包括應用數學、統計、圖形識別、機器學習、資料視覺化、

資料倉儲以及高效能演算法。資料科學透過運用各種相關的資料來幫助非專業人士理解問題。

《硬塞科技字典》定義，「資料科學」是一個跨學科研究方法，顧名思義就是利用資料做出科學性的研究，而資料的判讀與統計有很大的關連外，也會運用到程式設計、計算機科學、數學、甚至是設計等幾個專業。

「資料科學」主要以「程式語言」作為分析的工具，目前資料科學主流的程式語言有「R」、「Python」與「Julia」。

資料科學主要有四大處理流程：

1. 資料取得（Data Collection）

2. 資料儲存（Data Store）：趨勢是分散式儲存。

3. 資料分析（Data Analytics）

4. 資料呈現（Data Presentation）：趨勢是資料視覺化。

二、資料科學家

《LargitData》定義，「資料科學家」（Data Scientist）是以「資料」為主要研究領域的「科學家」，就像化學家試著找出各種未知物質的特性、物理學家想剖析量子世界的謎團，資料科學家會將看似雜亂無章的數據，整理後找出它們的規律，並製作一個可用來解釋與預測這些數據的模型。「資料科學家」主要運用數學統計與程式語言來解決各種問題。

「資料科學家」的工作主要分成三個 track：分析（Analytics）、推論（Inference）、演算法（Algorithm）。

10-6 人工智慧（AI）

一、人工智慧的定義

《硬塞科技字典》定義，「人工智慧」（Artificial Intelligence，簡稱 AI）又稱人工智能，屬於計算機科學領域的部分範疇，意指讓機器具備和人類一樣的思考邏輯與行為模式。發展過程包括學習（大量讀取資訊、並判斷何時使用該資訊）、感知、推理（利用已知資訊做出結論）、自我校正，以及如何操縱或移動物品。人工

智慧發展的領域包括但不限於：語音識別（Speech Recognition）、電腦視覺（Computer Vision）與專家系統（Expert Systems）。

Masa Chen（2020）定義，「人工智慧」是指用電腦程式的方式，達到人類需要運用智慧才能完成的事情。

林敬恆（2019）定義，「人工智慧」是指以「人工」編寫的電腦程式，去模擬出人類的「智慧」行為，其中包含模擬人類感官的「聽音辨讀、視覺識別」、大腦的「推理決策、理解學習」、動作類的「移動、動作控制」等行為。

人工智慧是指一電腦系統能夠具有人類般的知識，並具有 ① 學習；② 知識儲存記憶；③ 推理及判斷之能力。

二、弱人工智慧 / 強人工智慧

弱人工智慧（Weak Artificial Intelligence）：只能模擬人類的思維與行為表現，但缺乏真正的推理與解決問題的能力，也不具有自主意識，並不具備人類的思考能力。只專注於完成某特定的任務，例如：語言翻譯、圖像辨識、圍棋遊戲等，只能用於解決特定問題，並沒有達到模擬人類思維的程度，不會有自主意識，所以弱人工智慧仍然屬於「工具」的範疇，因此又被稱為 Narrow AI、Applied AI。

強人工智慧（Strong Artificial Intelligence）：電腦具有與人相同程度的智慧，在各方面都能和人類比肩。上面提到的各種能力像是學習能力、思考、語言表達、邏輯數學推理、抽象思維、創造等等，都可以和人類一樣，機器除了可以自我學習，並處理前所未見的細節，還能與人類相互交流學習，並具備「人格」的基本條件，或者說「自我意識」，可以像人一樣獨立思考與決策。

「圖靈測試」（Turing Test）如果一台機器能夠利用電傳設備與人類對話，而無法辨認是機器還是人，或是誤判機器是人，那麼這台機器便通過圖靈測試，可視為具有智慧。

三、機器學習（Machine Learning）

機器學習（Machine Learning）是人工智慧發展的另一個核心，可分成「監督學習」（Supervised Learning）與「非監督學習」（Unsupervised Learning）。透過機器學習，人工智慧可以處理的問題分為「歸類問題」（分類）及「迴歸問題」（預測）。歸類問題可將輸入的數據區隔為不同類別，例如：垃圾信件過濾程式。迴歸問題則會從輸入的資料庫中找出規律，利用迴歸分析發展出相對應的方程式，藉此

做出準確的預測。機器學習可視為一種逼近法，只要提供的資料夠多，就能執行更加準確的預測。

1. **監督式學習（Supervised learning）**：就好像模擬考有提供答案一般，所有資料都有標準答案，可以提供機器學習在輸出時判斷對錯使用，預測時比較精準。

2. **非監督學習（Unsupervised Learning）**：就好像沒有模擬考答案一般，所有資料都沒有標準答案，無法提供機器學習輸出判斷對錯使用，機器必須自己尋找答案。

深度學習（Deep Learning）是機器學習的分支，是一種以類神經網路為架構，對資料進行表徵學習的演算法。《MBA 智庫百科》定義，「深度學習」是從機器學習中的「類神經網路」（Neural Networks）發展出來的新領域。早期所謂的「深度」是指超過一層的類神經網路。

「機器學習」屬於「人工智慧」的一部分，而「深度學習」又屬於機器學習的一種分支。關係如下：

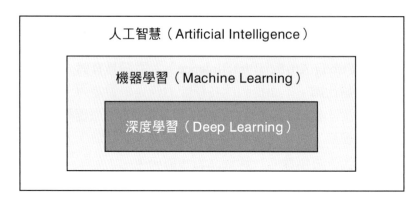

圖 10-7　人工智慧、機器學習、深度學習的關係

四、機器知覺（Machine perception）

機器知覺（Machine perception）處理感知晶片的感知數據，並利用這些感知數據推導人類面對世界的感官領域，包含視覺（人臉識別）、聽覺（語音識別）、與觸覺等。

五、專家系統（Expert System）

《MBA 智庫百科》定義，「專家系統」是一種在特定領域內，具有專家水平解決問題能力的程式系統。它能夠有效地運用專家多年積累的有效經驗和專門知識，透過模擬專家的思維過程，解決需要專家才能解決的問題。

《維基百科》定義，「專家系統」是早期人工智慧的一個重要分支，它可以看作是一類具有專門知識和經驗的計算機智能程式，一般採用人工智慧中的知識表示和知識推理技術，來模擬通常由領域專家才能解決的複雜問題。一般來說，專家系統＝知識庫＋推理機，因此專家系統也被稱為基於知識的系統。一個專家系統必須具備三要素：領域專家級知識、模擬專家思維、達到專家級的水平。

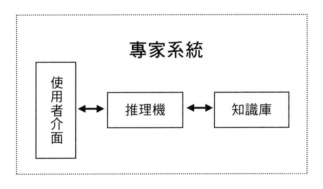

圖 10-8 專家系統架構

專家系統是以電腦能看的懂得形式將專家知識儲存起來，並加入法則作為控制策略，使電腦能像專家一樣，利用這些知識和經驗法則來解決問題。換句話說，專家系統是一個知識庫（Knowledge-based）程式，可用來解決某特定領域的問題，並且能提供像人類專家一樣「專業水準」的解答。

專家系統中運用較多的知識表示是「產生式規則」。「產生式規則」以「若（IF）..則（Then）」的形式出現，就像 BASIC 等程式語言的條件語句一樣，If 後面是條件，Then 後面是結論，條件與結論均可以透過邏輯運算 AND、OR、NOT 進行複合。「產生式規則」的理解非常簡單：如果滿足前提條件，就產生相應的結論。

學習評量

一、問答題

1. 何謂「資料倉儲」（Data Warehouses）？請簡述之。

2. 何謂「資料探勘」（Data Mining）？請簡述之。

3. 何謂「大數據」（Big Data）？請簡述之。

4. 何謂「人工智慧」（AI）？請簡述之。

5. 何謂「資料科學」（Data Science）？請簡述之。

二、選擇題

（　）1. 下列哪一項不屬於大數據的四大特徵（4V）之一？

　　A. 具不斷傳輸性的速度　　　B. 具敏感性

　　C. 具多樣性　　　　　　　　D. 真實性

（　）2. 資料的樣貌是多格式性，或是沒有格式，是指大數據 4V 特徵中的哪一項特徵？

　　A. 真實性（Veracity）　　　B. 大量性（Volume）

　　C. 多樣性（Variety）　　　　D. 不斷傳輸性（Velocity）

（　）3. 下列哪一項不屬於大數據儲存平台 Hadoop 的主要模組？

　　A. HDFS　　　　　　　　　B. MapReduce

　　C. RFM　　　　　　　　　　D. YARN

（　）4. 下列有關大數據的敘述，何者正確？

　　A. 大數據資料都是屬於結構化的資料型態

　　B. 大數據資料的儲存都是使用關聯式資料庫

　　C. 大數據資料特性有大量性（Volume）、即時性（Velocity）、多樣性（Variety）

　　D. 大數據的核心思維是從資料庫或網路上擷取隨機抽樣的資料來做分析與預測

（　）5. 下列有關大數據分析的敘述，何者正確？

　　A. 可以 100%精準的預測未來

　　B. 收集到的大數據資料都很準確

　　C. 可以依據收集到的資料，推估出趨勢走向

　　D. 大數據的資料都是結構化資料，很好處理

（　）6. 大數據分析大多分為兩階段分析，第一階段為全數據分析，提取指標數據，第二階段將提取指標數據進行測試、優化、建模、分析。下列哪一項工具較適合使用在第一階段

　　A. R　　　　　　　　　B. Python

　　C. Hadoop　　　　　　 D. Mathlab

（　）7. 下列有關資料探勘的敘述，何者錯誤？

　　A. 模型需要定期更新

　　B. 資料探勘可以創造資料的規律性

　　C. 資料探勘只是個工具，還需要業務配合

　　D. 模型使用者需要對模型演算法有一定的了解

（　）8. 下列有關資料探勘的敘述，何者正確？

　　A. 需要不斷審視資料探勘過程與資料意義

　　B. 資料探勘可以找出資料潛在規則，解決所有問題

　　C. 為了資料運算正確，演算法的一致性很重要

　　D. 為了資料前後期屬性比較，深化分析的模型不要頻繁更替

（　）9. 下列有關人工智慧的敘述，何者錯誤？

　　A. 聊天機器人或語音助理都是人工智慧的運用

　　B. 隨著人工智慧的發展，將可廣泛的應用在醫療、金融科技、自動駕駛等方面

　　C. 機器學習就是機器依照撰寫程式的設定，對已知資料做分類

　　D. 人工智慧就是讓電腦像人類一樣具有學習、思考及推理的能力，協助人類解決問題

（　　）10. 下列有關人工智慧的敘述，何者錯誤？

　　　　A. 協作型人工智慧和人類的能力是互補的

　　　　B. 機器有智慧不一定代表必須像人類一樣思考

　　　　C. 機器展現出感知、推理、學習、動作行為都可稱人工智慧

　　　　D. 刷臉支付並不屬於人工智慧的應用

雲端運算、互聯網金融、物聯網

11-1 雲端運算

一、雲端運算的定義

雲端運算（Cloud Computing），也被譯為「雲端計算」。「雲端運算」是一種基於網際網路的運算方式，共享的軟硬體資源和資訊可以按需求提供給電腦和其他裝置。

《INSIDE》定義，只要使用者能透過網路、由用戶端登入遠端伺服器進行操作，就可稱為雲端運算。

所謂「雲端」是泛指「網路」，名稱來自工程師在繪製示意圖時，常以一朵雲來代表「網路」。因此，「雲端運算」就是「網路運算」。舉凡運用網路溝通多台電腦的運算工作，或是透過網路連線取得由遠端主機提供的服務等，都可以算是一種「雲端運算」。因此，「雲端運算」不是一種新技術，更嚴格的說，甚至不能算是「技術」。「雲端運算」是一種概念，代表的是利用網路使電腦能夠彼此合作或使服務更無遠弗屆。Google 是最早提出雲端運算概念的公司。

全球 Top 4 雲端平台服務提供商：Amazon 的「Amazon Web Services」（簡稱 AWS）、Google 的「Google Cloud Platform」（簡稱 GCP）、Microsoft 的「Microsoft Azure」、IBM 的「IBM Cloud」。AWS 創立於 2006 年，相較於其他雲端平台具有先發優勢，提供運算、儲存、資料庫、分析、應用程式等超過 70 種雲端服務，覆蓋面最廣、最深，也是大多數用戶的首選。Microsoft Azure 成立於 2010 年，擁有超過 67 項雲端服務，並於至少 30 個區域設立資料中心。GCP 成立於 2011 年，提供超過 50 項雲端服務，擁有超過 100 個業務據點。

二、雲端服務的類型

依照雲端服務所涉及的系統管理層面，美國國家標準局與技術研究院（National Institute of Standards andTechnology，簡稱 NIST）將雲端服務分為下列三種類型：

1. 「**軟體即服務**」（**Software as a Service**，簡稱 **SaaS**）：提供使用者網路的軟體應用，例如 Yahoo 電子信箱、Google 地圖、YouTube、Facebook…等，甚至是趨勢科技的雲端防毒，都是常見到的 SaaS 雲端服務類型。

2. 「**平台即服務**」（**Platform as a Service**，簡稱 **PaaS**）：是指提供平台以提供運算或解決方案，並提供整合的 API（應用程式介面），可讓客戶的應用程式放在該平台代管，佈署更簡便，而且節省成本。例如微軟的 Windows Azure、Google 的 App Engine、Yahoo 的 Application Platform、Salesforce 的 AppExchange 平台等都是 PaaS。

3. 「**基礎設施即服務**」（**Infrastructure as a Service**，簡稱 **IaaS**）：是指直接提供硬體的環境及網路頻寬給企業用戶使用，例如中華電信的 HiCloud、IBM 的 Blue Cloud、HP 的 Flexible Computing Services 及亞馬遜的 EC2…等。

三、NIST 雲端運算的五大特徵

依據「美國國家標準局與技術研究院」（NIST）所定義的雲端運算內容，有五大重點特徵：

1. **隨需自助服務**（**On-demand Self-service**）：用戶可依據使用需求狀況自行使用雲端服務，不需再透過雲端供應者與之互動。

2. **網路使用無所不在**（**Broad Network Access**）：網路使用無所不在，也就是雲端供應者服務可隨時在網路取用，且使用者端無論大小，都可以透過標準機制使用網路。

3. **共享資源池**（**Resource Pooling**）：資源彙整讓雲端供應者透過多租戶模式（Multi-tenancy）服務消費者，依據消費者要求，來指派或重新指派實體及虛擬資源，在所在地獨立性的概念下，消費者通常不知道所有資源確切位置，只可能掌握國家、州或資料中心等大範圍區域地點。其中資源包括儲存、處理、記憶、網路頻寬和虛擬主機等。

4. **快速重新佈署靈活度**（**Rapid Elasticity**）：能因應用戶需求，彈性且快速調整資源規模大小。

5. **可量測的服務（Measured Service）**：雲端服務各層次均由雲端服務供應商掌控與監管，這對於計費、存取控制、資源優化、處理能力規劃及其他工作相當重要，確保資源使用可被監測、被控制和被報告，為雲端服務供應商和用戶雙方提供透明化服務使用資訊。

四、雲端服務佈署的分類

雲端服務佈署的分類，主要可分為私有雲、虛擬私有雲、公用雲、社群雲以及混合雲等。茲依據維基百科的解說如下：

1. **私有雲（Private cloud）**：是將雲端基礎設施與軟硬體資源建立在防火牆內，以供機構或企業內各部門共享數據中心內的資源。私有雲完全為特定組織而運作的雲端基礎設施，管理者可能是組織本身，也可能是第三方；位置可能在組織內部，也可能在組織外部。

2. **虛擬私有雲（Virtual Private Cloud, VPC）**：是存在於共享或公用雲中的私有雲（Private Cloud），亦即一種網際雲（Intercloud）。

3. **公用雲（Public cloud）**：是第三方提供一般公眾或大型產業集體使用的雲端基礎設施，擁有它的組織出售雲端服務，系統服務提供者藉由租借方式提供客戶有能力部署及使用雲端服務。

4. **社群雲（Community cloud）**：是由幾個組織共享的雲端基礎設施，它們支持特定的社群，有共同的關切事項，例如使命任務、安全需求、策略與法規遵循考量等。管理者可能是組織本身，也能是第三方；管理位置可能在組織內部，也可能在組織外部。

5. **混合雲（Hybrid cloud）**：由兩個或更多雲端系統組成雲端基礎設施，這些雲端系統包含私有雲、公用雲、社群雲等。這些系統保有獨立性，但是藉由標準化或封閉式專屬技術相互結合，確保資料與應用程式的可攜性，例如在雲端系統之間進行負載平衡的雲爆技術。由於混合雲架構可支持不同的應用程式業務需求，最受企業歡迎。

五、雲端控管矩陣（CCM）

雲端安全聯盟（Cloud Security Alliance，簡稱 CSA）於 2013 年 9 月提出 STAR 認證（Security, Trust and Assurance Registry），它運用 ISO 27001:2005 管理系統標準的安全管控要求，結合 CSA 自身提出的「雲端控管矩陣」（Cloud Control Matrix，簡稱 CCM），再以成熟度評估的方式來量測雲端服務的安全水準。

在雲端安全 STAR 認證之中，最基本的兩項要求就是必須通過 ISO 27001 的驗證，同時也要實施「雲端控管矩陣」（CCM）中的安全控制措施。

11-2 霧運算

一、什麼是霧運算（Fog Computing）

思科於 2014 年首創「霧運算」的概念，2015 年 11 月思科，ARM、戴爾、英特爾、微軟等幾大科技公司以及普林斯頓大學聯合成立 OpenFog Consortium（開放霧聯盟）非盈利性組織，旨在推廣和加快開放霧運算的普及，促進物聯網發展。

《維基百科》定義，霧運算（Fog Computing）又稱霧聯網（Fog Networking，或 Fogging），是使用最終用戶終端設備或連接最終用戶設備的邊緣設備，以分散式協作架構進行資料存儲（相較於將資料集中存儲在雲端數據中心），或進行分散式網路封包傳輸通信（相較於透過互聯網骨幹路由），或相關分散式控制或管理。

霧運算採用分散式運算方式，將運算、通訊、控制和儲存資源與服務分布給終端用戶或靠近終端用戶的設備或系統。霧運算擴大雲端運算的網路運算模式，將網路運算從網路中心擴展分散到網路邊緣，從而更加廣泛地應用於各種服務，是雲端運算概念的延伸。

二、霧運算的主要目的

霧是更貼近地面的雲（雲端運算的雲）。霧的主要目的是提高效率，並化解傳送到雲端運算、儲存時可能產生的網路塞車現象。通常是為了提高整體的程式運作效率，也可用以提高安全性與合規性。

集中式的雲端運算，意味著每位終端用戶都連往共用的資料中心，隨著越來越多依賴雲端運算的連網裝置出現，從雲端到連網裝置的資料傳輸變得越來越擁擠，而分散式的霧運算就是為了解決終端設備連網至雲端運算資料中心傳輸擁塞的問題。

三、霧運算與雲端運算的比較

霧運算與雲端運算的比較，如下表：

表 11-1 霧運算與雲端運算的比較

	霧運算	雲端運算
伺服器分布	分散式	集中式
伺服器位置	近端網路	遠端網路
伺服器數量	較多	較少
伺服器與用戶端裝置距離	一個節點	多個節點
回應延遲	低	高

四、邊緣運算（Edge Computing）

《維基百科》定義，邊緣運算（Edge Computing），又稱為「邊緣計算」，是一種分散式運算的架構，將應用程式、數據資料與服務的運算，由網路中心節點，移往網路邏輯上的邊緣節點來處理。邊緣運算將原本完全由中心節點處理大型服務加以分解，切割成更小與更容易管理的部份，分散到邊緣節點去處理。邊緣節點更接近用戶端裝置，可以加快資料的處理與傳送速度，減少延遲。在這種架構下，資料的分析與知識的產生，更接近於資料的來源，因此更適合處理大數據。

《技嘉》定義，「邊緣運算」是一種網路運算架構，運算過程盡可能靠近資料來源以減少延遲和頻寬使用。目的是減少集中遠端位置（例如「雲端運算的雲」）中執行的運算量，從而最大限度地減少異地用戶端和伺服器之間必須發生的通訊資料量。近年來，邊緣運算技術的硬體趨向小型化、高密度，以及軟體趨向虛擬化，讓邊緣運算的實用度更為可行。

邊緣運算具有「低延遲（Low latency）」的特性，對於數據量大、需要馬上被回應的應用服務來說，是不錯的解決方案。

11-3 互聯網金融

一、互聯網金融的定義

《MBA 智庫百科》定義，「互聯網金融」（Internet Finance）是指藉由於互聯網技術、行動通信技術實現資金融通、支付和訊息中介等業務的新興金融模式，既

不同於商業銀行間接融資，也不同於資本市場直接融資的融資模式。互聯網金融包括三種基本的企業組織形式：網路小貸公司、第三方支付公司以及金融中介公司。當前商業銀行普遍推廣的電子銀行、網路銀行、行動銀行等都屬於此類範疇。

《數位時代》定義，「互聯網金融」是傳統金融業與互聯網精神相結合的新興領域，把網路「開放、平等、協作、分享」的精神滲透到傳統金融業，借助互聯網技術、行動通信技術實現資金融通、支付和訊息中介等業務的新興金融模式。

《財團法人國家政策基金會》定義，「互聯網金融」是指藉助於互聯網技術與行動通信技術，實現資金融通、金融支付等金融業務的經營模式，其主要優點是利用大數據、雲端運算等社交網路或電子商務平台，挖掘各類金融相關訊息，可以降低金融機構的交易成本；且操作簡單便捷，可以滿足用戶對金融的需求，加上金融門檻低，用戶參與程度高等，故廣為經濟人所採用。互聯網金融的主要經營模式必須依賴傳統金融與互聯網金融的結合，才能有效率的發展。

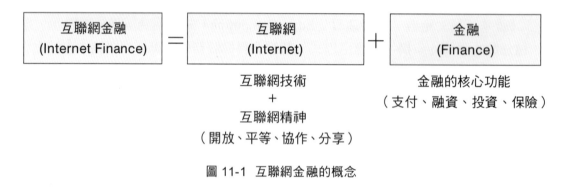

圖 11-1 互聯網金融的概念

二、互聯網金融發展

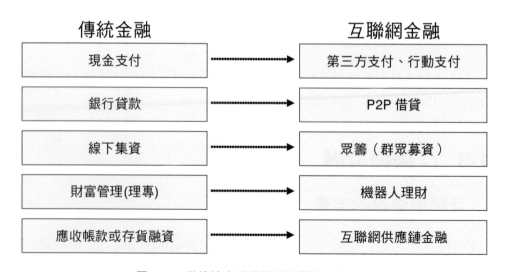

圖 11-2 從傳統金融演進到互聯網金融

🔷 中國

中國互聯網金融發展啟始於「第三方支付」，再擴及轉帳、理財、眾籌、保險等多項領域，業務創新速度飛快。由於過去中國金融體系提供之服務有限，以致於長尾端的中小企業及個人，無法享受金融服務並且「融資困難」，因此造成互聯網金融爆發（普惠金融）野蠻式成長。

在互聯網金融的服務領域創新，中國處於領先的地位，例如中國 WeChat 這款 APP 結合通訊、叫車、支付、理財等眾多功能，用戶透過 WeChat，就可實現社交、金融、轉帳、匯款、理財等多功能用途，並一次蒐集用戶金融、社交等多項大數據。

此外，中國近年來積極發展數位貨幣（數位人民幣），其主要目的在於監控資金流向，以期降低詐欺等金融犯罪案件之發生。

🔷 台灣

行政院 2020 年 12 月通過「電子支付機構管理條例」修正草案後，「全聯」與「全家」兩大零售巨人，隨即申請電子支付執照，準備跨入金融產業，打造更完整的互聯網金融生態圈，撼動整個金融界。隨著「開放銀行」（Open Banking）發展，過去保護金融業的金融法規已逐漸消失，金融服務已不再是傳統金融機構的專利。

從「場景金融」的角度來看，「全聯」與「全家」這些擁有千萬會員生態圈的巨人，將從最貼近消費者的場景，在最近的距離直接提供最需要的金融服務，那麼傳統銀行的競爭利基將會消失。全聯的「PX Pay」、全家的「My FamiPay」，正在串連新的「場景金融」打造新的「互聯網金融生態圈」（Internet Financial Ecosystem）。

11-4 電子商務

金融科技改變了網路世界的金融元素，特別是電子商務層面，讓以前無法實現的得以成真，尤其 FinTech 的新興支付方式，大幅改變電子商務的交易模式，例如 FinTech 展現傳統金融機構所沒有的包容力，幫助金融機構瞄準沒有銀行帳戶的人；電子支付新創取得突破性發展，持續改善電子支付；客戶在消費付款同時，透過大數據分析，瞭解客戶特徵、消費習慣等，以創造更多新型態的服務。此外，「場景金融」方面，透過 O2O 與 OMO 多元化的生活場景應用結合，從食、衣、住、行、育、樂等，提供用戶 24 小時日常生活所需的所有場景金融服務。

一、電子商務的定義

簡單來說，電子商務（Electronic Commerce）就是網際網路（Internet）加上商務（Commerce）。亦即，電子商務就是把傳統的商業活動（Commerce）搬到新興的網際網路（Internet）上來進行。也因此經濟部商業司將電子商務定義為：「電子商務（Electronic Commerce, e-Commerce）是指任何經由電子化形式所進行的商業交易活動」。

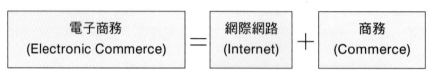

圖 11-3　電子商務的簡單定義

Kalakota & Whinston（1997）認為，所謂「電子商務」是指利用網際網路進行購買、銷售或交換產品與服務。功能在降低成本、減低產品的生命週期、加速得到顧客的反應，及提升服務的品質。電子商務是個人與企業線上交易的流程，其中包括企業對消費者（B2C）及企業與企業（B2B）之間的交易。

二、長尾效應（The Long Tail Effect）

在了解「長尾效應」之前，必須先了解何謂「80/20 法則」。所謂 80/20 法則，「在一家商店當中，大約 80％的營收來自前 20％的主流商品（又稱為暢銷商品或熱門商品）」。實體商店在貨架空間有限，以及倉儲成本考量下，會把最暢銷的 20％商品放在顯而易見的貨架上，使消費者容易注意、消費；而其餘 80％商品放在其他不起眼的地方，消費者往往容易忽略。如此循環下去，主流商品將會一路長紅，也為企業帶來絕大部分的營收。

長尾效應正是要打破上述 80/20 的經濟法則。長尾效應是由《連線》雜誌前主編 Chris Anderson 提出，他認為冷門商品或小眾商品雖然需求量不大、營收貢獻較少，但只要賣的種類夠多（在網際網路通路下，上架成本極低）、數量夠大，這些冷門商品或小眾商品也能創造出相當不錯的營收。

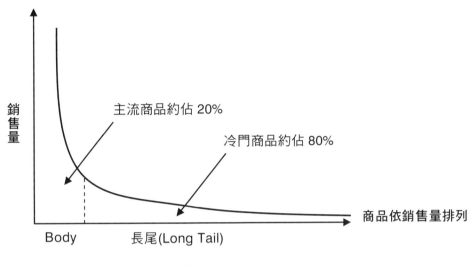

圖 11-4　長尾效應（The Long Tail Effect）

三、O2O

O2O 是 Online to Offline 的英文縮寫，是指線上行銷，線上購買，帶動線下經營和線下消費。換句話說，就是「消費者是在線上購買、線上付費，再到實體商店取用商品或享受服務」。O2O 的狹義定義是消費者在網路上購買實體商店的商品、服務，再實際進店享受服務，但經過這幾年的發展，O2O 也出現許多變形，而這變形也包括 O2O 的反向，從線下到線上（Offline to Online）。因此可將 O2O 廣義的定義為「將消費者從網路線上帶到線下實體商店消費」或是「將消費者從線下實體商店帶到網路線上消費」。

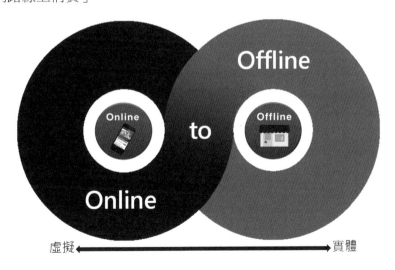

圖 11-5　O2O

《MBA 智庫百科》定義，O2O（Online To Offline）商務模式又稱為「離線商務模式」，是指線上行銷線上購買，帶動線下經營和線下消費。O2O 透過打折、提供信息、服務預訂等方式，把線下商店的消息推送給網路上的用戶，從而將他們轉換為自己的線下客戶，這就特別適合必須到店消費的商品和服務，比如餐飲、健身、美容美髮、看電影、看表演等。

2013 年 O2P（Online To Place）商務模式出現，即在地化的 O2O 商務模式，正式將 O2O 商務模式帶入在地化（社區化）進程當中。

O2P 另一種解釋 Online to Partners，是生態圈的概念，透過構建多方參與，達到多贏的格局，以形成具有核心競爭力的網際網路生態圈，成為產業標準的制定者。其中包括三大 P：平台（Platform）、通路 / 在地化（Place）、消費者（People）。相比 O2O，O2P 的理念更加先進，更具平台與生態圈的理念。

四、OMO

「線上線下融合」（OMO）是 Online Merge Offline 或 Offline Merge Online 的縮寫，是線上線下的全面融合，線上線下的邊界消失。自 2016 年 9 月創新工場創始人兼 CEO 李開復首次提出「OMO」的概念，他認為互聯網在經歷「純線上時代」、「電商時代」、「O2O 時代」後，將迎來「OMO 時代」。在新零售高速發展的 2017 年，越來越多企業把目光從 O2O 轉向了 OMO 模式，因此 OMO 又被認為是新零售時代最正確的商業模式之一。

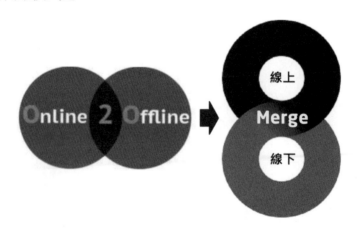

圖 11-6　O2O 到 OMO

是什麼原因促成了 OMO 的出現？李開復認為，本質上是幾種核心能力的獲得，包括：

1. 行動互聯網的普及，隨時隨地有數據連接，賦予無處不在的連接能力。

2. 行動支付滲透率提高，而且行動支付能把數據回饋回來。

3. 各種各樣的感測器、電腦視覺感知、大數據，能夠即時把現實世界的場景和行為數據化，從而做到進一步利用、挖掘。

4. 智慧物流（自動化機器人+人工智慧），提升供應鏈物流的自動化與智慧化能力。

汪華認為，中國互聯網時期可分為四個階段：純線上時代、電商時代、O2O 時代、OMO 時代。2017 年中國進入 OMO 時代，即線上線下的全面融合。此前三個階段對實體經濟滲透不超過 20%，而未來，OMO 時代，對實體經濟的滲透將躍升到 100%。OMO 時代，線下能夠擁有線上級別的便利和選擇；線上能夠擁有線下級別的體驗和服務。OMO 時代的來臨是因為：物流供應鏈服務自動化智慧化，無處不在的連線與運算能力，充分普及隨時隨地的支付能力，真實世界的全面感知化與數據化。

表 11-2 O2O 與 OMO 的比較

O2O	OMO
虛實整合	虛實融合
以「通路」為核心	以「人」（消費者）為核心
跨通路經營 Cross Channel	全通路經營 Omni Channel
過路客生意	圈粉生意
拓點、導流	圈定受眾、精準行銷

五、實體與虛擬的接觸點：QR Code

QR Code 是一種二維條碼，1994 年由日本 Denso-Wave 公司發明。QR 是英文「Quick Response」的縮寫，是「快速反應」的意思，源自於發明者希望 QR Code 可讓其內容快速被解碼。QR Code 最常見於日本，主流是二維條碼。QR Code 比傳統條碼可儲存更多資料，亦無需像傳統條碼般在掃描時需直線對準掃描器。

圖 11-7　中文維基百科網址的 QR Code

　　QR Code 在 3 個角落印有較小像「回」字的正方圖案。這 3 個是幫助解碼軟體定位的圖案，使用者不需要對準，無論以任何角度掃描，資料仍可正確被讀取。

　　在行動商務的未來生活，超連結（hyperlink）的發生，已經從以往的網站互連，轉變為虛擬資訊與實體世界互相連結，QR Code 正是其中最短的捷徑。在《蘋果日報》上，一掃就可以看見動新聞；在農產品的外包裝上，一掃就能看到生產履歷；甚至坐高鐵時，拿著票券對感應器一掃就能進站。QR Code 讀取方便，解碼讀取器（QR Code Reader）適用於多數行動裝置，能 360 度自由讀取，不用正對手機鏡頭，即使部分條碼受損，也能自動校正辨識。

圖 11-8　QR Code 購物牆
資料來源：《蘋果即時》

六、展廳現象（Showrooming）

　　《MBA 智庫百科》定義，「展廳現象」（Showrooming）是指消費者將實體店僅當作樣品展示廳的一種行為，消費者在實體店只是觀看、試用、試穿和比較商品，並沒有當場購買的意圖。

《維基百科》定義，「展廳現象」是指消費者在實體商店內檢視某項商品後卻不當場購買，接著再以電話購物或網絡購物的方式，用更低的價錢購得該商品的消費行為。對實體商店而言，展廳現象不但會造成其銷售額的下降，而且要銷售的商品可能會因顧客的檢視而增加毀損的可能性。

七、共享經濟（Sharing Economy）

　　《維基百科》定義，「共享經濟」（Sharing Economy），有別於「租賃經濟」，是一種共享人力或共享資源的社會運作方式。它包括不同個人與組織對商品和服務的創造、生產、分配、交易和消費的共享。常見的形式有汽車共享（Uber）、自行車共享（Obike）、住宿共享（Airbnb），以及交換等。共享經濟具有弱化「所有權」（擁有權），強化「使用權」的作用。

　　共享經濟的興起，是因為社會中眾多個人或企業無法負擔高額的產品購買、維修費用。大多是使用者用「租賃」取代「購買」，與社會上的其他人共享資源，亦即只購買「使用權」，而非「所有權」。共享經濟的核心理念，是「閒置資源」的再使用或再交換，達到資源利用的極大化。

八、新零售

　　馬雲於 2016 年 10 月 13 日在雲棲大會，首次提出「新零售」概念。馬雲認為純電商時代很快將會結束，只有「線上服務」、「線下體驗」與「現代化物流」深度融合在一起，才能誕生真正的新零售。

圖 11-9　新零售的概念

　　阿里巴巴集團 CEO 張勇於 2016 年 12 月 28 日，在 2016 新網商峰會上，解讀「新零售」。新零售的本質是用大數據重構「人-貨-場」等商業要素。「人-貨-場」是零售業中永恆的概念，不管科技與商業模式如何改變，零售的基本要素離不開「人-貨-場」。不同的零售時代，「人-貨-場」三者的關係，隨時代在變。在物質短缺時代，「貨」佔具第一位，需求大於供給，任何商品都能很容易賣；到了傳統零售時代，物質極大豐富後，「場」（通路）占據核心位置，商場唯有爭取到黃金位置，品牌的商品才能脫穎而出；到了新零售時代，是以「人」（消費者）為中心，

數據驅動 C2B 產製「貨」（商品），以全通路方式便利消費者選購（「場」-消費場景）。

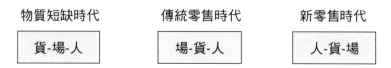

圖 11-10 零售業三要素「人-貨-場」的演變

阿里研究院 2017 年 3 月 9 日，發表「新零售研究報告」，「新零售是以消費者體驗為中心的數據驅動的泛零售形態」。

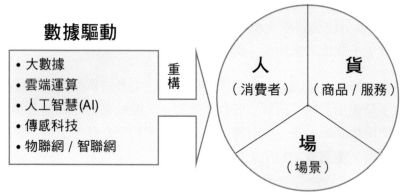

圖 11-11 新零售：「數據驅動」重構「人-貨-場」

阿里巴巴張勇說，「新零售」是「人-貨-場」的重構；京東劉強東則認為，「第四次零售革命」的改變其實是背後零售基礎設施的改變。新零售並非全新的概念，而是資通訊科技、大數據、雲端運算、人工智慧（AI）、傳感科技、物聯網／智聯網等變化帶來的消費轉型，是以 C2B（Consumer to Business）為核心的消費者導向零售升級。新零售時代的主流消費模式：個人化、即時化、體驗化、社群化（參與化）。

九、跨境電商（Cross-Border Electronic Commerce）

跨境電商（Cross-Border Electronic Commerce）是指買家和賣家在不同的關境（海關關稅法適用的領域，有時與國境一致，有時則否，例如一個國家有不同的經濟特區適用不同關稅），透過網路平台完成跨境交易、跨境支付與跨境物流配送的一種跨境商業活動。簡單來說，就是利用網際網路進行國際貿易。「跨境電商」的商業模式，主要分為 B2B（企業對企業）和 B2C（企業對消費者）兩種模式。

在考量跨境物流、跨境文化語言差異下，跨境電商的營運模式主要分為跨境直郵（購）、上架跨境電商平台和落地經營等三大類：

1. **跨境直郵（購）**：是指網購買家透過網際網路向賣家下單後，商品以跨境物流方式，直接送達網購買家指定地址的一種跨境電商模式。此跨境電商模式較能自由上架、規避國外當地的法規限制，在跨入電商經營的門檻上較容易。然而，跨境直郵會因跨境物流的因素使得物流成本和消費者的等待時間增加，也因賣家商店是在虛擬網路上，商品須做行銷才能被看見，賣家也要承擔網頁被阻擋或網路速度較慢的風險。

2. **上架跨境電商平台**：是透過與國際跨境平台廠商合作（例如：Lazada、全球速賣通 Aliexpress、樂天市場 Rakuten），將商品上架於跨境電商平台上，以便買方直接於平台交易的一種跨境電商模式。採用此跨境電商模式，對品牌而言方式相對簡單（僅須符合平台的規則）。

3. **落地經營**：是指直接至當地開設公司，公司可於買家下單後，直接由當地公司寄出貨品。其優勢在於可以直接與買家接觸，能較快速的了解當地消費者行動商務與跨境電商行為，進而修正經營手法。然而，需面對商品整批商檢的流程，需克服當地語言及人才聘用問題，成本、薪資及風險都較高。

11-5 物聯網

一、什麼是物聯網

美國麻省理工學院 Auto-ID 中心主任愛斯頓（Kevin Ashton）於 1998 年首先提出「物聯網」（Internet of Things，簡稱 IoT）的概念。雖然物聯網概念於 1998 年就已經出現，但技術價格昂貴，一直到 2007 年，智慧型手機出現才拉開物聯網的序幕。

物聯網（The Internet of Things）的概念是在 1999 年提出的，所謂「物聯網」是指將各種資訊傳感設備，如無線射頻識別（RFID）裝置、紅外感應器、全球定位系統（GPS）、鐳射掃描器等裝置與網際網路結合起來而形成的一個巨大網路。其目的是讓所有的物品都與網路連接在一起，方便識別和管理。

顧名思義，物聯網就是「物物相連的網際網路」。這有兩層意思：① 物聯網的核心和基礎仍然是網際網路，是在網際網路基礎上的延伸和擴展的網絡；② 其用戶端延伸和擴展到任何物品與物品之間，進行訊息交換和通訊。

物聯網是利用無所不在的網路技術建立起來的，其中非常重要的技術是 RFID 無線射頻辨識技術。物聯網是繼電腦、網際網路與電信網路之後的又一次資訊產業浪潮。

網際網路完成了人與人的遠端交流；而物聯網則完成人與物、物與物的即時交流。物聯網概念的問世，打破了之前的傳統思維。過去的思路一直是將物理基礎設施和 IT 基礎設施分開，一方面是機場、公路、建築物；另一方面是資料中心、個人電腦、寬頻等。在物聯網時代，二者將融合為一體。

二、物聯網的三個特徵與三個階段

在 2009 年 10 月 5 日於瑞士日內瓦開幕的世界電信展（ITU World 2009）上，中國行動總裁王建宙發表演講時表示，物聯網有三個特徵：

1. **全面感知**：即利用 RFID、傳感器（sensor）、二維條碼（QR Code）等隨時隨地獲取物件的訊息。

2. **可靠傳遞**：透過各種電信網路與網際網路的融合，將物件的訊息即時準確地傳遞出去。

3. **智能處理**：利用雲端運算（cloud computing）、模糊識別等各種智能運算技術，對大量的數據和訊息進行分析和處理，對設備物實施智能化的控制。

此外，物聯網發展可分三個階段，第一個階段是「資訊匯聚」，第二個階段是「資訊處理」，未來的物聯網將採用多種傳感技術聚合處理資訊，最後一個階段是「泛聚合階段」，這也是物聯網最終的目標。

三、什麼是萬物聯網

Cisco（2013）定義，萬物聯網（The Internet of Everything，簡稱 IoE）是人、流程、數據、物件匯集在一起，使網路連結可以帶來更多的應用和服務價值，使資訊可以創造新的能力、豐富經驗和在商業、個人、國家的領域產生全新的經濟機會。簡單來說，萬物聯網是以智能的方式連結人、流程、資料、物件。萬物聯網的概念是將數十億的物件搭配傳感器來檢測度量並評估其狀態。所有進行連結的物件，不論是公開或私有的網路都共同使用標準化且專用的協定。

1. **人**：應用更有價值的方式將人連結在一起。

2. **流程**：在正確的時間將正確的訊息或數據，提供給正確的人或機器。

3. **數據**：智能轉化數據以做出更好的決策。

4. **物件**：將物理設備（物件）連結上網路（物聯網），以進行智能決策。

萬物聯網（IoE）和物聯網（IoT）的主要差異在於，萬物聯網（IoE）包含四個重要要素，分別是人、流程、數據和物件，然而物聯網（IoT）只注重於「物件」這項元素。

四、物聯網的三大主要元件

物聯網的三大主要元件為傳感器（Sensor）、數據儲存器（Data Storage Application）、以及連網技術（Network Connectivity）。

五、物聯網金融

《MBA 智庫百科》定義，「物聯網金融」是指面向所有物聯網的金融服務與創新，涉及各類物聯網應用，它使金融服務由單純面向「人」，而延伸到整個物理世界（物件），實現金融網路融合及金融服務自動化、智能化，可以創造出很多商業模式，推動金融業產生重大變革。

「物聯網金融」是金融數位化演進到一定程度後的必然產物。其形成和發展有「三大支柱」：

1. **跨界融合**：物聯網金融是金融與物聯網相互不斷影響、不斷融合的產物，兩者界限逐漸模糊。一方面，物聯網不斷應用於金融服務的各個領域，例如國泰攜手中興保全推 IoT 火災事故保險，將物聯網設備與金融保險結合，理賠流程縮短為三天，打破過去的理賠流程。另一方面，金融服務嵌入訊息交換和網路化管理，催生供應鏈金融等全新的商業模式，極大化提高交換和分配效率，壯大物聯網的發展。

2. **以大數據為支撐**：物聯網產生的大數據，通常帶有時間、位置、環境和行為等訊息，具有明顯的多樣性、非結構性和顆粒性。對金融機構而言，物聯網提供的不只是人與人的交往訊息，還有物與物、物與人的協同互動訊息，透過對巨量數據訊息的存儲、挖掘和深入分析，能夠透視客戶的消費者行為，為金融機構提供大到服務策略、小到業務決策的客觀依據。

3. **以網際網路為基礎**：本質上，物聯網是把所有物件透過無線射頻識別 RFID 等訊息傳感設備與網際網路互連，以實現智能化識別與管理。因此，物聯網的基礎仍然是網際網路，是在其基礎上延伸和擴展的網路。物聯網金融的整個流程都是在網際網路上進行的，沒有網際網路，物聯網金融寸步難行。

六、從物聯網到帳聯網

「帳聯網」是新興的支付科技。當用戶從台灣的 A 銀行帳戶轉帳到台灣的 B 銀行，用戶通常得付 5~15 元的手續費，若要轉帳到國外帳戶，費用更高達數百元，因為各家銀行帳戶不互通，轉帳成本高。帳聯網的願景是讓用戶可以無遠弗屆的轉帳交易，而不須倚賴傳統中心化的信任機制。運用區塊鏈技術的帳聯網，就像公開的公用帳本，資金在不同金融機構間互轉，轉帳成本低，幾乎為零。

七、工業物聯網（IIoT）

《維基百科》定義，「工業物聯網」（Industrial Internet of Things，簡稱 IIoT），是應用在工業上的物聯網，是互聯的傳感器、儀表以及其他設備和電腦的工業應用程式，以網路相連所成的系統，其中包括製造以及能源管理。網路連線可以進行資料蒐集、交換以及分析，有助於提昇生產力以及效率，也有其他的經濟效益。

「工業物聯網」是「物聯網」（IoT）在工業上的應用。「工業物聯網」著眼於相關之人、數據及機器之間的連繫，是「工業 4.0」的核心技術之一。

八、什麼是工業 4.0

工業 4.0（Industry 4.0），又稱為「第四次工業革命」。整個工業發展歷史，從「工業 1.0」以蒸氣為主要動力，出現機械取替勞力；「工業 2.0」以電氣為主要動力，進入電氣化時代；「工業 3.0」以電腦協助人力製造，進入數位控制時代；到了工業 4.0，則是以「智慧製造」為革命重點，進入智慧化時代。

桑德勒定義，工業 4.0 是透過虛實整合，即時掌握與分析終端使用者，來驅動生產、服務，甚至是商業模式的創新。

九、工業 4.0 的三大項目

1. **智慧製造**：是指應用網路、傳感器等技術，蒐集與分析數據後，建立一個從原物料、製造、經營、包裝、配送等自動化供應鏈。讓企業提升整體生產物流管理、人機互動以及 3D 技術的生產應用能力。

2. **智慧工廠**：是指將工廠內的各式設備連結在一起，舖設神經系統、即時獲取所有數據，實現工廠活動的可視化，讓所有工廠活動透明可見。

3. **智慧物流**：是指以通訊技術與 AI 為基礎，在物流過程中的運輸、倉儲、包裝、搬運、加工、配送等環節，建立傳感系統，蒐集分析資訊、即時調整，也透過網際網路、物聯網、物流網，整合物流資源，充分發揮現有物流資源供應方的效率，讓物流業自動化、網路化、可視化、即時化、AI 智能化，實現智慧物流目標，降低物流成本、控制物流風險，進而達到提高環保效益與配送效率的效果。

學習評量

一、問答題

1. 何謂「雲端運算」（Cloud Computing）？請簡述之。

2. 請簡述雲端服務有哪大三種類型。

3. 何謂「霧運算」（Fog Computing）？請簡述之。

4. 何謂「電子商務」（Electronic Commerce）？請簡述之。

5. 何謂「物聯網」（IoT）？請簡述之。

二、選擇題

（　　）1. 雲端運算中，混合雲架構最受企業歡迎的主要原因是下列何者？

　　　A. 成本最低廉

　　　B. 安全等級最高

　　　C. 實施架構

　　　D. 可支持不同的應用程式業務需求

（　）2. 世界公認最早將雲端運算商業化的公司，是指下列何者？

A. Amazon

B. Microsoft

C. Google

D. IBM

（　）3. 美國國家技術標準局(NIST)針對雲端服務佈署，定義了四種部署模型，是下列哪四種？

A. 公有雲、私有雲、混合雲、國家雲

B. 公有雲、私有雲、混合雲、世界雲

C. 公有雲、私有雲、混合雲、社會雲

D. 公有雲、私有雲、混合雲、社群雲

（　）4. 下列有關雲端服務的敘述，何者錯誤？

A. 將資料傳送到網路上處理，透過網路伺服器服務的模式，可視為一種雲端運算

B. 通常是由雲端服務廠商透過網路伺服器，線上提供運算和儲存的資源

C. 雲端服務可以提供例如網路硬碟、線上轉檔與網路地圖等特定的服務

D. 目前仍然無法透過雲端服務線上直接編輯文件，必須在本地端的電腦上編輯

（　）5. 下列有關雲端服務的敘述，何者錯誤？

A. 雲端運算是一種分散式的運算技術，由多部伺服器進行運算和分析

B. 使用智慧型手機在 Facebook 上發佈多媒體訊息時，會使用到雲端服務

C. 雲端服務可提供線上文書編輯服務

D. Gmail 是由 Google 公司所提供的一種離線（Off-line）郵件服務，它會自動將網際網路中的郵件儲存到個人電腦中，以提供使用者瀏覽所有郵件內容

（ ）6. 劉小良打算將其開發的 App 放在雲端，供用戶雲端執行該應用
程式，這種服務屬於下列哪一種雲端服務模式？

    A. 平台即服務（Platformasa Service)

    B. 軟體即服務（Softwareasa Service）

    C. 儲存即服務 （Storageasa Service）

    D. 雲端基礎設施服務（Infrastructureasa Service）

（ ）7. 下列有關雲端服務的敘述，何者錯誤？

    A. 透過各種雲端服務，會增加硬體成本

    B. Google 所提供的 Gmail 屬於雲端服務

    C. Google 所提供的線上日曆功能屬於雲端服務

    D. 使用者可直接透過瀏覽器或 App 使用雲端服務提供者所提
供的雲端服務

（ ）8. 下列哪一項不是 Bank 3.0 對銀行服務所造成的改變？

    A. 科技與金融結合提供銀行服務

    B. 可透過行動裝置，提供銀行服務

    C. 以實體分行為主要通路，提供銀行服務

    D. 非銀行機構如互聯網公司、電信公司等亦參與提供銀行服務

（ ）9. 下列有關目前數位金融整體環境的敘述，何者正確？

    A. 互聯網型態銀行會是以單一產品或業務別產品為主

    B. 未來通路界限更趨模糊，所以與顧客一次性關係容易建立

    C. 更容易依照不同顧客價值偏好與顧客消費習慣進行金融商
品差別訂價

    D. 金融業者需重視既有模式裡的創新，就可避免破壞新創新的
風險

（ ）10. 下列哪一項不屬於互聯網金融業者發展金融服務之優勢？

    A. 資金優勢

    B. 創造金融場景的優勢

    C. 擁有用戶會員資料與交易資料的優勢

    D. 與顧客的交易 / 往來頻次勝於一般的金融業者

金融行銷科技與社群行銷 **12**

12-1 行銷科技

一、MarTech

「行銷科技」（MarTech）是「Marketing」（行銷）加上「Technology」（科技）的簡稱，泛指所有可以應用在行銷領域的科技，目的在於應用科技優化行銷效益。在 MarTech 論壇中，將 MarTech 分成六大領域，分別是廣告與推廣（Advertising & Promotion）、內容與體驗（Content & Experience）、社群與關係（Social & Relationships）、商務與銷售（Commerce & Sales）、數據／資料（Data）、管理（Management）。

「廣告科技」（AdTech）是「Advertising」（廣告）加上「Technology」（科技）的簡稱，泛指所有可以應用在廣告領域的科技，目的在於應用科技優化廣告效益，主要在於找出更精準的目標對象與投放方式，優化轉換率（Conversion Optimization）。

隨著網際網路（互聯網）普及，出現了許多新的廣告科技，例如 Banner 廣告、email 廣告、簡訊廣告、SEO、關鍵字廣告、部落格、微網誌、社群網站，以及各式各樣輔助、統計是否有接觸到目標顧客群的軟體或 APP。

隨著網際網路、雲端運算、人工智慧（AI）、物聯網、大數據等的快速發展與日益完善，「行銷科技」（Marketing Technology，簡稱 MarTech）也跟著快速進化：從第 1 波的顧客關係管理之行銷自動化；第 2 波數據管理平台（DMP）；第 3 波顧客數據平台（CDP）。

圖 12-1　行銷科技演進

二、數據驅動行銷（Data-Driven Marketing）

「數據驅動行銷」（Data-Driven Marketing）是指基於從消費者行為與互動所蒐集的大數據，進行分析與預測，進而產出的消費者洞見與行銷作為，讓品牌的行銷決策更科學且更流暢。例如，再行銷（Retargeting）、關鍵字廣告優化、動態廣告等都屬於數據驅動行銷的應用。

2015 年之後，顧客數據平台（Customer Data Platform，CDP）
←以顧客數據為基礎的個人化行銷（Personalize Marketing Based on User Data）

顧客激活
Activate

2010 年之後，數據管理平台（Data Managment Platform，DMP）
←區隔已註冊與未註冊的客戶（Segment Registered and Unregistered Users）

顧客區隔
Segment

2005 年之後，行銷自動化（Marketing Automation）
←區隔顧客輪廓資料（Segment Registered User Profiles）

顧客輪廓
Profile

2000 年之後，銷售人力自動化（Salesforce Automation）
←建立顧客資料庫（Build Customer Database）

圖 12-2　數據驅動行銷（Data-Driven Marketing）的演進

目前主要分析使用者在網際網路數據的追蹤，以下面兩種為主：① 分析網站使用者活動：Google Analytics（GA）；② 分析 APP 使用者活動：FireBase。

三、Data Management Platform（DMP）

「數據管理平台」（Data Management Platform，簡稱 DMP），從各方蒐集數據並分析後，它可以協助行銷或廣告投放平台去鎖定特定目標人群，使行銷或廣告投放更精準，以達到精確行銷。

圖 12-3　數據管理平台（DMP）

四、Customer Data Platform（CDP）

「顧客數據平台」（Customer Data Platform，簡稱 CDP）是一種顧客數據管理系統，可用來整合各種與顧客相關的數據庫（資料庫），同時也可以連結不同顧客接觸點的資通訊（ICT）管道。「顧客數據平台」（CDP）也可視為是消費者資訊彙整平台，它根據品牌內部資料、外部資料等描繪出更精準的消費者輪廓，再利用這些數據去做行銷或更細緻的顧客服務與支援。

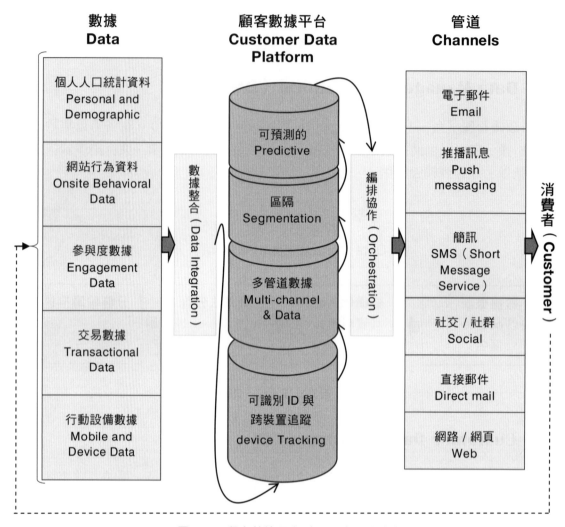

圖 12-4 顧客數據平台（CDP）運作架構

　　「顧客數據平台」（CDP）和「數據管理平台」（DMP）有所不同。DMP 的設計目的是為行銷或廣告提供服務，尤其是透過 Cookie 實現重定向廣告。但是在 DMP 中，大部分訊息是匿名的，而且會在 cookie 失效（一般 90 天）後過期。

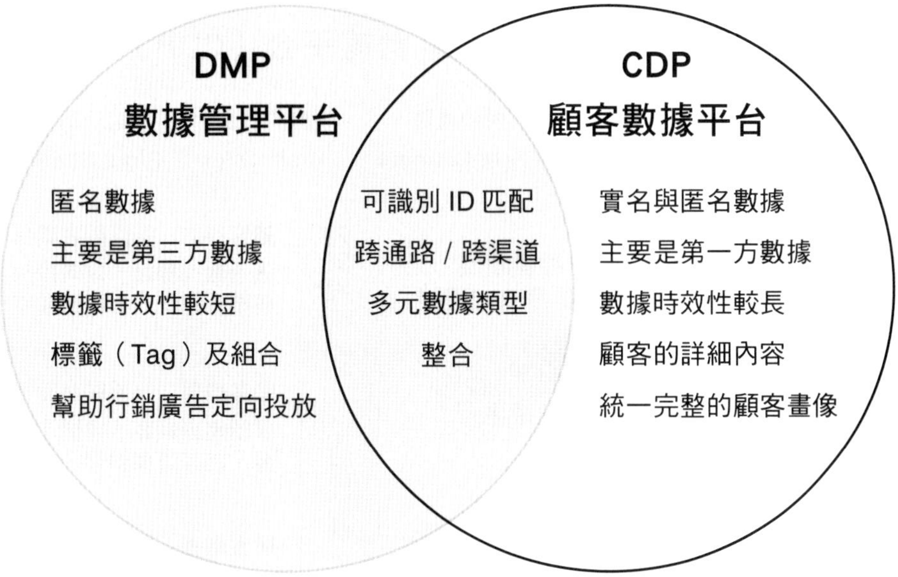

圖 12-5 「顧客數據平台」（CDP）與「數據管理平台」（DMP）之異同

五、顧客數據平台（CDP）不是資料倉儲（Data Warehouse）

傳統的資料倉儲（Data Warehouse）是由資訊部門構建和運行的，要具備很高資訊技術知識的人員才能使用，因此大多數時候業務人員是沒法獨自操作的。資料倉儲的目的是將數據匯集在一起，因此業務團隊需要特別依賴資訊部門，這使得從構思到執行整個過程十分緩慢，因為幾乎所有企業都存在「資訊系統開發排期」的問題。而業務團隊的工作性質要求靈活彈性作業流程（並且很多時候是在即時測試顧客反饋），但資訊部門要求需求部門提供確定性的需求，因此不可避免地存在跨部門的溝通衝突。

六、企業需要屬於自己的顧客數據平台（CDP）

隨著行動商務與新零售的興起，在多元通路與全通路的改下，接觸點愈來愈多，企業較難以全面掌握與整合目標顧客的 360 度數據，可能知道該顧客在哪一間分店消費，但「不曉得他是為何而來？」，也不曉得他是您 CRM 系統中的「哪一種分類或分群的客戶？甚至可能連「他是否為您的會員？」都不確定。因此，企業需要一套屬於自己的顧客數據平台（CDP）。

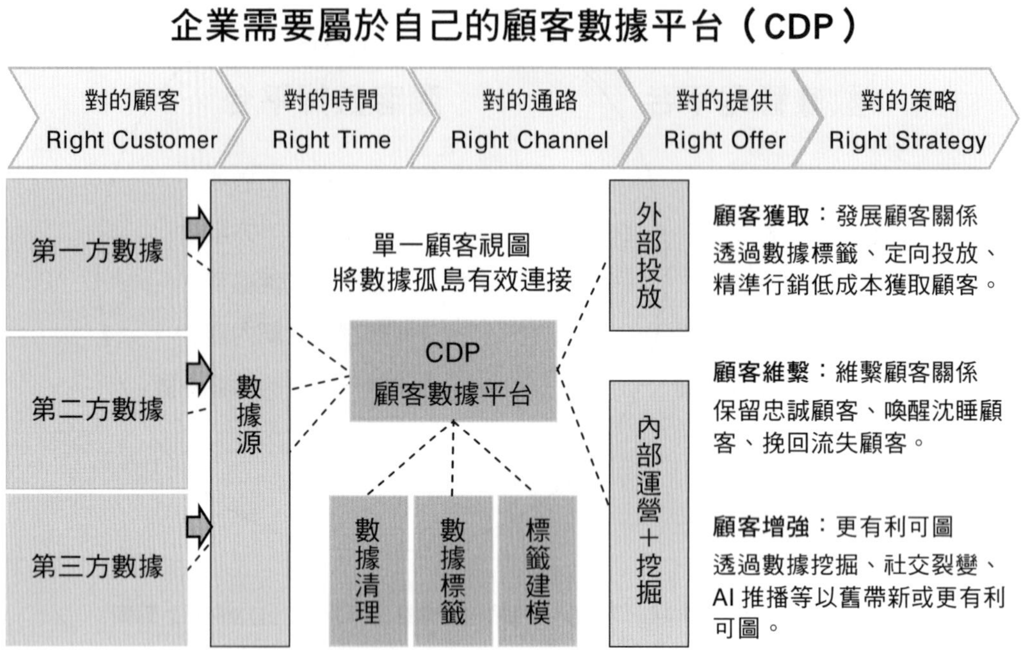

企業需要屬於自己的顧客數據平台（CDP）

圖 12-6　企業需要屬於自己的顧客數據平台（CDP）

12-2　網路行銷

一、集客式行銷（Inbound Marketing）

　　集客式行銷（Inbound Marketing）是一種讓顧客主動找上門的「拉式」行銷，也就是說商家以自己的魅力或質量，吸引顧客，「讓顧客自己來找你」，而不像傳統「推式」行銷是「商家去找顧客」。

　　世代快速演變下，消費者的消費習慣也跟著改變，從以往「被動的接受行銷 /廣告 / 促銷資訊」，到「主動搜索相關資訊、在購物後分享購物體驗。」同時，行銷法則 AIDMA（Attention 注意、Interest 興趣、Desire 慾望、Memory 記憶、Action行動）逐漸轉變為 AISAS（Attention 注意、Interest 興趣、Search 搜索、Action 行動、Share 分享），前者行銷法則發展出「推播式行銷」（Outbound Marketing），後者行銷法則演變出「集客式行銷」（Inbound Marketing）。

　　面對「流量」紅利下降，過去「打廣告就有流量」的迷思要改變了，現在是以「內容經營」為核心的集客式行銷為主流。集客式行銷是以「內容經營」為核心，提供潛在消費者內心真正想要又有價值的資訊，讓潛在消費者主動找上門。集客式行銷漏斗四階段：引起消費者注意（Attract）、轉換為潛在顧客（Convert）、促成

實際購買行動(Close)、維繫顧客忠誠度使顧客主動推薦您(Delight)。Call To Action 簡稱 CTA，翻譯成「召喚行動」或「行動呼籲」。

二、搜尋引擎行銷（SEM）

《維基百科》定義，「搜尋引擎行銷」（Search Engine Marketing，簡稱 SEM）是一種以透過增加搜尋引擎結果頁能見度的方式，或是透過搜尋引擎的內容聯播網來推銷網站的網路行銷模式。

主流的搜尋引擎行銷（SEM）包含：搜尋引擎最佳化（SEO）、關鍵字點擊廣告（Pay Per Click，簡稱 PPC）及付費收錄廣告（Pay For Inclusion，簡稱 PFI）。

《紐約時報》定義，搜尋引擎行銷（SEM）是一種透過購買搜尋列表以達成比免費列表更高排名目標的手段，當有其他公司購買同一組關鍵字時，它的收費會越貴，這是關鍵字的競價模式。

三、搜尋引擎最佳化（SEO）

搜尋引擎最佳化（Search Engine Optimization，簡稱 SEO），是一種透過了解搜尋引擎的運作規則來調整網站內容，以及提高網站在搜尋引擎排名的方式。也是一種透過無付費自然排序的方式，增加網頁或網站能見度的網路行銷手法。

四、病毒式行銷（Viral Marketing）

病毒式行銷（Viral Marketing）是指以非常具有創意或加入很驚人聳動元素，穿插融入在產品或服務，並以 E-MAIL 傳播。所以，病毒式行銷主要係以電子郵件行銷為基礎，通常是指在電子郵件內容最後加上「與好朋友一起分享」、「轉寄給親朋好友」等字眼的按鈕，只要填上 e-mail 地址，按下按鈕便可將信件轉寄出去。而當網友發現一些好玩的事情，常會再以 email 或社群媒體告訴網友而一傳十、十傳百像流行病毒很快就傳播出去。而這種靠網友的積極性和人際網路間分享的行銷方式，就是病毒式行銷。

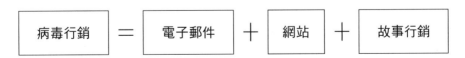

電子郵件行銷和病毒式行銷的差別？基本上，病毒式行銷＝電子郵件＋故事行銷；病毒式行銷與電子郵件行銷的最大不同，在於電子郵件行銷強調一對一行銷，

但病毒式行銷則可藉由網友的轉寄力量把電子郵件寄送規模擴大。圖 12-7 所示，即在說明傳統行銷手法與病毒式行銷手法的差異。

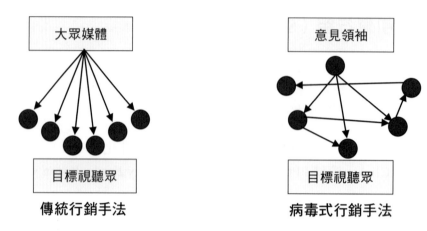

圖 12-7　傳統行銷手法與病毒式行銷手法的差異

12-3　社群行銷

一、什麼是社群行銷

由於資通訊科技的進步及消費者行為模式的改變，未來商業的經營型態及業務模式將會受到行動技術（Mobile）、大數據（Big Data）、社群技術（Social）、雲端運算（Cloud）等科技應用範疇的影響。

社群行銷是指透過能產生群聚效應的網路社群媒體，與目標顧客群建立長期溝通管道的社會化過程。企業進行社群行銷規劃時要能懂得換位思考，口耳相傳、借力使力可說是社群行銷的最高境界，並且企業進行任何社群行銷規劃之前，務必多方檢視將提供行銷內容的完整性。

《維基百科》定義，社群行銷是個人或群體透過群聚網友的網路服務，是一種與目標顧客群建立長期溝通管道的社會化過程；需要透過一個能夠產生群聚效應的網路服務媒體來運作或經營。

群眾募資（Crowdfunding）和群眾外包（Crowdsourcing）都是藉由社群力量達成社群行銷的目標，只是群眾外包要的是群眾的能力，群眾募資要的是群眾的金錢或者是精神支持的傳播力。

二、社群媒體

《維基百科》社群媒體（social media）是網友用來創作、分享、交流意見、觀點及經驗的虛擬社區和網絡平台。社群媒體和大眾媒體最顯著的不同是，讓用戶享有更多的選擇權利和編輯能力，自行集結成某種閱聽社群。社群媒體並能夠以多種不同的形式來呈現，包括文本、圖像、音樂和視頻。

三、自媒體（We Media）

2003 年 7 月，由夏恩‧波曼（Shayne Bowman）與克里斯‧威力斯（Chris Willis）在美國新聞學會提出的研究報告中，對「We Media」如此定義：「自媒體是一般大眾經由強化數位科技、與全球知識體系相連之後，一種開始理解一般大眾如何提供與分享他們本身的事實和新聞的途徑。」

「自媒體」一詞來自於英文的 self-media 或 We Media，又被稱為「草根媒體」。在網際網路興起後，由於部落格、微網誌 / 微博、共享協作平台、社群平台的興起，使得個人本身就具有媒體、傳媒的功能，也就是人人都是「自媒體」。此外，「自媒體」也有「公民新聞」之意。即相對傳統新聞方式的表述方式，具有傳統媒體功能，卻不具有傳統媒體運作架構的個人網路媒體，又稱為「公民媒體」或「個人媒體」。

四、自有媒體、付費媒體、贏得的媒體

企業應該整合自有媒體（Owned media）、付費媒體（Paid media）與贏得的媒體（Earned media）/ 口碑媒體這三者，讓它們協同發揮更大的作用，而不是社會化媒體熱，只跟著熱門媒體起舞。

1. **自有媒體（Owned media）**：是指品牌自己創建和控制的媒體管道，例如品牌官網、品牌部落格、品牌微網誌、品牌 YouTube 頻道、Facebook 粉絲專頁、Facebook 社團、品牌電子報（eDM）等。

2. **付費媒體（Paid media）**：是指品牌付費買來的媒體管道，例如電視廣告、報紙廣告、雜誌廣告、電台廣告、Google 廣告、Facebook 廣告、付費關鍵字搜尋。

3. **贏得的媒體（Earned media）/ 口碑媒體**：是指客戶、新聞或公眾主動分享品牌內容，透過口碑傳播您的品牌，談論您的品牌，例如 Facebook、Instagram、Twitter、Google+、Line 這類社群媒體。這是品牌做出各種努

力後，由消費者或網友自己「主動」將話題或訊息分享出去，所吸引到的目光或關注。換句話說，贏得的媒體是他人主動給予的。

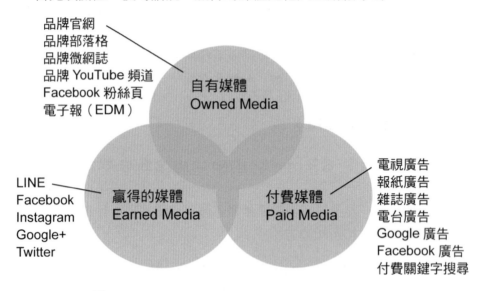

品牌官網
品牌部落格
品牌微網誌
品牌 YouTube 頻道
Facebook 粉絲頁
電子報（EDM）

自有媒體
Owned Media

電視廣告
報紙廣告
雜誌廣告
電台廣告
Google 廣告
Facebook 廣告
付費關鍵字搜尋

LINE
Facebook
Instagram
Google+
Twitter

贏得的媒體
Earned Media

付費媒體
Paid Media

圖 12-8　Paid Media、Owned Media、Earned Media

品牌要好好思考如何利用各種行銷管道接觸顧客，梳理你的數位資產有哪些：自有媒體（品牌官網、購物官網、自營部落格、自營論壇...）、付費媒體（簡訊、EDM、LINE 官方帳號 2.0...）和「贏得的媒體」，藉由社群力量宣傳，讓老客戶和忠實粉絲幫你做宣傳導購。若要借重老顧客的口碑行銷，要先做好「自有媒體」與「付費媒體」，才能談到後面「贏得的媒體」。

五、小群效應（Micro Community Effect）

小群效應是指網友大多活躍於小社群中進行分享，進而引發巨大社交傳播和轉化效果。在大社群裡，人數越多的地方，噪音越大，干擾越多；小社群反而更活躍，互動性高，關係網絡更緊密。微小不起眼的小社群，有時才是社群行銷的關鍵。當所有社群平台，都出現「大社群鬆散沉默，小社群緊密活絡」的特徵時，與其在大社群中盲目亂竄，不如找出「能病毒擴散、可變現」的關鍵小社群。中國社群網絡研究者徐志斌觀察，活躍型的小社群，多半具「三近一反」特性，用戶「地域相近、興趣相近、年齡相近」，以及「性別相反」。

六、網紅

社群時代，消費者養成利用各大社群平台吸收和交流資訊的習慣，使得品牌重視起網紅行銷（Influencer Marketing）帶來的龐大效益。「網紅」是透過網路的擴散、傳遞，而吸引群眾關注、互動、甚至追隨的人。但實務上，一個人可以是網紅，一個虛擬人物也可以是網紅，甚至是一隻動物也可以是網紅！簡單來說，網紅就是透過網路所創造出來的明星，傳統明星必須靠大眾媒體，如電視媒體報章雜誌累積名氣，是少數人的專利，而現代網路普及人人都有這機會成為網路明星（網紅），傳統明星靠著大眾媒體版面跟粉絲溝通，現代網紅透過社群平台跟粉絲溝通，現今網紅能造成的影響力已遠大於中後段明星。

七、關鍵意見領袖（KOL）

「關鍵意見領袖」（Key Opinion Leader，簡稱 KOL），其通常代表的是在特定領域、議題、群眾中，有著發言權以及強大影響力的人，他們的意見受到族群的認同及尊重，足以推動或改變群眾的決定。在自媒體發展下，人人都有可能成為網紅、經營自媒體，許多品牌紛紛開始與網路關鍵意見領袖（KOL）合作-業配文。合作對象不再僅限於名人代言，而是與更貼近消費者生活的部落客（Blogger）、YouTuber、Instagramer、播客、FB 社團以及 FB 粉絲專頁經營者等進行「品牌 x 網紅」合作。

八、社群行銷最視化

「社群行銷最視化」認為，社群行銷應該解決因為螢幕大小不同所造成的瀏覽不便。例如應以「響應式網頁設計」（RWD）解決不同裝置螢幕大小顯示不同，造成用戶瀏覽不便的問題。

九、社群銀行與社交貨幣

「社群」、「行動」、「大數據」及「雲端運算」等四項科技掀起社群銀行風暴，從前端的客戶行動設備連結網路，透過社群互動關係，提供社群銀行（Social banking）、社群金融（Social finance）或社交貨幣（Social money），即透過社群網路打造個人化銀行服務，再藉由大數據分析，及雲端運算的彈性運用，善用大數據創造優勢，藉由參與客戶的日常生活支付需要，以提供有價值的服務。

《MBA 智庫百科》定義，社交貨幣（Social money）源自社交媒體中經濟學（Social Economy）的概念，它是用來衡量用戶分享品牌相關內容的傾向性問題。簡單來說，

就是利用人們樂於與他人分享的特質塑造自己的產品或思想，從而達到口碑傳播的目的。社交貨幣所購買的商品，就是社會歸屬感和與他人的聯繫感。

社交貨幣有六大維度：1.社群歸屬、2.話題討論、3.實用價值、4.支持聲量、5.訊息交流、6.身份認同。

社交貨幣的作用，對金融業品牌來說，社交貨幣是塑造品牌形象，實現口碑傳播的重要工具，能夠提升民眾對品牌的好感度，使民眾主動參與品牌的行銷推廣，實現品牌影響力的快速擴散。

12-4　消費者洞察（Consumer Insight）

一、什麼是消費者洞察

《維基百科》敘述，「消費者洞察」（Consumer Insight），或稱為「消費者洞見」，是一種試圖藉由分析消費者行為模式與需求，使某種產品或服務更能貼近消費者，甚至增加雙方利益的行為研究法。基本上，「消費者洞察」是一種分析市場的研究技術，企業常藉此運用市場研究結果，改變行銷部門的行動策略。

目標客群

圖 12-9　消費者洞察（Consumer Insight）

二、客戶必須完成的任務（job to be done）

要深入了解消費者洞察（Consumer Insight），首先要先找出消費者的任務（job to be done）。「消費者必須完成的任務」（job to be done）是由哈佛大學教授 Clayton Christensen 提出，大意是：消費者花錢購買一項服務或商品，需要被滿足的從來都不是服務或商品本身，而是服務或商品所能為客戶完成的某項任務。所謂「任務」（job）是指消費者在一個特定情況下想要解決的核心問題。

三、數位足跡（Digital Footprint）

「數位足跡」是指網友用電腦、平板、手機等任何裝置在網路瀏覽、點閱、搜尋時，在網路世界中留下數位記錄，從中可知道網友的 IP 位置、曾去過哪裡、按了哪些讚、說過什麼、搜尋了什麼等任何曾經做過的行為。

《全民資安素養網》敘述，數位足跡包括網友曾經在某個網站上的留言、發表的文章、上傳的照片或影片，這些數位內容可以建構出這位網友的網路形象；數位足跡也可能是某位網友的個人資料，透過像是 cookies 紀錄等技術，讓網友不必重複登入某個網路服務，或者在填寫某些網路表單的時候，可以不必重複填寫像是 email、寄送地址等個人資料。網友所留下的數位足跡，可能讓其他人追蹤網友的網路行為，包括像是瀏覽過的網站、搜尋過的關鍵字，以及社群網站上的朋友。

圖 12-10　數位足跡（Digital Footprint）

資料來源：https://www.registrypartners.com/social-media-etiquette-digital-footprint-matters/

追蹤「數位足跡」，挖掘「消費者洞察」。在網路科技發達的時代，消費者在網路上的一舉一動都在雲端世界留下數位紀錄，品牌能藉由這些數位足跡，掌握消費者輪廓（Profile），再從大數據中找到消費者沒有說出口的需求。當數位足跡數據愈多元、愈完整，愈能描繪消費者的「真實行為」和「強烈需求」。

四、360 度全景洞察消費者（Panorama）

　　進入數據化時代，業者可以透過搜索挖掘大數據，來得知消費者資訊、窺探消費者偏好，並知道如何有效與消費者達到深度溝通，進而精確解決 5W1H（who、what、why、where、when、how）的各項難題。

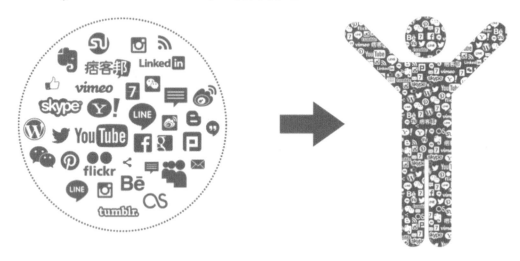

海量般的數據-隱藏消費者行為　　　　數據化的形象-還原消費者畫像

圖 12-11　利用大數據還原消費者畫像

資料來源：修改自《PIXinsight》

五、單一顧客視圖（Single Customer View）

　　單一顧客視圖（Single Customer View，簡稱 SCV）是每位顧客有獨立的 360 度顧客畫像。單一顧客視圖是用可識別化、結構化、完整化的形式體現消費者數據，並匯集所有該顧客與品牌的接觸點互動和消費反饋，進而把該顧客零散數據整合成以該顧客為主體的視圖。

　　由於品牌多元通路（Multi-Channel）、跨通路（Cross-Channeal）或全通路（Omni-Channel）的行銷開展，各通路或各接觸點會產生大量的顧客相關數據。同一位顧客可能會在某一時段在 Line、FB、官網、電話客服和線下實體門店等多個通路或多個接觸點與品牌進行互動，產生各種類型的數據。將這樣一位顧客在多元通路或全通路的數據進行匹配、整合、分類，從而了解該單一顧客與品牌各通路 / 各接觸點互動的內容和消費反饋，並將其建檔保存，這樣每一份單獨的顧客檔案就是單一顧客視圖。

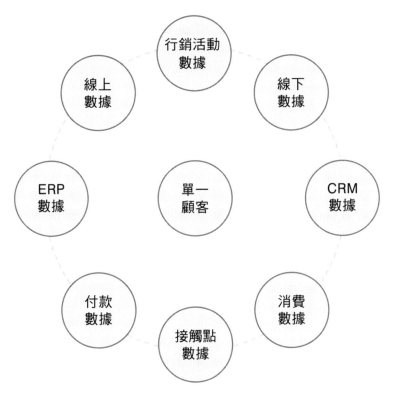

圖 12-12　360 度的單一顧客視圖（Single Customer View）

六、消費者購買決策過程中的關鍵時刻

　　在消費者購買決策過程中，有一些關鍵時刻（Moment Of Truth），直接影響和決定了消費者的購買行為，它們是品牌和行銷的「決勝點」。這樣關鍵時刻有 4 個，稱為行銷的 4 大關鍵時刻，分別是零關鍵時刻（ZMOT）、第一關鍵時刻（FMOT）、第二關鍵時刻（SMOT）和最終關鍵時刻（UMOT）。

1. **刺繳（stimulate）**：消費者的購買行為，通常是由於某些刺激所引起的，有時可能是因為自身的迫切需要，但多數時候是因為品牌行銷的外部刺激。

2. **零關鍵時刻（Zero Moment of Truth，簡稱 ZMOT）**：零關鍵時刻是 2011 年 Google 所提出。當時 Google 對 5000 名受訪者進行調查，研究消費者在購買決策時的情景和數據，調查發現許多顧客在尚未造訪品牌商品或服務之前，就已經開始嘗試體驗，用智慧型手機、平板或個人電腦等終端搜索商品訊息，做出消費決策。在網路的世界裡，消費者其實大多會先上 Google「搜尋引擎」逛逛之後，才作出消費決定。

3. **第一關鍵時刻（First Moment Of Truth，簡稱 FMOT）**：FMOT 與 SMOT 是由寶潔（P&G）公司所提出。第一關鍵時刻是指消費者感知到品牌或商品並形成第一印象的時刻。消費者在商品貨架前，面對一大堆的洗髮水品牌，大腦裡決定購買哪一個品牌或商品的那 3~7 秒，這關鍵的 3~7 秒，寶潔公司把它定義為「第一關鍵時刻」。寶潔公司認為推送給目標顧客的最佳時刻是在他們首次在貨架上看到品牌商品的那一刻，FMOT 不只是商品外觀包裝的美觀，更重要的是該商品包裝所引發顧客心中的「觀感」（Senses）、「價值觀」（Value）和「情感」（Emotions），要想辦法在行銷媒體刺激上，專注培養目標顧客這三種感覺，決戰在品牌商品「陳列架前」（商品網頁依然）。

4. **第二關鍵時刻（Second Moment Of Truth，簡稱 SMOT）**：第二關鍵時刻（SMOT）是顧客購買後消費體驗的環節。事實上，這不僅僅是一個時刻，而是一個過程，是顧客體驗商品過程中的感官、情感等所有時刻的集合，也包括品牌在整個消費過程中支持顧客的方式。SMOT 是顧客體驗的關鍵環節，一個品牌是否成功履行它的品牌承諾，還是讓人感到失望，在這個時刻就表露無遺。品牌必須知道兌現品牌承諾，以及超出顧客期望，是很重要的。

5. **最終關鍵時刻（Ultimate Moment Of Truth，簡稱 UMOT）**：如果顧客在第一、第二關鍵時刻得到了美好愉悅的體驗，那麼他也許會成為品牌的粉絲，關注品牌的官網、FB 粉絲專頁、FB 社團、微博、公眾號等，他還可能會與親朋好友或同事在線上或線下分享他的消費成果，甚至寫下評語，分享給親朋好友或同事們。

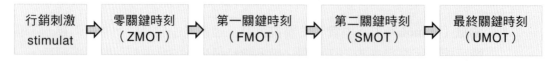

圖 12-13 消費者購買決策過程的 4 大關鍵時刻

七、AIDMA 模式

在傳統消費者行為模式中，以 1920 年代經濟學者霍爾（Ronald Hall）所提出的「AIDMA」模式最為有名，主要用來呈現消費者被動接受消費刺激後，所採取的一系列行為反應，包括注意（Attention）、興趣（Interest）、慾求（Desire）、記憶（Memory）、行動（Action），而為方便記憶，取其個別英文字首第一個字母成為模式名稱。

所謂 AIDMA 法則，是指消費者從看到廣告，到發生購物行為之間，動態式地引導其心理過程，並將其順序模式化的一種法則，主要包含五個階段：

1. **注意（Interest）**：是指消費者受到外在刺激的影響，開始對產品或服務產生「注意」，也就是藉由傳播、廣告、促銷等手段讓消費者暴露在訊息中，使消費者在感官上受到訊息的刺激而注意到產品或服務。

2. **興趣（Interest）**：對商品或服務感到「興趣」，而進一步閱讀廣告訊息。

3. **慾求（Desire）**：當消費者受到訊息刺激引起注意與興趣後將產生「慾求」開始進行資訊的搜尋。資訊的搜集可區分為內部搜尋和外部搜尋二種，內部搜尋是指消費者進行購買決策過程時會搜尋已存在記憶中的資訊，若資訊不足時消費者便會開始向外部搜尋相關資訊，而外部資訊的來源管道通常來自親朋好友、組織性社團、網路社群、行銷傳播媒體等。

4. **記憶（Memory）**：當資訊引起消費者注意，消費者將進一步分析並儲存在記憶中，而消費者是主觀判斷是否對訊息產生記憶保留。

5. **行動（Action）**：最後做出決策，是否購買商品或服務。

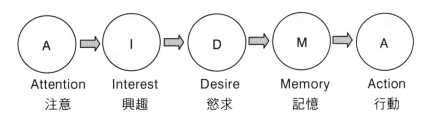

圖 12-14 AIDMA 模式

八、AIDEES 模式

AIDEES 是由日本東京大學「片平秀貴」（Hidetaka Katahira）教授所提出。所謂 AIDEES 是在「消費者自主媒體」（Consumer Generated Media，簡稱 CGM）環境下，口碑影響消費者行為的六個階段，而其中「消費者自主媒體」的環境，泛指消費者互相傳遞資訊的媒體，諸如 BBS、BLOG、SNS、Facebook、YouTube…等。

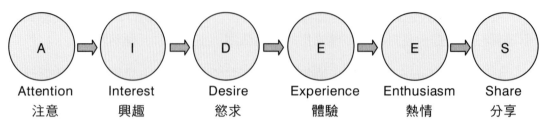

圖 12-15 AIDEES 模式

在過去，大眾媒體對於引起「注意」（Attention）、喚起「興趣」（Interest）、產生「欲求」（Desire）有較大的影響力；但是進入 Web 2.0 網路時代，網路媒體與「顧客自主媒體」在「體驗」（Experience）（購買並使用的實際感覺）、「熱情」（Enthusiasm）（對品牌的熱衷）、「分享」（Share）（在實體生活中與虛擬網路上分享體驗）這三個過程中具有口耳相傳與口碑行銷（buzz marketing）的影響力，與大眾媒體相較，有過之而無不及。

表 12-1 AIDMA 模式與 AIDEES 模式比較

模式	AIDMA 模式	AIDEES 模式
年代	1920 年提出	2006 年提出
出發點	以企業為中心	以消費者為中心
訊息	由企業發佈	由消費者口耳相傳
主要媒體	大眾媒體	顧客自主媒體（CGM）
模式	注意（Attention）→興趣（Interest）→慾求（Desire）→記憶（Memory）→行動（Action）	注意（Attention）→興趣（Interest）→慾求（Desire）→體驗（Experience）→熱情（enthusiasm）→分享（Share）

AIDEES 模式並非全然否定大眾傳媒的價值，而是將前端的「AID」與後端的「EES」做了媒體影響上的區隔。片平秀貴認為，在 AIDEES 模式中，品牌的體驗能夠順利的分享與他人共有，就會像一個循環般，又進入下一個注意、興趣、慾求的循環，愈來愈廣。AIDEES 模式也影響了企業內部的流程，也就是說，要時時刻刻謹記以邏輯且冷靜的心情反省「如何不讓消費者出現疲態」、「應該要怎麼做，才能幫助消費者解決現在擔心的事情」，AIDEES 模式認為，企業應摒除傳統單向溝通的心態（B2C）來面對客戶，而應體認因為網路時代到來，在行銷場域的逆向溝通（C2B）與消費者橫向溝通（C2C）的新時代已經來臨。

九、AISAS 模式

當網際網路進入 Web 2.0 時代，上網搜尋消費資訊已成為消費者的日常習慣；由於數位環境與生活方式的改變，消費者從接觸到消費刺激到最後達成購買的過程也跟著有翻天覆地的變化。企業及行銷人員需要重新探討 AIDMA 是否符合 Web 2.0 的消費者的行為模式。因此，日本電通廣告公司（dentsu）在 2005 年提出了新的 AISAS 模式。他們認為 Web 2.0 網路時代的消費行為模式應該是：注意（Attention）、興趣（Interest）、搜尋（Search）、行動（Action）、分享（Share）。

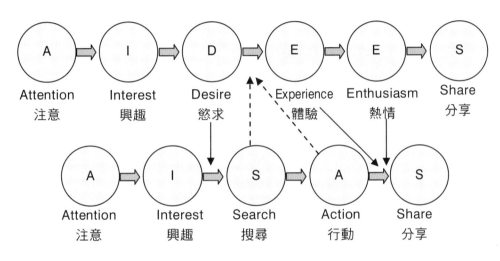

圖 12-16 AIDEES 與 AISAS 之關連

基本上，AIDMA 與 AISAS 兩個模式間最大的差異，在於 AISAS 模式在購買行動前後，分別加上搜尋與分享兩個生活者的自發行為。而「搜尋」與「分享」兩個 S 的出現，主要拜網際網路之賜，特別是寬頻網路普及的數年間，主動消費者便隨即出現。

12-5　行動商務與行動行銷

一、SoLoMo

2011 年 KPCB 合夥人 John Doerr 提出「SoLoMo」的概念。So 是指 Social（社交的），Lo 是指 Local（在地的），Mo 是指 Mobile（行動的），有效整合 Social、Local、Mobile，將資訊傳播社交化、在地化、行動化，也就是「在地化的行動商務社交活動」，許多行動商務的概念就是由此衍生而來。

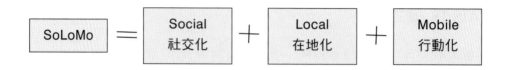

Social 是由 Line、Facebook、Twitter、 IG 等社群媒體所帶起的社交運動；Local 是智慧型手機定位資訊的應用，品牌得到的資訊將會越來越在地、適地，進而提供「適地性服務」（Location-based Service，簡稱 LBS）；Mobile 是隨著 Mobile Internet 的崛起，Mobile Business 的應用，智慧型手機上網超越桌機上網，成為消費者上網的主流方式。

二、行動商務（**Mobile Commerce**）

Müller-Veerse （1999）認為，「行動商務」（Mobile Commerce）是透過無線通訊網路來進行商業交易的任何活動。Aberdeen Group （2000）認為，行動商務是由行動無線設備、無線網路、應用服務提供者、資訊與交易促成者四項基本元素互相配合所組成。Kalakota & Robinson （2001）認為，行動商務是將無線科技連結網際網路，並加上電子商務功能，概念如下圖所示。

三、適地性服務（**LBS**）：人在哪，生意就在哪

所謂「適地性服務」（Location-Based Service，簡稱 LBS）是指業者根據使用者所持行動設備的所在位置和其他資訊，提供給使用者相關的加值服務。常見的適地性服務有：行動導遊、車隊管理、地點查詢、資產追蹤服務以及電子優惠券等，都是屬於適地性服務的應用。

「適地性服務」（LBS）是由行動裝置（Mobile Devices）、網際網路（Internet）、地理資訊系統（Geographic Information System，簡稱 GIS）所構成。

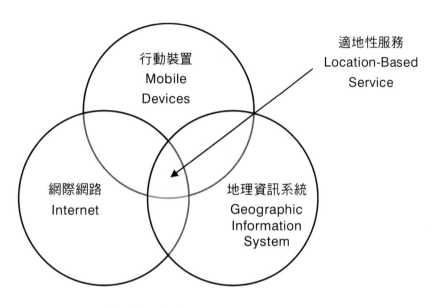

圖 12-17 適地性服務（LBS）的組成元素

　　當網路與手機結合後，讓原本就已經打破過去大眾概念的個人化服務，更加受到重視，適地性服務也因此成為焦點。適地性服務整合 GPS 定位、行動通信和導航等多種技術，提供與空間位置相關服務的綜合應用業務。一開始用來做為緊急救援及企業外勤人員的控管，如今已拓展到生活層面的應用範疇，如社群、娛樂、餐飲、購物，都可以透過這樣的技術，精準掌握消費者的位置，進而提供最近距離的服務，因此相當具有商業開發潛力。

四、行動行銷的定義

　　「行動行銷」可定義為「利用無線媒體與消費者溝通並促銷其產品、服務或理念、藉此創造利潤」。行動廣告為透過非固接網路的方式，將廣告訊息傳送至手機或平版等無線通訊設備上以達到廣告推播的效果。以文字為主的簡訊，只不過是行動廣告的一種媒介。行動廣告的特性為：「時效性高、具有恆網（Evernet）特質、可傳送個人化的即時訊息。」目前已發展出的行動行銷手法包括動畫式、插播式、文字式、交易式、回應式、贊助式、折價式、書籤式及橫幅式廣告等。

　　行動廣告將摒棄傳統將廣告「推」（Push）向顧客的做法，而是由使用者根據本身的需要，主動的向廣告商「索取廣告」，將廣告「拉」（Pull）到手機或平板電腦上閱讀或儲存使用。「廣告」將成為實用的資訊。

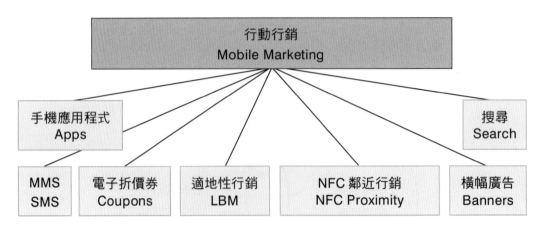

圖 12-18 行動行銷（Mobile Marketing）

五、適地性行銷（**LBM**）：人在哪，行銷就在哪

所謂「適地性行銷」（Location-based Marketing，簡稱 LBM）是指利用手持式設備 APP 應用程式中的「適地性服務」（Location-Based Services），幫助行銷者隨時隨地進行行銷活動，達到目標消費者在哪裡，行銷就在哪裡的境界。

「適地性行銷」（LBM）是由行動行銷、適地性服務（LBS）、情景式行銷（Contextual Marketing）所構成。其中「情景式行銷」的最關鍵元素是「時機」，在對的時間向目標顧客，提供對的內容，才能達到和發揮情景式行銷最大的效益。

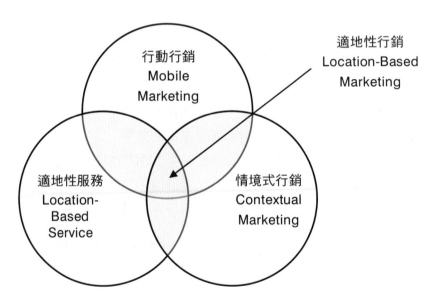

圖 12-19 適地性行銷（LBM）的組成元素

行銷就是在正確的地方、正確的時機提供適當的行銷資訊，給正確的人。「適地性行銷」是依據目標顧客所在的地點，派送適地的行銷資訊到目標顧客的行動裝置。這類技術的背後是目標顧客全球定位系統（GPS）的位置資訊。

六、簡短訊息服務（SMS）

簡短訊息服務（Short Messaging Service，簡稱 SMS）是透過行動電話傳送或接收文字訊息，而訊息是由文字或數字兩者混合所組成。無線廣告商業協會 WAA（Wireless Advertising Association）公佈 SMS 在 GSM 的規格，較大的 SMS 廣告為 Full Message，約 160 個字母（character），較小的為 Sponsorship，約 34 個字母。非 GSM 系統的 SMS 廣告，Sponsorship 相同，Full Message 則為 100 個字母。

七、多媒體簡訊服務（MMS）

傳統的簡訊服務（Short Message Service, SMS）只能傳送較少的文字與基本的圖形，多媒體簡訊服務（Multimedia Message Service, MMS）係以改良傳統 SMS 為目標，發展可以傳送多媒體內容的簡訊，包括各式各樣的彩色文字、圖片、動畫及聲音、影音短片。

 學習評量

一、問答題

1. 何謂「行銷科技」（MarTech）？請簡述之。

2. 何謂「廣告科技」（AdTech）？請簡述之。

3. 何謂「搜尋引擎行銷」（SEM）？請簡述之。

4. 何謂「病毒式行銷」（Viral Marketing）？請簡述之。

5. 何謂「SoLoMo」？請簡述之。

二、選擇題

( ) 1. 下列有關搜尋引擎最佳化（SEO）的敘述，何者有誤？

　　A. 經過 SEO 的網站，可增加被網友點選的機率

　　B. 經過 SEO 的網站，可以在搜尋引擎中獲得第一順位的名次

　　C. SEO 是一種透過無付費的方式增加網頁能見度的行銷手法

　　D. SEO 是一種透過分析搜尋引擎演算法規則來調整網站的技術

( ) 2. 搜尋引擎優化（SEO）的主要目的為何？

　　A. 減少垃圾郵件　　　　　　　B. 提供推薦服務

　　C. 提升網站的排名　　　　　　D. 過濾電腦病毒

( ) 3. 在搜尋引擎中，打上搜尋的關鍵字時，搜尋引擎就會在第一頁當中列出大約十個的搜尋結果。經過搜尋引擎最佳化的網頁可以在搜尋引擎中自然獲得較佳的名次，被點選的機率必然大增。此技術稱為下列何者？

　　A. CRM　　　　　　　　　　　B. SEO

　　C. OLAP　　　　　　　　　　D. ERP

( ) 4. 下列有關集客式行銷（Inbound Marketing）的敘述，何者錯誤？

　　A. SEO 是一種集客式行銷工具

　　B. 集客式行銷適合於新創公司運用

　　C. 集客式行銷所費不貲，必須預備充足的行銷資金

　　D. 集客式行銷要在正確時機提供客戶資訊，才容易集客

( ) 5. 下列何者並非 SoLoMo 所涵蓋的概念？

　　A. Social　　　　　　　　　　B. Local

　　C. Mobile　　　　　　　　　D. Society

( ) 6. 通常是以電子郵件行銷為基礎，在電子郵件內容最後加上「與好朋友一起分享」、「轉寄給親朋好友」等字眼的按鈕，只要填上 e-mail 地址，按下按鈕便可將信件轉寄出去，是指下列何者？

　　A. 許可式行銷　　　　　　　　B. 病毒式行銷

　　C. 聯盟網站行銷　　　　　　　D. 部落格行銷

（　）7. 下列有關社群行銷的敘述，何者錯誤？

A. 企業進行社群行銷規劃時要能懂得換位思考

B. 口耳相傳、借力使力是社群行銷的主要手法

C. 企業進行任何社群行銷規劃之前，務必多方檢視將提供內容的完整性

D. 群眾募資和群眾外包都是藉由社群群力達成社群行銷的目標，只是群眾募資要的是群眾的能力，群眾外包要的是群眾的金錢或者是精神支持的傳播力

（　）8. 透過能產生群聚效應的網路服務媒體，來與目標顧客群建立長期溝通管道的社會化過程，稱為？

A. 網路行銷　　　　　　　　B. 社群行銷

C. 病毒式行銷　　　　　　　D. 許可式行銷

（　）9. 社群行銷最視化的主要目標，在於下列何者？

A. 社群行銷應該提供瀏覽者最有意義的內容

B. 社群行銷應該提供色彩最搭配的畫面

C. 社群行銷應該提供最容易閱讀的圖文或影片資訊

D. 社群行銷應該解決因為螢幕大小不同所造成的瀏覽不便

（　）10. 下列何者是金融機構面對社群媒體應有的態度？

A. 病毒式行銷會癱瘓金融體系作業，有違誠信正直原則

B. 社群媒體操作非金融機構主要業務，因此資淺員工主導社群媒體操作即可

C. 應收集社群媒體內資訊，並適時變更經營政策與改善客戶體驗

D. 為維持銀行口碑與形象，第一線服務人員應該避免使用社群行銷經營顧客關係

金融科技實務與應用：360 度顧客
視圖+場景金融

作　　者：劉文良
企劃編輯：江佳慧
文字編輯：王雅雯
設計裝幀：張寶莉
發 行 人：廖文良

發 行 所：碁峰資訊股份有限公司
地　　址：台北市南港區三重路 66 號 7 樓之 6
電　　話：(02)2788-2408
傳　　真：(02)8192-4433
網　　站：www.gotop.com.tw
書　　號：AEE039700
版　　次：2021 年 09 月初版
建議售價：NT$420

國家圖書館出版品預行編目資料

金融科技實務與應用：360 度顧客視圖+場景金融 / 劉文良著. -- 初
　　版. -- 臺北市：碁峰資訊, 2021.09
　　　面；　　公分
　　ISBN 978-986-502-880-0(平裝)
　　1.金融自動化　2.數位科技　3.金融管理
561.029　　　　　　　　　　　　　　　　　　110009979

讀者服務

● 感謝您購買碁峰圖書，如果您
　對本書的內容或表達上有不清
　楚的地方或其他建議，請至碁
　峰網站：「聯絡我們」\「圖書問
　題」留下您所購買之書籍及問
　題。(請註明購買書籍之書號及
　書名，以及問題頁數，以便能
　儘快為您處理)
　http://www.gotop.com.tw

● 售後服務僅限書籍本身內容，
　若是軟、硬體問題，請您直接
　與軟、硬體廠商聯絡。

● 若於購買書籍後發現有破損、
　缺頁、裝訂錯誤之問題，請直
　接將書寄回更換，並註明您的
　姓名、連絡電話及地址，將有
　專人與您連絡補寄商品。